hin
&
weg

Christoph Quarch: hin & weg –
Verliebe dich ins Leben
© J. Kamphausen Verlag &
Distribution GmbH, Bielefeld 2011
info@j-kamphausen.de
www.weltinnenraum.de

Lektorat: Stephanie Ehrenschwendner
Umschlaggestaltung: Uwe Müller (frei nach
dem Motiv „Canova: Amor und Psyche", Paris)
Layout/Satz: KleiDesign
Druck & Verarbeitung:
Westermann Druck Zwickau

2. Auflage 2011

Bibliografische Information der Deutschen Nationalbibliothek

Die Deutsche Nationalbibliothek verzeichnet diese
Publikation in der Deutschen Nationalbibliografie;
detaillierte bibliografische Daten sind im Internet
über **http://dnb.d-nb.de** abrufbar.

ISBN 978-3-89901-416-7

Christoph Quarch

hin & weg

Verliebe dich ins Leben

Mit einem Vorwort von Platon

Lose Ware

»Tinte! Tinte, wer braucht! Schöne schwarze Tinte verkauf ich!«

Rief ein Büblein gar hell Straßen hinauf und hinab.

Lachend traf sein feuriger Blick mich oben im Fenster,

Eh ich michs irgend versah, huscht er ins Zimmer herein.

Knabe, dich rief niemand! – »Herr, meine Ware versucht nur!«

Und sein Fäßchen behend schwang er vom Rücken herum.

Da verschob sich das halbzerrissene Jäckchen ein wenig

An der Schulter und hell schimmert ein Flügel hervor.

Ei, laß sehen, mein Sohn, du führst auch Federn im Handel?

Amor, verkleideter Schelm! soll ich dich rupfen sogleich?

Und er lächelt, entlarvt, und legt auf die Lippen den Finger:

»Stille! sie sind nicht verzollt – stört die Geschäfte mir nicht!

Gebt das Gefäß, ich füll es umsonst, und bleiben wir Freunde!«

Dies gesagt und getan, schlüpft er zur Türe hinaus. –

Angeführt hat er mich doch: denn will ich was Nützliches schreiben,

Gleich wird ein Liebesbrief, gleich ein Erotikon draus.

Eduard Mörike

Vorwort

„Daher behaupte ich auch, dass jedermann den Eros ehren müsse; und ich ehre auch selbst, was mit den Liebesdingen zu tun hat, und übe mich darin in ganz besonderem Maße. Auch ermuntere ich alle anderen dazu. Und jetzt und immerdar verherrliche ich die Macht und die Tapferkeit des Eros, sosehr ich es nur vermag."

Ha, das war gut gesagt damals; und noch heute stehe ich zu diesen Worten, die ich dem alten Sokrates in meinem *Symposium* in den Mund legte. Aber ach! Wie wenig haben meine späteren Leser sie beachtet. Im Gegenteil, im Gegenteil: Zum Eros-Verächter haben sie mich gemacht. Zum Urvater einer „platonischen Liebe", die wohl den Ansprüchen ihrer trockenen Moral oder auch ihrer unseligen Religion genügen konnte, nicht aber der Heiterkeit und Glückseligkeit des Lebens diente. Für einen sinnenfeindlichen Griesgram halten sie mich – mich, der ich doch zeit meines Lebens nur der einen Frage nachging: wie ein gutes, freudvolles Leben gelingen könnte. Oh, wie recht hatte doch dieser junge deutsche Dichter – ich glaube, er hieß Hölderlin (ein echter Bruder im Geiste) –, als er ausrief: „Heiliger Platon, vergib, man hat schwer an dir gesündigt!" Das Vergeben fällt mir nicht leicht, denn wahrlich: Schon dieser eifrige Aristoteles hat mein Denken verkannt, verbogen und entstellt; hat den Eros „entmannt" und zu einer saftlosen „Freundschaft" werden lassen. Aber ach, das hätte ich so eben noch durchgehen lassen. Aber was dann die christlichen Theologen mit meiner Philosophie angestellt haben ... – Im Ernst: Es bedurfte satter 2000 Jahre guten Willens, um diesen Frevel zu verzeihen.

Doch, meine Freunde, umso größer ist meine Freude, dass nun völlig unerwartet ein dem Anschein nach junger Mann – seltsamerweise schon wieder aus einem dieser schrecklich nasskalten Gefilde der nordischen Länder – von meinem Geist beseelt wird und ein Buch schreibt, das mir aus der Seele spricht. Gewiss, ihm fehlt ein wenig die Tiefe der griechischen Sprache, und an meine Dialogkunst reicht es nicht heran. Aber es atmet doch ihren Geist, und wahrhaftig: Es gefällt mir, dass dieser Mann für die Darstellung der „erotischen Lebenskunst" (ärgerlich, dass ich nicht selbst auf diese Formulierung gekommen bin) die Briefform wählt. Ja, das ist gut, das ist – beim Zeus – platonisch. Denn es nimmt euch, meine Freunde, mit hinein ins Geschehen, nötigt euch dazu, euch berühren zu lassen vom philosophischen Gedanken, ihn zu bewegen, sich an ihm zu reiben – bis dass der Funke springt und wie bei einem guten Dialog das Verstehen des Sinns in der Seele aufleuchtet. Deswegen kann ich euch nur ermutigen, euch ins Leben und in dieses Buch zu verlieben, euch immer auch selbst angesprochen zu fühlen und der Kraft des Eros zu folgen, um so in den inneren Dialog der Seele mit sich selbst einzutauchen.

Denn so – und überhaupt nur so – gerät ein Buch zu eben der *epimeleia tes psyches* (der Pflege der Seele), um die es einem Liebhaber der Weisheit immer gehen sollte. Und nur wenn ein Buch diesem Anspruch genügt, ist es wert, gelesen zu werden. Denn, beim Hunde, nur solch Geschriebenes dünkt mir eines Philosophen würdig, das den Geist beflügelt: das von der Schönheit des Eros kündet, die Götter preist und den Menschen adelt.

Nun, was ich sagen wollte: Dieses Buch gefällt mir. Denn es macht Ernst damit, dass Eros ein Philosoph ist, wie ich einst im *Symposium* schrieb – und damit, dass ein Philosoph nur dann seinen Namen verdient, wenn er vom Eros beseelt ist. Ja, es macht auch Ernst damit, dass allein Eros den Menschen den Göttern zuführt – und dass es weit wichtiger ist, mit Leidenschaft das Leben zu lieben, als ihm auf spirituellen oder religiösen Schleichwegen zu entschlüpfen. Tatsächlich lässt es sogar etwas von der Schönheit und Herrlichkeit meiner untergegangenen Welt erkennen – und das, ohne diese für mich so befremdliche Welt des 21. Jahrhunderts dabei verächtlich zu machen. Ja, bei Apollon und Artemis, das ist ein Denken *con amore*, wie es gewisslich auch meinen Zöglingen in Marsilios florentischer Akademie gefallen hätte. Da fällt mir ein, dass es eigentlich wieder Zeit wäre für eine neue, dritte Akademie ... Gewiss, so ist es, und ich kann nur hoffen, dass sich in diesen kalten nordischen Gefilden Menschen finden lassen, die dem Autor dieses Buches dabei unter die Arme greifen, bei einem solchen Projekt in meine Fußstapfen zu treten ...

Genug der Worte. Was wichtig ist, kann ohnehin nicht gesagt werden. Lieber folge ich nun dem Aufruf dieses Buches und erinnere mich; erinnere mich an meine eigene Liebe – die von all diesen staubigen Philosophie-Gelehrten der Jahrhunderte geflissentlich ignoriert wurde. Außer von eben jenem Hölderlin, der, wie mich dünkt, einst schrieb: „Weißt du, wie Platon und sein Stella sich liebten?" – Gewiss, das taten wir. Und ohne diese Liebe, das versichere ich, wäre ich nie zu dem Philosophen geworden, der ich bin. Und ohne sie hätte es nie diese europäische Philosophie gegeben, von der ein englischer Denker so treffend sagte, sie sei eine Fußnotensammlung zu meinen Werken. Ja, Stella, meine Liebe, mein schöner Stern. Einst schrieb ich ein Gedicht, das ich als Widmung diesem Buch voranstellen möchte – verbunden mit meinem Segen und den besten Wünschen, dass es die Herzen der Menschen berühren möge:

> *Sterne beschaust du, mein Stern.*
> *O wär ich der nächtliche Himmel,*
> *hätte ich Augen so viel,*
> *dich zu beschauen wie er!*
>
> **Platon von Athen, Sohn des Aristos**

Leben in Hochpotenz.
Der Zauber des Verliebtseins

An meine frühere Geliebte

Great love changes everything.

Richard Rohr

Pulsierende Zellen

Ist nicht heilig mein Herz,
schöneren Lebens voll, seit ich liebe?

Friedrich Hölderlin

„Ricordati!" – „Erinnere dich!" Warst du das? Mir schien, als hätte ich deine Stimme gehört; unversehens, unerwartet. Es war längst nach Mitternacht, aber die Luft war noch warm. Ein leichter Wind vom Tal trug den Duft der Pinien zu mir. Unten im Garten plätscherte der Brunnen. Und in stiller Klarheit lächelte golden der Vollmond über das weite toskanische Land. Eine Nacht im August. Vollkommener Frieden. In meiner Hand ein letztes Glas. Und dann dieser plötzliche Impuls, der mir nichts zu tun gab, als mich ihm hinzugeben. Schon wogte eine Welle der Erinnerung auf mich zu. Sie umhüllte mich wie das Mondlicht, trug mich zu dir, und alles war wieder lebendig.

Weißt du noch? Es war ein Sommerabend in Heidelberg. Ich lag auf deinem Bett und schmeckte deinen Kuss auf meinen Lippen. Ein Prickeln durchlief meinen Körper. Mein klopfendes Herz stand weit offen – so offen, wie das Fenster zum Hof, durch das auch damals der Mond hineinschien. Jede Zelle meines Körpers schien zu pulsieren. Flugzeuge im Bauch. Ich war hellwach, mir war, als könne ich die ganze Welt umarmen. Alles erschien mir schön, alles war gut, mein Leben hatte einen Sinn. Und ich wusste: Für diesen Augenblick hatte es sich gelohnt zu leben. Sollte jetzt der Todesengel zu mir treten, es wäre nicht schlimm. Denn ich war glücklich. Die Zeit schien stillzustehen. Alles war gut. Das schmeckte nach Leben, nach Sinn, nach Schönheit, nach Harmonie, nach Freiheit, nach Ewigkeit. Das schmeckte gut. Es schmeckte nach Liebe. Ja, das war's. Das Glück schmeckte nach Liebe, weil es aus Liebe kam; weil ich in der Liebe war – weil ich in sie gefallen war: *fallen in love* – in die Liebe gefallen, wie die Engländer sagen; *inamorato* – eingeliebt, in die Liebe gebracht, wie es auf Italienisch heißt. Verliebt, verknallt, verschossen. In dich.

Daran erinnerte ich mich in dieser toskanischen Augustnacht. Und es war alles wieder da. Wie durch ein Wunder. Ich fiel noch einmal in die Liebe. Ich *war* noch einmal in der Liebe. Mein Herz war übervoll, und ich war glücklich. Auch ohne dich. Obwohl ich allein war. Deshalb schreibe ich dir davon. Ich schreibe dir davon, weil ich dieses Glück dir verdanke; weil ich möchte, dass auch du glücklich bist; weil ich von nichts anderem schreiben kann als von dieser Liebe, die alles überwiegt, was ich auf meinem Lebensweg bislang geschmeckt hatte; weil dieses Gefühl so kraftvoll und schön ist, dass ich dich daran teilhaben lassen möchte.

Und weil ich mich selbst immer wieder an dieses Glück und diese Liebe erinnern muss, wenn die Sorgen des Alltags über mir zusammenschlagen und ich weit, weit entfernt bin – von mir, von dir, vom Leben; wenn da keine italienische Stimme mich einlädt, meiner Liebe zu gedenken. Immer dann drängt es mich, dieses innere Leuchtfeuer anzufachen, mich der Liebe und des Glückes und der Lebendigkeit zu erinnern. Ja, immer wenn das Leben grau und öde ist, denke ich mir: Könnte ich doch etwas davon retten! Das Leben wäre schöner und kraftvoller. Ich wäre mehr bei mir selbst und mehr bei den anderen – achtsamer, zärtlicher, leidenschaftlicher, beherzter. Sensibler auch und verletzlicher, wehrloser; vielleicht auch trauriger.

Trauriger? – Ja, trauriger! „Ricordati!" Die Woge der Erinnerung, der ich mich in jener magischen Mondnacht hingab, trug mich weiter. Sie drang in mich, immer tiefer. Bis hinein in die Traurigkeit, in den Schmerz, hin zu dem Abend in Granada, an dem du mir offenbartest, dass du mich verlassen würdest. Der Platz hieß „Paseo de los Tristes" – Weg der Traurigen. So fühlte ich mich. Ich habe geweint in dieser Nacht. Nie wieder habe ich so geweint. Du warst zwar noch da, aber ich fühlte mich allein, und die Angst vor der Einsamkeit griff nach meinem Herzen. Mein Leben lag in Scherben. Nichts stimmte mehr. Alles geriet aus den Fugen. Ich war mir so sicher gewesen, dass diese Liebe ewig dauern würde.

Aber von wegen! Die Welt dehnte sich grau und trist vor mir. Es war aus. Und es tat verdammt weh. Du weißt das.

Erst fiel es mir nicht leicht, mich auch daran zu erinnern. Doch dann geschah das Merkwürdige. Diese grenzenlose, abgründige Liebe, die mich in der toskanischen Nacht durchpulste, tauchte alles in ein anderes Licht. Wie der Mond seinen goldenen Glanz, so goss die Liebe ein leuchtendes Einverständnis über alles Geschehene. Und zugleich eine geradezu erschütternd klare Einsicht. Denn etwas, das ich mir nie zuvor zu denken erlaubt hatte, schoss mir schlagartig durch den Sinn: Die Tränen, die Verzweiflung, der Kummer – auch das war Liebe. Auch das war intensiv; nicht in der Freude, sondern im Schmerz. Mein Schmerz war echt, er war lebendig und zugleich quälend. Natürlich wollte ich nie mehr so leiden. Also machte ich dicht, verschloss mein Herz, um es zu schützen. Mit Erfolg – zweifelhaftem Erfolg. Ich habe nicht mehr so gelitten. Aber ich habe auch nicht mehr so geliebt. Der Preis war hoch, das Fenster des Herzens öffnete sich nicht mehr – lange nicht mehr. Bis zu jener Nacht, die mir all das Glück und all den Schmerz zurückbrachte – getragen von einer Liebe, die ich mir nicht erklären konnte; die mir vorkam, als habe der Himmel sie mir geschenkt. So wie damals.

In dieser toskanischen Nacht wurde mir deutlich: In der Liebe sein heißt nicht, schmerzfrei sein. Auch nicht Friede-Freude-Eierkuchen. Es heißt stattdessen: lebendig sein, intensiv sein, ganz sein – in Freud und Leid, in Körper und Geist, in Gemeinschaft und allein. Und liegt nicht unser aller Glück genau darin, dies alles wach und intensiv, lebendig und spürbar sein zu dürfen? Sind wir nicht nur dann Menschen im vollen Sinne des Wortes, wenn unser Leben aus Liebesglück und Liebesleid gemischt ist? Wenn es Licht und Schatten integriert, ausbalanciert, so dass das Leben stimmt? Ich habe erfahren, dass es im Leben nicht darum gehen kann, dem Liebesleid auszuweichen – sondern allein darum, ganz in der Liebe zu sein; immer und überall, nicht allein im Gegenüber zu einem einzigen Menschen, sondern im Miteinander mit allem – sogar in der Trennung, sogar im Tod.

Davon möchte ich dir erzählen. Wie sonst könnte ich dir meinen Dank dafür bekunden? Denn diese Einsicht verdanke ich dir. So wie ich dir mein damaliges Glück verdanke. Und meinen Schmerz. All diese Intensität, die dir nun verwehrt ist. Ich muss davon schreiben, damit du wenigstens so an ihr teilhast. Gute Nacht!

Ein Auge voll Licht

*Die Liebe packt uns alle beim Genick
und schleppt uns Zappelnde zu Gott.*

Rumi

Weißt du noch, wie wir einmal zusammen Hermann Hesse gelesen haben? Seinen Vortrag über das Glück? Wir waren beide begeistert von seinen Worten und ahnten, dass sie etwas mit uns zu tun haben könnten. Aber wirklich verstanden haben wir sie damals, glaube ich, noch nicht. Doch habe ich sie nie vergessen. Jene Augustnacht in der Toskana rief sie mir wieder ins Gedächtnis. So habe ich den Vortrag herausgesucht und noch einmal gelesen; und mich darin wiedergefunden. Ja, heute will mir scheinen, ich kenne, worüber er schreibt: das tiefste, wahrste, menschlichste Glück. Den Zustand intensiver Lebendigkeit – einer Seelenschwingung, in der ich mit mir und der Welt im Einklang bin. Noch einmal lese ich:

„Unter Glück verstehe ich etwas ganz Objektives, nämlich die Ganzheit selbst, das zeitlose Sein, die ewige Musik der Welt, das, was andre etwa die Harmonie der Sphären oder das Lächeln Gottes genannt haben. Dieser Inbegriff, diese unendliche Musik, diese voll tönende und golden glänzende Ewigkeit ist reine und vollkommene Gegenwart, sie kennt keine Zeit, keine Geschichte, kein Vorher, kein Nachher. Ewig leuchtet und lacht das Antlitz der Welt, während Menschen, Generationen, Völker, Reiche aufsteigen, blühen und wieder in den Schatten und das Nichts hinabsinken. Ewig musiziert das Leben, ewig tanzt es seinen Reigen, und was uns Vergänglichen, Gefährdeten und Hinfälligen dennoch an Freude, an Trost, an Lachenkönnen etwa zugeteilt wird, ist Glanz von dort, ist ein Auge voll Licht, ein Ohr voll Musik." (aus: *Glück*)

Das entspricht meiner Erfahrung: Glück ist der Zustand, in dem ich „Ja" sage zu mir und zur Welt, in dem ich das Leben gutheißen kann, weil ich im Herzen spüre, dass es sinnvoll ist; und zwar auch in den dunklen und leidvollen Momenten, die du und ich erfahren haben – weil wir es wagten, uns in die Liebe fallen zu lassen. In der Liebe sein und glücklich sein – das ist meine Erfahrung – gehören zusammen.

Oder nicht? Was sagt dein kritischer Geist dazu? Hält meine Rede deiner Skepsis stand? Meine romantische und manchmal euphorische Neigung war dir immer suspekt, weil du mit Verliebtsein nicht immer nur Glück verbinden konntest. Jetzt, da ich das schreibe, wird mir bewusst, dass ich dir erklären sollte, was ich eigentlich meine, wenn ich das Loblied auf das Verliebtsein, auf das In-der-Liebe-Sein anstimme.

Ist es nicht so, dass auch du, als du dich in mich verliebtest, die Melodie des Glücks erahntest? War es nicht so, dass dir das Herz aufging und dieser Strom von Leben und Energie dich erfüllte? Da nämlich warst du in der Liebe, und es war die Liebe, die in dir strömte und dich beglückte. Sie ließ deinen Körper vibrieren und sprudelte in jeder Körperzelle. Es war die Liebe, in die du „gefallen" warst – weil dein Liebster dich hingerissen hatte. Es war die Liebe, die dir die Augen für die Schönheit um dich öffnete, so dass du die Welt in einem anderen, helleren Licht sahst. „Rosarot" sagt das Klischee, um diese veränderte Wahrnehmung zur Sprache zu bringen. Es war die Liebe, die dir Kraft und Schwung verlieh, die dir deine Arbeit leichter von der Hand gehen ließ, die dich inspirierte, Dinge zu tun, die du vorher nie getan hättest, die dich gelassener gegenüber anderen Menschen und dem Leben überhaupt machte. All das war die Liebe. Und all das war gut. Es war eine Freude und ein Glück, dich in diesem Zustand erleben zu dürfen.

Du warst in der Liebe, und in der Liebe war das Glück. Dein Glück, mein Glück, unser Glück. Das Glück, das wir dort fanden, war mehr als eine freudige Stimmung, mehr als ein gutes Gefühl. Es war die Qualität unseres ganzen Seins – dieses Seins, das du bejahen und gutheißen konntest, das dir selbst in den dunklen und schmerzlichen Momenten sinnvoll erschien, so dass du es gut sein lassen konntest. Es stimmte – alles war in Ordnung, alles auf dem Weg: Sonnenzeit.

Dieses Glück war mehr als Freude oder Spaß. Beides, so lehren die alten Weisen, stellt sich in unserer Seele immer dann ein, wenn wir ein Ziel erreicht oder einen Wunsch verwirklicht haben. Dann freuen wir uns, weil das Ungleichgewicht zwischen Wunsch und Wirklichkeit aufgehoben ist und sich ein Gleichgewicht einstellt. Dann stimmt es für einen Augenblick, aber eben nur so lange, bis der nächste Wunsch uns erfüllt und eine neue Spannung entsteht. Die Freude ist deshalb schnell vorbei. Das Glück, das wir damals ahnten und das mich seit der toskanischen Mondnacht begleitet – dieses Glück ist beständig. Es fühlt sich an wie die Schwingung der inneren Harmonie. Ich würde sagen: Dieses Glück ist die Qualität des Stimmigen – wenn alles so ist, wie es sein soll; wenn wir zu allem Ja sagen können. Natürlich macht es Freude, wenn ich in diesen Zustand komme, aber das eigentliche Glück fängt damit erst an. Resonanz erfüllt meine Seele, wenn ich im Einklang bin – mit mir und mit der Welt. Das ist das Geschenk der Liebe.

Hat mich nun doch die Euphorie gepackt? Ich sehe deinen zweifelnden Blick. Du musst nichts sagen, denn ich spüre, was du fragen willst, woran du mich erinnern willst: In unserer Liebe gab es nicht nur Glück und Freude. Nein, da war auch die Angst, einander zu verlieren. Da war das Leiden in den Zeiten der Trennung. Da war die Eifersucht, ein unerfülltes Begehren, da waren die Tränen, da war die Ernüchterung, als der Tanz der Hormone zu Ende ging, da waren die Szenen, die Fremdgeherei und der Liebeskummer. Da war nicht nur das offene Herz, da war auch das gebrochene Herz.

War auch das die Liebe? Glück war es jedenfalls nicht. Aber wenn es kein Glück war: wie kann ich dann behaupten, der sicherste Weg zum Glücklich-Sein sei, sich in die Liebe fallen zu lassen – sich ins Leben zu verlieben?

Wir haben es selbst erfahren: Die Liebe und das Verliebtsein gibt es in unterschiedlichen Formen, in unterschiedlichen Reifegraden. Es gibt ein reifes, bewusstes, erwachsenes Verliebtsein; und ein unreifes, verworrenes, unklares Verliebtsein. Mit Letzterem fingen wir damals an. Und eben weil es unreif war, bereitete es uns so manchen Kummer. Denn es mengten sich Aspekte in unser Verliebtsein hinein, die keine Liebe waren, sondern Angst und Begehren, undurchschaute Projektionen und heimliche Abhängigkeiten – allerlei unbewusster Klebstoff, der uns zwar kräftig verband, uns dabei aber auch fesselte, benebelte und lähmte. Mir ist wichtig, dass wir uns das klarmachen, um nicht dem Irrtum zu erliegen, dieses erste Aufglimmen unseres wahren Seins sei das Ganze; das wäre tatsächlich eine naive Verklärung der ersten Liebe.

Aber noch wichtiger ist mir anzuerkennen, dass es auch in unserer ersten, unbewussten Verliebtheit einen großen Anteil echter Liebe gab; und dass es eine große Dummheit wäre, diese Liebe wegen ihrer problematischen Einsprengsel zu verurteilen oder zu veralbern. Viel zu oft haben Moralapostel oder selbsternannte Pädagogen die Verliebtheit als solche verspottet: als rein biochemisches Hormongewitter, als etwas, das überwunden werden muss.

Aber das lasse ich nicht gelten. Denn wollen wir wirklich all den Zauber jener Stunden verleugnen? Meinen wir wirklich, wir müssten uns schämen für die glühenden Nächte und lachenden Tage unserer ersten, unschuldigen Liebe? Es hieße, das Kind mit dem Bade auszuschütten, statt es sorgsam in den Arm zu nehmen, ans Herz zu drücken und aufzuziehen – dieses göttliche Kind, das in unsere Krippe gelegt wurde, um uns zu ganzen Menschen zu machen; dieser Keim, der in unser Herz gesät wurde, um uns reifen und blühen zu lassen; diese Kraft des Lebens, mit der das Leben zu sich selbst kommen will.

Ich glaube, die alten Völker stellten sich nicht umsonst den Eros als Knaben vor – auch Cupido oder Amor genannt. Denn in dieser Gestalt begegnet er uns zunächst, als ein naives und verspieltes Kind, aber voller Potenzial. Voll des Potenzials, uns fliegen zu lassen – deshalb seine Flügel –, nicht nur in den siebten Himmel, sondern noch viel weiter – zur Wahrheit, zur Schönheit, zu Gott.

Deshalb ist es mir wichtig, uns die Erfahrung der ersten Liebe ins Bewusstsein zu rufen. Sie ließ mich den Geschmack des Glücks erahnen. Und diese Ahnung brauche ich, um meinen Weg zu finden – den Weg zu einem großen, blühenden, schönen Leben. Viele Wege führen dorthin. Einer von ihnen ist die Lebenskunst, die zugleich Liebeskunst ist. Von diesem Weg möchte ich dir erzählen. Lass uns noch einmal ins Licht unseres Verliebtseins schauen, lass es uns zu unserem Leuchtfeuer machen auf dem Weg zu einem Leben in der Liebe; auf dem Weg, uns ins Leben zu verlieben.

Hin und weg

Schöne,

wie im kühlen Gestein

das Wasser des Quells

als ein üppiger Blitz aus Gischt entspringt,

so ist das Lächeln in deinem Gesicht,

du Schöne.

Pablo Neruda

Ja, du hast Recht. Ich habe mich hinreißen lassen von meiner Begeisterung und meinem Drang zum Philosophieren. Sieh es mir nach, denn wie könnte ich nicht begeistert sein, wenn ich dir meine tiefsten Erfahrungen und wichtigsten Einsichten anvertraue? Wie könnte ich nicht hingerissen sein, wenn ich mich daran erinnere, wie du mich hingerissen hast – und wie es mich hinriss in jener Vollmondnacht, als ich mich ins Leben verliebte? Und überhaupt, ist es nicht wunderbar, sich hinreißen zu lassen? Sich begeistern zu lassen von der Schönheit?

Da kommt mir ein Text in den Sinn. Natürlich, die alten Griechen, du kennst mich ja. Es gibt einen uralten Gesang zu Ehren von Aphrodite, der Göttin der Liebe und Schönheit:

Nenne mir, Muse, die Taten von Aphrodite, der goldnen

Kypris, die die Götter mit süßem Sehnen beseligt

auch die Geschlechter der sterblichen Menschen bewältigt,

ja, auch alles Getier, die luftdurchfliegenden Vögel,

alles, was da rings dem Land und dem Meere entsprossen:

Aphrodite gehorchen sie alle, der prächtigbekränzten. [...]

Herrlich sodann den Leib gehüllt in köstliche Kleider,

goldgeschmückt verließ die lächelnde Aphrodite

das schönduftende Zypern und schwang sich gen Troias Gefilden.
Als Anchises sie sah, da fasste ihn wunderndes Staunen
über ihr Ansehn und auch ihre Größe und lichten Gewänder.
Trug sie doch ein Kleid, das hell wie Feuer erstrahlte,
reich umwunden mit Schmuck und leuchtenden Ohrgehängen.
Ihren zarten Nacken umschlang ein köstlich Geschmeide,
golden und schön und schimmernd in Buntheit, und über den zarten
Brüsten glänzte es gleich dem Mond, ein Wunder zu schauen.
Eros erfüllte das Herz des Anchises, und also begann er:
„Heil, o Herrin! Wer von den seligen Göttern naht meinem Hause?"

(Homerischer Hymnus
an Aphrodite, 1-93)

So ähnlich ging es mir mit dir. Klar, du warst keine Göttin und ich war kein Ziegenhirt, aber das ist auch nicht der Punkt. Was in diesem alten Lied besungen wird, ist einfach nur das Hingerissen-Sein von einer schönen Frau – von ihrem Leuchten, ihrem Glänzen, ihrem goldenen Strahlen, das alle Aufmerksamkeit auf sich lenkt und so mächtig in das Leben eines Mannes tritt, dass er gar nicht anders kann, als in diesem bezaubernden Wesen eine Göttin zu sehen. Genau das ist der Augenblick der Liebe: der Augenblick, in dem ich von deiner Schönheit so hingerissen bin, dass ich meinen Blick nicht mehr von dir wenden kann; der Augenblick, in dem du zur Göttin wirst, deren Anblick mir zu Bewusstsein bringt, wie kostbar und sinnvoll das Leben ist; der Augenblick, in dem mich eine Ahnung von Ewigkeit und Unsterblichkeit berührt. So sah ich dich. Und so verliebte ich mich in dich.

Und du, die Frau? – Du, der dieser hingerissene Blick gilt, bist in diesem Augenblick schön. Du strahlst in einem Glanz, den jeder sehen kann.

Das ist das Wunder des Sich-Verliebens. Und das Wunderbare an diesem Wunder ist: Es geschehen verschiedene Dinge gleichzeitig. Es öffnet das Herz und es öffnet die Augen. Du siehst die Schönheit eines Menschen, und dieser Mensch wird schön. Ich sah die Schönheit in dir, und in diesem Blick wurdest du für mich zur Göttin. Dieses Verwobensein ist der Grund dafür, dass in der antiken Mythologie Aphrodite sowohl die Göttin der Schönheit als auch die Göttin der Liebe ist; und dass sie immer von dem kleinen Knaben Eros begleitet wird. Denn wo Schönheit erscheint, da regt sich die Liebe, die die Alten Eros nannten. Und wo Eros sich regt, da erscheint Schönheit. Schönheit und Liebe kann niemand voneinander trennen.

Doch damit nicht genug der Wunder. Was ich heute, im Rückblick, als das eigentlich Großartigste des Sich-Verliebens erkenne, ist der Umstand, dass es sich nicht machen lässt. Ich hatte es mir nicht ausgesucht, mich in dich zu verlieben. Und auch du warst nicht mit Kennermine durch die Welt gelaufen, um zu fragen: „Hm, wer ist denn hier so schön, dass ich mich heute in ihn verlieben werde?" Viele versuchen das zwar, aber es funktioniert nicht. Das verrät viel über ein Missverständnis – als ob sich verlieben so etwas wäre wie einkaufen gehen: Ich suche mir etwas aus, hole es mir und will es dann behalten. Aber du und ich, wir wissen: So funktioniert das Sich-Verlieben gerade nicht.

Nein, wenn ich mich verliebe, dann widerfährt mir das. Du tratst in meinen Gesichtskreis, und ich verliebte mich – ob ich das nun wollte oder nicht. Es überkam mich. „Es ist größer als ich. Dagegen bin ich machtlos", haucht in *Gefährliche Liebschaften* der Chevalier de Valmont ein ums andere Mal seiner Holden ins Ohr. Bei ihm ist das eine Floskel, die zuverlässig bei jeder neuen Eroberung einer jungen Dame zum Einsatz kommt, aber gleichwohl verrät sie eine Wahrheit: ES war wirklich größer als ich und du. Plötzlich leuchtete da ein Mensch vor mir auf und lenkte alle Aufmerksamkeit auf sich; und umgekehrt. Plötzlich waren wir hin und weg – hingerissen, unwiderstehlich angezogen, wie von einer magnetischen Kraft. Unerwartet und oft ungewollt traf ES uns. So wie ein Pfeil aus dem Nichts – weshalb eben Pfeil und Bogen neben den Flügelchen das zweite klassische Requisit des Eros-Knaben sind. „Die Liebe zwingt uns alle in die Knie", sagt Hölderlin und hat wohl Recht damit.

Gerade für Menschen wie uns beide scheint mir das eine wichtige Erfahrung gewesen zu sein – überhaupt für alle Macher und Leistungsmenschen: Da geschah etwas mit uns, das wir nicht unter Kontrolle hatten, das sich unserem Wollen entzog. Wir konnten es einfach nur geschehen lassen. Damals verstand ich, warum so viele Romane davon handeln, dass Menschen sich gegen ihren Willen verlieben. Und warum so viele Dichter die völlig unerwartete Liebe besungen haben, die gleichsam vom Himmel gefallen schien.

Um mich in dich zu verlieben, musste ich nichts leisten, sondern etwas lassen – etwas zulassen. Ich ließ mich hinreißen, ich ließ mich gehen, ich ließ mich fallen: hinein in die Liebe, hinein die Schönheit, hinein in das Leben, hinein in mein Glück. Trotzdem kreisten Fragen durch mein Hirn: Warum gerade sie? Warum gerade ich? Warum gerade wir? Warum nicht eine andere, die ich auch irgendwie gut fand? – Weißt du was, dazu hat dein alter Philosoph eine Theorie! Darf ich?

Also, noch mal zu Aphrodite – und zu Anchises. Was sagt doch der Hirtenbursche: „Heil, o Herrin! Wer von den Seligen naht meinem Hause?" Anchises, der sich hier gerade verliebt, erkennt in dieser Frau, die vor ihm steht, eine Göttin. Was ist eine Göttin? – Eine Göttin ist eine vollkommene Erscheinung. Oder besser: Sie ist die Erscheinung des Vollkommenen. Anchises sieht vor sich eine Verkörperung des Lebens, so wie es idealerweise ist. Er erkennt mit den Augen des frisch geöffneten Herzens in Gestalt jener strahlend schönen Frau das, was ihm am meisten fehlt und wonach er sich am meisten sehnt, nämlich Vollkommenheit, Harmonie, innere Stimmigkeit – Ganzheit.

Und nun kann er „Ja" sagen; ohne Wenn und Aber. Nicht zu etwas, das er sich selbst erworben hätte. Nicht zu dem Lohn seiner Mühen, sondern zu einem Geschenk, dessen Schönheit ihn hinreißt – zu einem Geschenk, das unverhofft in sein Leben leuchtet und es in ein ganz anderes Licht taucht. Das Licht der Liebe, in dem alles sinnvoll und schön, gut und stimmig erscheint; so dass nichts mehr anders sein muss; so dass wir es gut sein lassen können; so dass wir glücklich sind.

Ich bin mir sicher: Wir können der Liebe vertrauen. Ihr wohnt eine große Intelligenz inne und eine glasklare Sicht auf die Dinge. Man sagt, die Liebe mache blind. Das stimmt aber nicht. Was blind macht, sind unsere Schatten, die Begehren und Verlangen in die Verliebtheit mischen. Sie kommen aus den Verstrickungen und Verschattungen unseres Ego. Aber die Liebe, in der wir den Geliebten oder die Geliebte erkennen und darin die seelische Verbundenheit mit allem erahnen, diese Klarheit der Liebe ist alles andere als verblendet. Im Gegenteil: Sie erleuchtet uns. Sie lässt uns etwas von der einen, tiefen Wahrheit erkennen und das Göttliche auf Erden erahnen – die Göttin in der Geliebten, den Gott in dem Geliebten.

Manchmal frage ich mich, wie es wohl wäre, wenn wir in allem die Schönheit des Göttlichen gewahrten und uns dem Leben, den Menschen, Gott und der Welt liebevoll zuwenden könnten? Wie intensiv und kraftvoll das Leben wäre! Wie schön und begeisternd! Das Leben wäre ein Fest! So wie es mit dir ein Fest war.

Das große Ja

Die lautere, schiere Bejahung ist, so scheint es, allein in der erotischen Liebe realisiert.

Josef Pieper

Du warst schön. Und du wurdest von Tag zu Tag schöner. Du musstest gar nichts dafür tun. Du brauchtest keine Kosmetik. Dein volles Herz war dir Kosmetik genug. Weil die Welt für dich in Ordnung war – *en kosmó*, wie die Griechen sagten. Du warst in Harmonie mit dir selbst und mit der Welt. Das machte dich schön und ließ deine Seele heil und gesund erscheinen. Und auch mir ging es gut wie nie. Das Leben stimmte.

„Liebe dich selbst, und es ist egal, wen du heiratest", lautet der Titel eines Buches von Eva-Maria Zurhorst. Für mein Lebensmotto „Verliebe dich in ins Leben" möchte ich diesen Satz variieren: „Liebe dich selbst, und lass dich gut sein! Sag Ja zu dir, nimm dich an – in allem, auch in deinen Schattenseiten. Nimm auch sie an, nimm auch sie an dein Herz, umspüle auch sie mit der Liebe, in die du gefallen bist. Es wird dir nicht schwerfallen. Denn wenn du in der Liebe bist, dann fließt sie nicht nur nach außen, sie fließt auch zu dir selbst zurück."

Leuchtet dir das ein? Erinnerst du dich daran, wie es sich anfühlte, als dein Liebster dich liebkoste? Erinnerst du dich daran, wie seine Liebe zu dir auch deine Liebe zu dir selbst erwachen ließ? Und wie du Ja zu dir sagen und dich annehmen konntest? Du fühltest dich in Ordnung und konntest dich gut sein lassen. Du fandest dich schön. Und du warst es.

Das war auch heilsam. Nietzsche hat einmal gesagt, er wundere sich immer, dass junge Frauen in leichter Garderobe keine folgenschweren Erkrankungen davontragen, wenn sie bei kalter Witterung ins Theater schreiten. Und er mutmaßte, das könne etwas damit zu tun haben, dass sie sich selbst hinreißend fänden. Da lag der ansonsten mit den Frauen eher unvertraute Philosoph wohl richtig. Denn auch wenn es hier um eine vielleicht zweifelhafte Form der Selbstliebe geht – richtig ist, dass der Liebe in allen ihren Facetten eine heilende Kraft innewohnt; und dass Verliebte über ein starkes Immunsystem verfügen. „Das grundlegende Prinzip der Medizin ist die Liebe", sagte schon Paracelsus.

Die medizinische Wissenschaft jedenfalls bestätigt, dass ein Ja zu sich selbst besser ist als Pillen und Tropfen. Gerade erst habe ich im SZ-Magazin gelesen: „‚Zeigt Ihnen Ihre Frau, dass sie Sie liebt?‘ – diese Frage richteten Mediziner an ihre männlichen Patienten. Von denen, die mit ‚Ja‘ antworteten, bekamen nur halb so viele Infarkte im Vergleich zu jenen, die nicht das Gefühl hatten, geliebt zu werden. Und bei Frauen mit Brustkrebs sind die Überlebenschancen höher, wenn sie Rückhalt durch ihren Partner spüren." Wenn es auch zu weit führte zu behaupten, Verliebt-Sein sei ein Allerheilmittel – als Immun-Aktivator taugt es allemal zum Kernstück dessen, was man heute Salutogenese nennt.

Was die Neuroimmunologen gerade erforschen, ist eigentlich schon längst bekannt. Der Kirchenvater Irenäus sagte schon im dritten Jahrhundert: „Nihil salvatur, nisi acceptatur" – nichts wird geheilt, wenn es nicht bejaht wird. Die Psychotherapie hat diese Einsicht tausendfach bestätigt: Ein Ja zu sich selbst, aber genauso auch zu allem, was psychisches Leid verursacht – auch wenn es von anderen verschuldet wurde –, ist das sicherste Mittel zur inneren Heilung. Sogar Traumatisierungen können durch ein liebendes Ja aufgelöst werden – können, müssen aber nicht. Denn wenn Menschen nicht mehr für die Liebe erreichbar sind, wird auch dieses Therapeutikum nicht greifen; so wie jüngst geschehen, als sich Robert Enke das Leben nahm und seine Frau bekümmert feststellen musste: „Wir dachten, unsere Liebe könnte ihn heilen."

Oha, da bin ich nun ins Dozieren gekommen. Aber du wirst es mir nachsehen. Denn es geht ja tatsächlich um eine spannende Entdeckung, die ich mit dir teilen möchte: Wie nichts sonst wohnt der Liebe die Kraft inne, uns Menschen in Ordnung, ins Gleichgewicht zu bringen, weil sie nichts und niemanden unterdrückt oder verdrängt, weil sie ihre Energie nicht damit verschwendet, sich an etwas abzuarbeiten oder es zu bekämpfen; sondern mit der Kraft dieses Ja, das nur sie aussprechen kann, alles integriert und zusammenfügt – heil macht.

Das beherzte Nein

Hm, habe ich da ein Hüsteln gehört? Einen Einwand, eine Frage? Könnte es sein, dass du zu bedenken geben wolltest, es habe beileibe nicht nur das große Ja gegeben, als du in der Liebe warst, sondern auch ein klares Nein, ein entschiedenes Nein? Das wäre mir aus der Seele gesprochen. Denn tatsächlich erinnere ich mich an dieses Nein. Es war ein Nein zu allem, was unserer Liebe im Wege stand. Ein beherztes Nein, das sich auch gegen meine schlechten Gewohnheiten richtete und mich dazu brachte, mich zu verändern.

Aber wie passt das zu dem, was ich gerade sagte? Wie gehen das beherzte Nein und das große Ja zusammen? Was ist das für ein Nein?

Es war ein Nein aus Liebe, ein Nein, dem ein Ja innewohnt – das Ja zum geliebten Du, zu sich selbst, zum Leben. Dieses Nein bezog seine Kraft daraus, dass es etwas gab, dem all unsere Liebe und Leidenschaft galt. Und dieses Etwas war gut und schön und sinnvoll. Deshalb konnten wir nicht ertragen, was nicht gut und schön und sinnvoll war. Du warst mir ein Appell, mich selbst und die Welt in Ordnung zu bringen. Und ich war dir eine Aufforderung, das Gleiche zu tun. Durchs bloße Dasein ermahnten wir einander wie Rilkes *Archaischer Apollon*: „Du musst dein Leben ändern." – Weil wir unser Leben bejahten, folgten wir diesem Ruf. Und sagten: „Nein, so geht es nicht weiter. Ich höre auf zu rauchen; ich lebe nicht länger allein; ich ziehe in eine andere Stadt." Das Leben sollte stimmiger werden, und weil die Liebe uns das Herz erfüllte, konnten wir beherzt einen Wandel vollziehen.

Seither weiß ich: Liebe macht mutig, couragiert. Liebe treibt uns voran. Ganz so, wie es zahllose Liebesgeschichten berichten: Der Mann (traditionellerweise ist es ein Mann) zieht in den Wald, besteht Gefahren und Prüfungen, riskiert für die Geliebte sein Leben und kehrt gestärkt zurück. Nun, diese Art von Heldentum ist nicht genau das, was ich meine, denn Liebe bewährt sich in meinen Augen nicht so sehr in moralischer Pflichtfüllung. Aber sie zeigt doch, was Männer und Frauen mutig sein lässt. Sie sind mutig, weil sie verliebt sind; mutig, weil ihnen der/die/das Geliebte so kostbar ist, dass es lohnt, sich dafür in Gefahren zu begeben: ein mutiges Nein auszusprechen, wo die Liebe verletzt oder mit Füßen getreten wird. Und zwar nicht nur die Liebe zur oder zum Geliebten. Sondern die Liebe zum Leben, zu allem, was ist.

Stell dir vor, unsere Liebe reichte wirklich so weit! Stell dir vor, sie hätte nicht Halt gemacht an den Grenzen unserer Partnerschaft, sondern wir wären zugleich auch ins Leben verliebt; so wie wir es ansatzweise waren, wenn auch noch nicht ganz und gar. Welche Kraft wäre uns zugeflossen! Welche Kraft würde uns zufließen! Glaube mir, ich ahne sie. Wärst du Zeuge, wo das Leben bedroht ist – ob konkret von Gewalttätern in der S-Bahn, fernab im Regenwald oder abstrakt durch eine ungerechte Wirtschaftsordnung –, dein Herz würde sich verkrampfen, es würde sich winden, es würde leiden. Und du würdest beherzt ein Nein aus Liebe aussprechen – und Taten folgen lassen. Nicht moralische Entrüstung triebe dich dann voran, sondern ein wundes und wehes Herz, das aus Liebe kämpfen muss; das die Liebste, den Liebsten oder das Liebste verteidigen muss – mutig, tapfer, couragiert. Liebe macht mutig – auch zum Kampf aus Liebe, wenn er sein muss. Dann wirst du zu dem, was Paulo Coelho in seinem für mich schönsten Buch einen „Krieger des Lichts" nennt:

„Ein Krieger des Lichts lässt keinen Hass in sein Herz. Wenn er sich in den Kampf begibt, gedenkt er der Worte Christi: ‚Liebet eure Feinde.' Und er befolgt sie. Aber er weiß auch, dass Verzeihen niemanden zwingt, auch alles hinzunehmen. Ein Krieger darf den Kopf nicht senken – sonst verliert er den Horizont seiner Träume aus dem

Blick. Er akzeptiert, dass die Gegner dazu da sind, seinen Mut, seine Beharrlichkeit, seine Entscheidungsfähigkeit zur prüfen. Sie sind ihm ein Segen, denn sie zwingen ihn, für seine Träume zu kämpfen. Der Krieger des Lichts geht gestärkt aus der Erfahrung des Kampfes hervor.*"
(Handbuch des Kriegers des Lichts)

Vermutlich wäre Paulo Coelho damit einverstanden, wenn wir immer da, wo er „Träume" schreibt, „Liebe" einsetzen – und wenn wir den Krieger des Lichts einen Krieger der Liebe nennen. Einen, der für seine Liebe kämpft – mutig, beherzt und entschlossen; und einen, dessen Liebe weit reicht, weit hinaus über den Horizont einer Liaison, einer Partnerschaft, einer Familie – die die Welt umfasst, weil sie eine Liebe zum Leben ist. Coelhos „Krieger des Lichts" ist ins Leben verliebt. Aus seinem Buch habe ich gelernt, wie kraftvoll ein Nein aus Liebe klingen kann, wenn es von einem tiefen, liebenden Ja zum Leben getragen ist: „Ein Krieger des Lichts denkt über den Horizont hinaus. Er weiß: Wenn er nichts für die Welt tut, tut es auch kein anderer. Daraufhin nimmt er am guten Kampf teil und hilft den anderen, ohne selber recht zu wissen, warum er es tut."

Ahnst du das Potenzial, das in uns steckt? Es ist das Potenzial, kraftvoll, beherzt und aufrecht durchs Leben zu gehen, erblüht zur Schönheit, gereift im Kampf für die Schönheit und Wahrheit des Lebens. Das ist es, was ich in vielen verlorenen Schlachten gelernt habe: Es kommt nur darauf an, mich in die Liebe fallen zu lassen, ihr Raum in mir zu geben; mich zu öffnen für den Anspruch des Lebens, um dann diesem Anspruch zu antworten: verantwortlich und verbindlich. Auch wenn ein Nein geboten ist.

Glühende Drähte

Connection – there came a moment
in the middle of the song when he
suddenly felt every heartbeat in the
room & after that he never forgot he
was part of something much bigger.

Brian Andreas

Nicht ich war es, der die Liebe machte. Nicht du warst es, die den Zauber schuf. ES kam über uns wie ein Sonnenstrahl aus der Wolkendecke. ES kam über uns und tauchte unser Leben in ein neues Licht – das Licht der Liebe. Wir waren voneinander hingerissen, es schien uns, als hätten wir uns schon immer gekannt, als hätten wir unser ganzes bisheriges Leben nur aufeinander gewartet. Wir spielten sogar mit dem Gedanken, wir seien uns schon vor unserer Geburt in einem früheren Leben begegnet; oder der Schöpfer habe uns in seiner unendlichen Weisheit füreinander bestimmt. Ja, wir hatten damals Gefallen an der Geschichte des alten Aristophanes, der einmal in Platons *Symposium* erzählte, die Liebe sei deshalb in die Welt gekommen, weil Zeus einst im Zorn die Menschen in zwei Teile gespalten habe und seither jeder verzweifelt die andere, bessere Hälfte suche. Tatsächlich fühlte es sich zwischen uns so an, als hätten wir endlich die uns fehlende Hälfte gefunden; als sei zusammengekommen, was zusammengehört.

Dies alles sind Bilder, die eines zum Ausdruck bringen sollten: dieses Gefühl des innigsten Verbunden-Seins. In meinen Vorträgen benutze ich dafür gerne ein anderes Bild, auch wenn es dir vielleicht etwas technisch scheint: Ich stelle mir vor, dass ich mit dir wie durch einen kaum sichtbaren Draht verbunden bin, der immer schon da war und der immer da sein wird; und dass in dem Augenblick, in dem wir in die Liebe fielen, dieser Draht zu glühen begann. Hell und strahlend, als sei ein Strom von Energie zwischen unseren Polen in Fluss gekommen. ES funkte zwischen uns und wir energetisierten und befeuerten uns wechselseitig – ganz so, wie es bei allen wirklich liebenden Paaren geschieht –, angefeuert von der Schönheit des Gegenübers und der Sehnsucht nach Ganzsein.

Glühende Drähte. Mir gefällt dieses Bild, weil es eines deutlich macht: Die Verbindung zwischen zwei Menschen wird von diesen nicht selbst geschaffen. Sie war schon immer da, nur noch nicht belebt oder aktiviert. Ich stelle mir vor, dass es unendliche viele Drähte gibt, die uns mit unendlich vielen Menschen verbinden – und nicht nur mit Menschen. Wir sind Teil eines großen Netzes oder Geflechtes des Lebens, in dem alles mit allem verbunden ist, wenn auch vielleicht nicht unmittelbar und direkt.

Wenn du in der Liebe bist, dann kommt dir dieses Vernetzt-Sein zu Bewusstsein; dann spürst du, dass da nicht nur zwischen dir und mir dieses Gefühl der Verbundenheit besteht; sondern dass es in alle Richtungen strahlt. Allem fühlst du dich näher, enger, vertrauter. Die ganze Welt scheint zu deiner Familie zu gehören. Du fühlst dich zuhause in ihr.

In die Liebe zu fallen heißt, um im Bild zu bleiben, den Schalter umzulegen. Und das geschieht in der Begegnung zwischen zwei Menschen, die sich ineinander verlieben. Da springt der Funke, da glüht der Draht, da fließt der Strom. Und wenn er erst einmal ins Fließen gekommen ist, dann fließt er weiter. Dann werden wir uns der Verbundenheit mit unserer Familie, unseren Verwandten, unseren Freunden, unseren Bekannten, den Tieren, dem Garten, dem Wald, der Luft, den Wolken, dem Kosmos, mit Lebenden und mit Toten bewusst. Dann fühlen wir uns zuhause. Dann wissen wir, dass wir am richtigen Ort sind.

Erinnerst du dich? Diese Ahnung des Verbundenseins war es, die in dir damals den Wunsch aufsteigen ließ, die ganze Welt zu umarmen. Sie trieb dich an, deine Freunde an unserem Glück teilhaben zu lassen. Denn der Strom der Liebe war in Fluss gekommen und verzweigte sich im Netzwerk deines Lebens, dessen Mitte und Knotenpunkt dein brennendes Herz war und ist. „Das Herz ist ein Organ aus Feuer", heißt es im *Englischen Patienten*. Du und ich, wir wissen, dass das stimmt.

Ich habe schon mehrfach auf den alten Platon angespielt. Das ist kein Zufall, denn sein *Symposium* (dt.: Das Gastmahl) enthält für mich immer noch die vielleicht tiefsten philosophischen Gedanken, die dem Thema Liebe und Erotik je gewidmet wurden. Sieben unterschiedliche Reden – von sehr unterschiedlicher Qualität – hat Platon dort zu Papier gebracht. Die wichtigste und erhellendste Rede über den Eros bzw. die Liebe hält darin eine Frau: Diotima. Wir erfahren von ihr, dass sie eine Priesterin des Apollon sei – und eine weise Heilkundige, die einst die Stadt Athen vor der Pest bewahrt habe. Bei dieser Frau, sagt Sokrates (der die zentrale Rolle in diesem Text spielt), habe er sich in den Dingen der Liebe (griechisch: *ta erotiká*) unterweisen lassen; und dank ihrer habe er es in diesem Fach zu einiger Meisterschaft gebracht. Deshalb beruft er sich bei allem, was er über die Liebe zu sagen hat, auf sie. Und er erwähnt, dass sie es gewesen sei, die ihm erklärt habe, der Eros bzw. die Liebe sei diejenige Kraft oder Energie im Kosmos, die dafür Sorge trage, „dass das Ganze mit sich selbst verbunden ist". Was für ein Satz!

Dieses Verbundensein erscheint mir wie ein Wunder. Wir sind nicht allein. Wir sind keine „fensterlosen Monaden", wie der Philosoph Leibniz einst meinte. Nein, wir sind Teile in einem Geflecht von Verbundenheit, das nur darauf wartet, von uns zum Glühen gebracht zu werden, und dessen Glühen sogar den Tod überdauert. Wenn ich an dich denke, habe ich keinen Zweifel daran. Einfach nur, indem wir uns in die Liebe fallen lassen ... Und dann?

Dann entsteht aus der Verbundenheit Verbindlichkeit. Ist der Draht nur erst zum Glühen gebracht, dann ist er nicht nur verbindend, sondern auch verbindlich. Nicht Treueschwüre oder Ehegelübde haben uns zusammengeschweißt, als wir in der Liebe waren, sondern diese Verbindlichkeit, die aus Verbundenheit entsteht. Sie war kraftvoller und unbeirrbarer, als es jedes moralische Gebot oder jeder Vertrag je sein könnte. Denn sie war nicht gemacht und nicht gewollt, sondern geschenkt und gegeben. Sie war ganz einfach da, und dadurch, dass wir uns in die Liebe hatten fallen lassen, wurden wir uns ihrer bewusst.

Dieses Bewusstsein, dieses Gefühl des Verbundenseins mit allem, war wohl auch der Grund dafür, dass wir, wie alle Verliebten, hilfsbereit waren; dass wir es nicht mitansehen konnten, dass es anderen nicht so gut ging wie uns. Auch der Bettler in der Fußgängerzone war uns verbindlich, ebenso ein Erdbebenopfer in China. Tatsächlich ist es eine vielfach bestätigte Erfahrung, dass frisch Verliebte ein Auge für die Welt um sie herum haben – und dass sie sich durchaus nicht auf ihre Insel der Seligen zurückziehen, sondern auch ihre Mitmenschen an ihrer Liebe teilhaben lassen.

Nun stelle ich mir vor, dass dies immer so wäre, nicht nur in der frischen, jugendlichen Verliebtheit wie bei uns beiden damals. Was wäre, wenn ich mich ins Leben verliebte und mich dem Leben im Ganzen, jedem und allem verbunden wüsste? Warum sollte das nicht möglich sein, wo ich mich doch auch dir, die nicht mehr da ist, immer noch im Herzen verbunden weiß? Was wäre das für ein erfülltes Leben. Stell dir vor, es ginge nicht nur mir und dir so, sondern auch anderen Menschen. Gesetze und Gebote bräuchte es dann nicht mehr, denn die Menschen wären einander so verbindlich, dass keiner dem anderen schaden wollte. Der Himmel auf Erden wäre das. Nur, davon ist die Welt weit entfernt. Aber du und ich, wir beide können vielleicht doch ein Stück davon wirklich werden lassen – wenn es uns gelingt, immer neu in die Liebe zu fallen, dauerhaft in der Liebe zu sein und uns darin mit allem und jedem verbunden zu wissen.

Vereint und Getrennt

She said she usually cried at least once each day not because she was sad, but because the world was so beautiful & life was so short.

Brian Andreas

Erinnerst du dich? Jedes Mal, wenn du in die Liebe gefallen warst, konntest du deinen Liebsten nicht oft genug sehen. Du wolltest bei deinem Liebsten sein. Du wolltest bei mir sein, und ich wollte bei dir sein. Jedes Auseinandergehen schien uns eine Zumutung. Die Zeit floss zäh und träge, wenn wir getrennt waren – und sie schien aufgehoben, solange wir uns sahen. Ja, es hatte nicht nur zwischen uns gefunkt, es schien uns auch unvorstellbar, dass es eines Tages nicht mehr so sein könnte. Jede noch so kleine Trennung voneinander bereitete uns Kummer – Liebeskummer.

Wir wollten zusammen sein, wann immer und wo immer es ging. Oh, am liebsten wären wir miteinander verschmolzen; und tatsächlich drängten sich unsere Körper aneinander und begehrten nach Vereinigung und Verschmelzung. Wir hielten Händchen, spazierten Arm in Arm, küssten uns und hatten Sex. Vereinigung – das war das Thema; eins sein, so sehr es nur geht; nah sein, so nah es nur geht; verschmelzen, so weit es nur geht. Und wenn diese Sehnsucht auch nur ansatzweise erfüllt war – mmh, ging es uns gut, und wir lachten und freuten uns aneinander.

Ich glaube, das war nicht nur bei uns so. Die Sache ist eindeutig: Wer in der Liebe ist, will Vereinigung mit dem oder der Geliebten.

Aber so brennend die Sehnsucht nach Vereinigung, so unstillbar ist sie auch. Sie hört nie auf – und es gibt keine Erlösung. Zumindest nicht für mich; zumindest nicht in diesem Leben, in dem ich in Raum und Zeit mit einem Körper durch die Gegend laufe, der sich nicht so einfach mit einem anderen Körper verschmelzen lässt. Die Literaten haben ihre Konsequenz daraus gezogen: Myriaden Verliebter lassen sie vom Tode träumen, ihn sogar suchen, um endlich dort ans ersehnte und erträumte Ziel zu finden: Vereinigung, Verschmelzung, Ende der unseligen Trennung. Von Romeo bis Werther, von Tristan und Isolde bis Katharine Clifton und Lázló Almásy – in der großen Liebesliteratur des Westens wimmelt es von Liebenden, die lieber sterben mochten, als die leibliche Trennung zu erleiden. Ich glaube nicht, dass das eine Lösung ist, aber fest steht doch: Solange wir nach umfassender, auch körperlicher Einheit verlangen, bleibt Verliebtsein immer ein tragisches Unterfangen. Eros ist tatsächlich eine tragische Figur, weil er sich unablässig nach Vereinigung sehnt und doch unablässig unter Trennung leidet. Die Vereinigung, die er schenkt, bleibt immer flüchtig, vorübergehend. Auf jedes Verschmelzungserlebnis folgt die Trennung. Und auf das Leben folgt der Tod. Wer wüsste besser als du, wovon ich rede. Du hast dich damals von mir getrennt. Und dann musstest du dich vom Leben trennen. Nachdem ich dich nun zweimal verloren und wiedergefunden habe, wissen wir beide: Trennungsschmerz und Liebeskummer gehören zum In-der-Liebe-Sein dazu. Sie sind der Preis, den wir für unsere Sehnsucht nach Einheit zu zahlen haben.

Trennungsschmerz und Liebeskummer hören nie völlig auf. Selbst wenn es mir je gelingen sollte, meine leidenschaftliche Liebe ganz dem Geliebten hinter allen Geliebten – Gott – zu widmen, so werde ich doch selbst mit ihm zu Lebzeiten nie bleibend vereint sein. Selbst wenn es mir gelingen sollte, in der Liebe die Dimension der Körperlichkeit immer mehr in den Hintergrund treten zu lassen – so wie ich es bei dir gezwungenermaßen nun tun muss –, wird da doch immer das Leiden an der verwehrten Nähe und Präsenz unserer Seelen bleiben. Und dennoch habe ich eine Entdeckung gemacht: Je weiter wir in der erotischen Reifung voranschreiten, desto weniger wird uns der Trennungsschmerz bekümmern. Im Gegenteil, ich lernte ihn wertzuschätzen, ihn mit meiner Liebe zu umfassen. Nun will ich nicht mehr auf ihn verzichten, denn ich weiß, dass er echt ist und aus Liebe geboren; dass sich in ihm eine tiefe

Wahrheit bekundet, nämlich, dass wir mit denen, die wir lieben, aufs innigste verbunden sind – auch im Tod. Drähte, die glühen – die so sehr glühen, dass es wehtun kann.

Das ist es, was du mich gelehrt hast. Das ist es, was ich weitersagen möchte. Wir müssen unter Liebeskummer und Trennungsschmerz nicht leiden. Stattdessen können wir sie anerkennen als Teile unseres Lebens, sie umfassen und integrieren; wissen, dass In-der-Liebe-Sein heißt, das Leben in kräftigeren Farben zu leben, intensiver und bewusster, so dass selbst der Tod uns davon nicht abbringen kann.

Inzwischen schaue ich mit einem Lächeln zurück auf den Liebeskummer meiner Jugend, sogar auf den Trennungsschmerz, den ich als erwachsener Mann mit dir durchleiden musste. Ich verkläre dabei nichts. Ich weiß, wie sehr ich gelitten habe. Aber ich weiß auch, dass dieses Elend und dieses Leiden echt waren; dass damals der innerste Wesenskern meiner Seele litt und lebte; dass es in meinem Liebeskummer neben so manchen egohaften Einsprengseln auch eine intensive und authentische Komponente gab, so dass der Schmerz mich wachsen und reifen ließ.

Deshalb meine ich, dass wir uns vom Liebeskummer nicht schrecken lassen sollten. Er gehört dazu, wenn wir in die Liebe fallen. Es wäre schade, wenn wir aus Furcht vor ihm die Liebe scheuten. Denn dann würden wir nicht zu einem reifen und vollen und blühenden Leben in der Liebe finden, in dem wir der Erfüllung unserer innigsten Sehnsucht nach Eins-Sein immer näher kommen, weil wir die Geliebte hinter allen Geliebten deutlich erkennen werden: die Wahrheit des Lebens, die Seele der Welt. Ein Leben in der Liebe – das ist für mich die einzige wirkliche Religion und Spiritualität. Es ist die kraftvollste und lebendigste Religion, die es gibt. Wie der große Sufilehrer Ibn Arabi sagte:

„Ich folg' der Religion der Liebe,
wohin auch immer ihre Karawane zieht,
denn Liebe ist mir Religion und Glaube."

Für immer und ewig

Un amore come il nostro
non potrà finire mai.
Un amore come il nostro
non potrà morire mai.

Riccardo Cocciante

Wir hatten keinen Zweifel: Diese Liebe währt auf immer. Wir konnten uns nicht vorstellen, dass sie je zu Ende geht. Wir spürten in der Tiefe unserer Herzens, dass sie uns noch über den Tod hinaus verbinden würde. Etwas in mir wusste es. Und diese Ahnung von Ewigkeit ist der Kompass meines Lebens.

Liebe ist stärker als der Tod, heißt es. Als wir ineinander verliebt waren, ahnten wir, dass das stimmt. Doch wussten wir nicht, wie bald das, was damals Ahnung und Hoffnung war, Wirklichkeit werden sollte. Wie hätten wir ahnen können, dass du so früh diese Welt verlassen musstest – dass du so bald die Menschen, die dich lieben, zurücklassen musstest?

Doch genauso ist es gekommen. Ich habe um dich geweint, ich habe mit dem Schicksal gehadert, ich habe den Schmerz deiner Liebsten geteilt. Was für eine Scheiße! Dein Tod war so unnötig und sinnlos, wie er unnötiger und sinnloser nicht sein könnte. Und trotzdem wurde er zur wichtigsten Lektion meines Lebens. Denn aus der jugendlichen Ahnung wurde eine Gewissheit: Die Liebe, die uns verbindet, die einst unseren Draht zum Glühen brachte – sie besteht fort. Sie ist stärker als der Tod. Mein Herz weiß es, auch wenn mein Intellekt dafür zuweilen wenig Verständnis aufbringt. Dieser Draht, er glüht noch immer. Und er wird immer glühen.

Doch die Angst vor dem Tod ist mächtig. Und immer dann, wenn das Meer der Liebe mich zurückspült an den Strand meines nüchternen Ego, kehren auch die Zweifel zurück. Dann frage ich mich, ob es nicht doch stimmt, dass unsere Liebe keineswegs ewig ist, sondern nur ein Tanz der Hormone und Endorphine war, genauso flüchtig wie dein leibliches Leben. Dann tue ich das, was alle anderen auch tun: Ich suche anderswo Halt und Trost – in materiellen Dingen, in religiösen Verheißungen, in neuen Partnerschaften und Gemeinschaften. Doch das Wissen des Herzens kehrt so nicht zurück. Die Ahnung der Unsterblichkeit, dieser Geschmack der Ewigkeit – sie scheinen in einem solchen Moment für immer verloren.

„Nicht doch", spüre ich dich sagen. „Nicht doch", spricht mein Herz zu mir. „Nein", tönt es in mir, „sie sind nur so lange verloren, wie du nicht in der Liebe bist. Denn was du schon ahntest, als du das erste Mal in die Liebe fielst, wird dich immer wieder erfüllen, wenn du in der Liebe bleibst: das Wissen, die Ahnung deiner Seele, dass sie unsterblich ist; dass die Liebe niemals endet; dass sie mit allem verbunden ist – in einer Einheit jenseits von Zeit und Raum."

Du starbst in einer Vollmondnacht im Dezember. Du warst keine 40 Jahre alt. Dein Tod kam unerwartet, tragisch, unfassbar. Das neue Jahr zog herauf, und eine große Gemeinde hatte sich zur Trauerfeier versammelt, um Abschied von dir zu nehmen. Der Schock über deinen Tod lag spürbar in der Luft. Die Menschen waren bewegt, berührt, erschüttert. Die Pastorin rang mit den Tränen. Sie machte aus ihrem Schmerz keinen Hehl. Es war ein echter Schmerz, der vor Liebe bebte. Und alle, die in dieser Friedhofskapelle versammelt saßen, spürten dieses Beben in sich. Es war, als ergieße sich eine Woge der Liebe durch den Raum, und mitten in ihr warst du. Ohne Zweifel. Niemand, der später nicht gesagt hätte: „Sie war bei uns." Du warst spürbar da – spürbar für alle, die ihr Herz berühren ließen, die sich geöffnet hatten für die Präsenz der Liebe. Für dich.

Auch wenn es mir noch immer Tränen in die Augen treibt, diese Erfahrung verdanke ich dir. Und nur ihretwegen getraue ich mich, zu anderen von der Liebe zu reden. Denn seither habe ich einen ganz neuen Blick auf die Liebe gewonnen. Seither verstehe ich, was die Alten meinten, als sie sagten, die Liebe öffne das Tor zum Jenseits. Seither weiß ich, wie wahr dieses Gefühl unserer einstigen Verliebtheit war – dieses Gefühl, unsere Liebe währe ewig. Ja, es ist so: Die Liebe schmeckt nach Ewigkeit. Sie lässt uns Unsterblichkeit ahnen. Wir brauchen dafür keine Erleuchtungserlebnisse oder Nahtod-Erfahrungen; wir müssen auch nicht in langjähriger Meditationspraxis unser Ego abstreifen. Wir brauchen allein ein offenes Herz – ein Herz, so offen, wie es damals war, als wir im Taumel der ersten Leidenschaft sagten: „Ich liebe dich für immer und ewig"; so offen, wie es an deinem Grab war, als es wusste, dass unsere Verbundenheit auch über diese Schwelle hinweg Bestand haben würde.

Solange diese Ahnung von Ewigkeit und Unsterblichkeit mein Bewusstsein durchdringt, erscheint mir das Leben wie ein Fest. Dann bin ich mutiger, gelassener, heiterer. Dann kann ich leichter Ja sagen zum Leben – und zum Tod. Danke, meine Liebe, danke.

Hier und Jetzt

Sei gegenwärtig. Tauche mit deiner Aufmerksamkeit immer tiefer ins Jetzt ein. Das bleibt der Schlüssel, ganz gleich ob du allein lebst oder mit einem Partner. Damit die Liebe sich entfalten kann, muss das Licht deiner Gegenwärtigkeit stark genug sein.

Eckhart Tolle

Thich Nhat Hanh, ein großer buddhistischer Meister, lehrt: „Achtsamkeit ist die Kraftquelle der Liebe. Sie ist ihr Fundament." Und er fragt: „Wenn Sie die Präsenz des anderen Menschen nicht wahrnehmen, wie können Sie ihn lieben?" Die Antwort ist klar: Ich kann niemanden lieben, wenn ich ihn nicht wahrnehme. Aber mir scheint, man darf diesen Satz auch umdrehen: Liebe ist die Kraftquelle der Achtsamkeit. Oder vielleicht besser noch: Achtsamkeit ist eine Erscheinungsform der Liebe. Liebe und Achtsamkeit gehören zusammen. Wie sollte es auch anders sein, wenn es zutrifft, dass wir in der Liebe unserer Verbundenheit mit allem gewahr werden? Ich kann dich nicht lieben, ohne achtsam zu sein. Niemand kann lieben, ohne achtsam zu sein – und niemand kann achtsam sein, ohne in der Liebe zu sein. Achtsamkeit kann unser Herz öffnen und uns in die Liebe sinken lassen.

Die Liebe schärft meine Aufmerksamkeit; sie lässt mich achtsam für den anderen sein – behutsam, sanftmütig, vorsichtig, zärtlich. Sie lässt mich auch achtsam für mich selbst sein. Eigentlich wissen wir das alle. Als wir ein Paar waren, da fiel es mir auf, wenn du ein neues Parfum trugst; und du merktest treffsicher, wenn ich ein anderes Aftershave verwendete.

Wir spürten, wenn ein Kummer in der Luft lag. Und du rochst gleichsam das Begehren in mir, wenn ich ins Bett mit dir wollte.

Wer liebt, der weiß: Es gibt diese erhöhte Sensibilität für den, der uns begeistert, für die, die uns hinreißt; wenn alle Antennen des Körpers auf Empfang geschaltet sind, wenn wir empfänglich sind für die Signale des/r Liebsten. Auch dann, wenn sie unbewusst gesendet oder ausgestrahlt werden. Und wir wissen auch, wie traurig und fad das Leben wird, wenn wir aus der Liebe heraustreten und in diese alltägliche Dumpfheit, diese Blindheit und Taubheit zurückkehren; wenn die Farben verblassen und die sprudelnde Kraft sich zurückzieht. Aber oft keimt zugleich die Sehnsucht, zu dieser Achtsamkeit und Präsenz zurückzufinden. Dann suchen wir die Orte, die uns einst berührten, die Gesichter, die uns einst bewegten. Nur: Wenn die Liebe fort ist, bleiben auch sie oft stumm und kalt.

Es sei denn, wir halten uns offen und üben uns in Achtsamkeit, schulen unseren Blick für ihre Schönheit, so dass der Pfeil des Eros uns neuerlich treffen kann. Denn das ist das Tröstliche, worauf Thich Nhat Hanh hinweist: Es gibt nicht nur den Weg von der Liebe in die Achtsamkeit – es gibt auch den Weg von der Achtsamkeit in die Liebe. Und dieser Weg steht uns offen. Wenn wir uns in das Leben verlieben wollen, dann können wir ihn gehen, indem wir uns in Achtsamkeit üben. Sobald wir auch nur einen Moment in die Liebe eingetaucht sind, wird sie uns immer neue Nahrung für das Feuer unseres Herzens schenken.

In der Liebe sein und achtsam sein: beides durchdringt sich wechselseitig. Und wo dies geschieht, da bekommt das Leben eine besondere Farbe, einen besonderen Ton. Die Alten nannten ihn *Sanftmut*, und auch wenn das Wort uns vielleicht nicht mehr so geläufig ist, so scheint es doch gut zu passen für diese besondere Stimmung. Denn wir sind sanfter, wenn wir lieben; wir sind behutsamer und vorsichtiger; vielleicht auch duldsamer und langmütiger, wie es in der Bibel heißt: „Die Liebe ist langmütig und freundlich, die Liebe eifert nicht, die Liebe treibt nicht Mutwillen, sie bläht sich nicht auf, sie verhält sich nicht ungehörig, sie sucht nicht das Ihre, sie lässt sich nicht erbittern, sie rechnet das Böse nicht zu, [...] sie erträgt alles, sie glaubt alles, sie hofft alles, sie duldet alles." *(1. Korinther 13,4-7)*

Der Grund dafür liegt wohl darin, dass die Liebe uns Menschen tatsächlich in die Gegenwart bringt: Was kümmerten mich meine unerledigten Aufgaben, als ich mir dir zusammen war? Was scherten mich meine Zukunftsängste, als ich deine Hand hielt? Wir waren ganz, gegenwärtig, präsent, im Hier und Jetzt. Wir waren einander verbindlich verbunden. Wir wussten, was gerade dran war – und das konnte sowohl ein beherztes Eingreifen sein als auch ein zärtliches Einander-Zuwenden. In Präsenz füreinander waren wir achtsam und spontan – achtsam in unserer empfänglichen Aufmerksamkeit füreinander, spontan im Ausdruck unserer Liebe. Wir konnten energisch sein, aber auch sanftmütig – ganz wie die Situation es erforderte.

Und die Sanftmut war es, die uns zärtlich sein ließ. Unsere Körper wollten sich wohltun, wir liebkosten uns, wir schliefen miteinander. Das alles war weich und fließend, zärtlich und sanft, dabei doch kraftvoll und intensiv; getragen von achtsamer Aufmerksamkeit, hingegeben ans Hier und Jetzt. Wir waren ganz wach und ganz bewusst. Und es fühlte sich richtig gut an.

Doch nicht nur unsere Körper waren sanft und zärtlich, auch unsere Worte waren es. Ich bin mir sicher: Verliebte neigen zur Poesie. Sie wollen einander auch mit Worten streicheln. Mir jedenfalls ging es so. Himmel, wie viele Liebesgedichte habe ich dir geschrieben! Die literarische Qualität mag zweifelhaft gewesen sein, aber jedes Wort darin war echt – ein Ausdruck des Herzens, ein Flirt der Seele.

Ein Blick in die Literatur macht es deutlich: Poesie ist die Sprache der Liebenden – und ein Mangel an Poesie verrät immer einen Mangel an Liebe. Denn Poesie wahrt das Geheimnis. Sie zerrt nicht alles ans Licht, sondern ihr eignet eine eigentümliche Demut vor diesem ungewollten und ungemachten Ereignis des In-die-Liebe-Fallens. Doch ist Poesie nicht die einzige Sprache der Liebenden. Auch die Musik zählt dazu und der

Tanz. Und dann gibt es noch die Sprache des Fragens: dieses behutsame Auskundschaften der geliebten Seele – aus echter Sehnsucht, ganz einzudringen und zu verschmelzen mit diesem Wesen, das uns so sehr berührt. Jahre nach unserer Trennung erzähltest du mir einmal von den langen Nächten mit dem Mann, den du inzwischen geheiratet hattest – von Nächten, in denen ihr euch euer Leben ausgebreitet habt, eure Pläne und Träume. Ihr fragtet einander – und ihr hörtet einander zu. Aufmerksam, behutsam, zärtlich. Es ist wohl kein Zufall, dass das griechische *ich frage* – *erotao* ganz ähnlich klingt wie *ich liebe* – *erao*.

Zärtlich und achtsam durchs Leben streifen; empfänglich für die Schönheit in allem, in gesteigerter Aufmerksamkeit für alles; in festlicher Stimmung, wie an einem Feiertag – aber eben nicht nur an einem Tag, sondern ein ganzes Leben lang; intensiv, in kräftigen Farben. Verliebt ins Leben: das ist es, worum es mir geht. Das ist es, worin ich den Sinn des Lebens erblicke.

Schatten in der Liebe

Liebe ist Besitzen und Besessenwerden;
es kann keiner ihre Grundtendenz
ändern, nur mildern.

Diotima

Okay, bis jetzt haben wir uns all das angeschaut, was strahlte und leuchtete an unserem Verliebtsein. Jetzt intervenierst du vielleicht. Jetzt bestehst du darauf, dass wir uns auch die andere Seite anschauen. „Halt", höre ich dich sagen, „Das war nicht alles." Und – seufz – es stimmt.

Ich hatte ja schon kurz von den Schatten gesprochen, die eben nicht fehlen, wo viel Licht ist. So auch in unserer damaligen Verliebtheit. Da war nicht alles Gold – da war auch viel Schrott und Müll. Du zwingst mich dazu, ehrlich sein. Gut so. Natürlich war die erste Verliebtheit noch nicht reif. Wie hätte sie auch reif sein können? Ich war jung damals, du warst jung damals. Wir hatten die Schulen des Lebens noch nicht durchlaufen. Aber wir waren schön. Und unschuldig. Lass uns ein Glas trinken auf unser einstiges Verliebtsein. Es war eine kostbare Zeit, die ich um nichts missen möchte. Lass sie uns würdigen und ehren.

Und jetzt schauen wir uns an, was daran nicht so toll war.

Ja, da waren die Missverständnisse, die enttäuschten Erwartungen. Ich wollte dich anders, als du warst. Du wolltest mich anders als ich war. Ich phantasierte etwas in dich hinein, wollte dich nach meinem Bild formen. Du entzogst dich, gingst fremd. Ich entzog mich, ging fremd. Wir liebten einander inniglich und fanden doch nicht wirklich zueinander. Wir wussten, dass wir ein Paar sind, und trafen doch nicht die rechte Form, unsere Partnerschaft zu leben. Wir waren verzweifelte Suchende. Wir waren in unserer Suche verbunden, aber sie führte uns zuletzt in entgegengesetzte

Richtungen. So trenntest du dich von mir. Zu Recht, wie ich heute sagen kann. Wir waren noch nicht reif füreinander. Es ist gut, dass du damals diesen Schritt gehen konntest, auch wenn für mich die Welt zusammenbrach. Wie hätte ich, ohne diese Lektion gelernt zu haben, damit klarkommen können, als du endgültig diese Welt verließest?

Du weißt, dass ich viel und lange darüber nachgedacht habe, was damals schiefgegangen ist. Und ich bin dir dankbar, dass du später, als wir wieder Freunde geworden waren und du zu einem Teil meiner Familie wurdest, immer wieder das Gespräch mit mir gesucht hast. Deshalb scheue ich mich auch nicht, noch einmal vor dir auszubreiten, welchen Reim ich mir auf die Erfahrung der Trennung, der Probleme, der Irrungen und Wirrungen unserer Liebe heute mache – Erfahrungen, die nicht nur unsere damalige Beziehung angehen, sondern auch die so vieler anderer Paare, die ich in meinem Umfeld erlebe und begleite.

Du gestattest, dass ich dafür etwas weiter aushole. Ich möchte nämlich noch einmal auf die alte Geschichte des Komödiendichters Aristophanes zu sprechen kommen. Du erinnerst dich: Nachdem Zeus die Menschen im Zorn in eine männliche und weibliche Hälfte gespalten hat, laufen diese Hälften hintereinander her und suchen sich verzweifelt, weil sie sich nach dem ursprünglichen Ganz-Sein sehnen.

Was geht uns das an? Eine ganze Menge. Denn was hier im komödiantischen Gewand des Mythos aufgetischt wird, ist für mich eine wichtige Einsicht in das Wesen des Verliebtseins – eine doppelte Einsicht, die im Übrigen von der modernen Psychologie bestätigt wurde:

1. Wir verlieben uns in den-/die-/dasjenige, der/die/das uns fehlt oder besser ergänzt. Und daraus ergibt sich:

2. Unser Verliebtsein ist getragen von einer Sehnsucht nach Ganz-Sein, Vollständig-Sein, Vollkommen-Sein. Diese Sehnsucht ist uns nicht immer bewusst, aber dennoch ist sie wirksam. Und zwar mit großer Macht.

Das heißt: Wenn ich mich verliebe, verliebe ich mich nicht aus Zufall in jemanden, der mir gerade über den Weg läuft, sondern ich verliebe mich in einen Menschen, bei dem ich ahne, dass er mir etwas geben kann, das mir fehlt – dass er meine Sehnsucht nach Ganzheit stillen kann. Das kann die unterschiedlichsten Aspekte des Daseins betreffen: Bei jungen Männern (mich seinerzeit eingeschlossen) habe ich wiederholt beobachtet, dass sie sich schlicht nach einer Frau sehnen, mit der sie Sex haben können, um so den in ihnen aufkeimenden Sexualtrieb zu integrieren. Bei jungen Frauen kann es sein, dass in ihnen die Sehnsucht nach Zweisamkeit und Geborgenheit die treibende Kraft des ersten Verliebtseins ist. In einer eher psychologischen Sprache würde ich sagen: Es ist das nie endende Bedürfnis, die männliche oder weibliche Energie der oder des Geliebten aufzusaugen, um so in ein inneres Gleichgewicht von Männlich und Weiblich zu kommen. Vielleicht ist es auch ein subtiles Bewusstsein dessen, dass meine Partnerin oder mein Partner Potenziale in mir freisetzen kann, die sonst schlummern würden. Vieles mehr könnte im Hintergrund unseres Verliebseins stecken, aber eines ist daran immer gemeinsam: Es geht darum, den eigenen Mangel auszugleichen; darum, aus zwei unvollständigen Einzelnen ein sich ausbalancierendes Ganzes zu machen. Es geht darum, zur Blüte des Lebens zu kommen – ganz, rund, satt und glücklich zu sein.

Aber – oje, jetzt kommt das große Aber – in dieser Sehnsucht nach Ganz-Sein liegt wohl die größte Falle auf dem Weg dahin, wirklich ganz, vollkommen, satt und glücklich zu sein. Warum? – Weil sich die Sehnsucht, die mich treibt, danach richtet, wer eigentlich das „Ich" ist, dem diese Sehnsucht eignet. Und ich glaube, dieses Ich in mir und in dir war es, was damals alles so schwierig machte, dass es irgendwann nicht mehr ging. Dann kam die Katastrophe, dann kamen Liebeskummer und Schmerz und mit ihnen ein Fortschritt, eine echte Entwicklung, für die ich dankbar bin. Denn mit der Zeit habe ich gelernt, dieses Ich nicht mehr so wichtig zu nehmen; mich nicht mehr so sehr an das Ich meiner Liebsten zu klammern; freier zu werden – zu lieben, ohne besitzen zu müssen. Denn das war es, was du mir (tatsächlich nicht ganz schmerzfrei) beibrachtest: dass ich dich lieben kann, ohne dich haben zu müssen. Dass es eine in sich freie, reife, erwachsene Liebe gibt, die zwar das ichhafte Begehren, nicht aber ihre Schönheit und Lebendigkeit einbüßt, sondern ganz im Gegenteil gerade da ihre Schönheit und Lebendigkeit entfaltet, wo das Begehren, das Haben-Wollen des Ich zurücktritt oder endet.

Ich will damit sagen: Je nachdem, wer ich bin, wo ich stehe und wie weit ich mich auf meiner Lebensbahn bereits vorgearbeitet habe, wird sich mein Bedürfnis nach Ganzheit anders darstellen. Je reifer und erwachsener ich werde, desto reifer und erwachsener wird auch mein Verliebtsein. Und umgekehrt: Je reifer und erwachsener mein Verliebtsein, desto reifer und erwachsener werde ich auch als Mensch. Nur sind wir am Anfang unseres Lebenswegs nicht reif. Unsere Persönlichkeitsstruktur bildet sich erst langsam heraus. Wir stecken voller unbewusster, unaufgearbeiteter Ängste und Abhängigkeiten, etwa – um den klassischen Fall zu wählen – von der Mutter oder dem Vater. (Wie recht hattest du, dich dagegen zu wehren, von mir mit meiner Mutter verwechselt zu werden!)

Als Teenager hatten wir davon keine Ahnung (was ganz normal ist), und gerade deswegen konnten diese undurchschauten Bedürftigkeiten unsere jugendlichen Liebesgeschichten untergründig bestimmen. Wir suchten uns als Partnerin eine zweite Mama oder eine Anti-Mama – und als Partner einen zweiten Papa oder einen Anti-Papa. Und wenn es ganz dumm lief, fanden wir sie auch noch.

Dumm ist nur, dass dann etwas in uns glaubte, den perfekten Partner gefunden zu haben, weil der Schlüssel genau in unser Schloss passte. Nur dass das Schloss den Weg zu unserer Entwicklung und Entfaltung gerade verschließt. Es ist ein Kettenschloss, das uns auf der Stelle treten lässt und verhindert, dass wir vorankommen. Weil es von einem Thema herrührt, das wir – um wirklich zu uns kommen – auflösen müssten, anstatt es dadurch zu fixieren, dass wir einen Partner finden, der uns darin stabilisiert oder bestätigt. Und so tauchen wir ein in Verliebtheiten, die uns lähmen, statt uns zu beflügeln. Bis sie anfangen, uns Kummer zu bereiten; bis etwas in uns aufbegehrt, weil es aufbrechen und weitergehen will.

Und dann geht das ganze Elend los: Trennung, Trennungsschmerz, Liebeskummer. Die, die ich doch so dringend brauchte, ohne die ich nicht leben konnte – sie verlässt mich. Er, der dir Halt und Sicherheit gab, ohne den du nicht leben konntest – er verlässt dich. Das schöne Gleichgewicht der „zwei Hälften", die einander gefunden und stabilisiert hatten, bricht zusammen. Hinein mischt sich der Schmerz des Nicht-mehr-gewollt-Seins, des Verschmäht-Seins, des Betrogen-Seins; der Schmerz, dass dieses Ich, das so an seiner „besseren Hälfte" hing, nun nichts mehr gilt in deren Augen. Gerade in meinen jungen Jahren, als sich das Ich eben erst herausbildete, war es äußerst schmerzhaft, wenn meine Freundinnen sich von mir abwandten. Und das ist mir verdammt häufig widerfahren.

Tja, und wem das einmal passiert ist, der wird sich künftig zu schützen wissen vor den Schmerzen von Trennung und Ablehnung. Fortan mischt sich Angst in die Verliebtheit, vermengt mit undurchschauten Projektionen und Bedürfnissen. Und das ist nicht gut. Das ist der Mix, aus dem allzu viele Partnerschaften und Ehen gemischt sind, die ich kenne. Angst, Begehren, Projektionen, unerlöste eigene Themen sind die Zutaten, die aus dem köstlichen Wein des In-der-Liebe-Seins nur allzu oft einen trüben Fusel machen. Unseren ersten Durst stillt er. Das ist gut so. Dass er teilweise bitter und fad schmeckt, lässt sich nicht vermeiden. Sich mit ihm zufriedenzugeben, wäre töricht. Aber fortan ganz auf das Trinken zu verzichten, führt nur zum inneren Verwelken. Ergo: Nicht trinken ist auch keine Lösung.

Was also ist zu tun? – Das, was ich allen Menschen vor dem Hintergrund dieser Erfahrungen mit dir, mit anderen Frauen, mit dem Leben im Ganzen zurufen möchte: Reinemachen! Die kraftvollen, weiterführenden, begeisternden Anteile des Verliebtseins von den schwächenden, lähmenden, betäubenden Anteilen trennen. Die Ängste, Ich-Verhaftungen, Projektionen und Verstrickungen herausfiltern, indem wir sie uns zu

Bewusstsein bringen, um so immer freier, reiner, tiefer und wacher in der Liebe zu sein; um immer mehr zu werden, was wir sind; um immer glücklicher zu werden; um uns immer tiefer, umfassender und bewusster verlieben zu können – um uns ins Leben zu verlieben und voll erblühte Menschen zu werden.

Du hast mich auf diesen Weg gebracht. Dir habe ich es zu verdanken, dass ich heute mit einem verliebten Blick in die Welt sehen kann; dass mein Herz vibriert, wenn im Winter der erste Schnee fällt, wenn sich in meinem Garten die erste Rose öffnet, wenn ich ein italienisches Schnulzenlied höre, wenn ich ein Gemälde von Tiepolo anschaue, wenn ich die Nachbarskinder spielen sehe, wenn meine Tochter in ihrem Bettchen träumt, wenn mir schöne und inspirierende Frauen begegnen, wenn ich mit Freunden Fußball spiele, wenn ich mit meiner Frau nach einem langen Tag ein Glas Wein trinke, wenn ich dich in einer magischen Augustnacht unter dem toskanischen Vollmond treffe, wenn ich an deinem Grab stehe. Mein Herz ist dann offen und weit. Es ist, als ströme alle Liebe der Welt durch es hindurch. Nicht gemacht und ungerufen. Dann bin ich verliebt ins Leben, ohne es halten und besitzen zu müssen. Ich liebe dich, auch wenn ich deine Schönheit nie mehr sehen werde. Ich liebe den Mond, auch wenn ich ihn nicht halten kann. Ich liebe das Leben, auch wenn ich es einst lassen muss. So wie dich.

Du hast mich das alles gelehrt. Du hast Eros in mein Leben gebracht und mir den Weg zu den Göttern gewiesen. Du hast mir ein Glück geschenkt, das von Schmerz durchtränkt war und dabei doch das Kostbarste ist, was mir je widerfahren ist. Du hast mir das Herz geöffnet für Zärtlichkeit und Entschlossenheit, Ja und Nein, Vereinigungswonne und Trennungsschmerz. Du hast mich auf den Weg in die Liebe gebracht. Dort bin ich nun immer öfter.

Und ich beginne mich langsam an das dortige Klima zu gewöhnen. Ich begreife, dass das In-der-Liebe-Sein eine widersprüchliche Angelegenheit ist. Unterschiedliche Qualitäten sind darin vereint, unterschiedliche Farben darin gemischt. Dort gilt die Logik des Sowohl-als-auch. Diese

Qualität ist anders als die Verstandeslogik des Entweder-oder. Denn die Liebe integriert selbst die widersprüchlichsten Facetten meines Daseins zu einer spannungsvollen Harmonie. Aber weil sie auf den Grundton des großen Ja gestimmt ist, erklingt nun alles kraftvoller, intensiver, leuchtender. Weil sich alle Aspekte meines Lebens in der Liebe ergänzen und in Resonanz miteinander schwingen, schenkt mir das In-der-Liebe-Sein jene unvergleichlich sprudelnde Lebendigkeit. Weil sie sich zu einer stimmigen Harmonie fügen, macht die Liebe mich glücklich. Weil es stimmt, weil es sinnvoll ist, weil es gut ist und nach Ewigkeit schmeckt. In der Liebe sein. Darum geht es. Und dort bin ich mit dir. Danke.

„Liebe, nur Liebe – wir haben sonst kein Werk", sagt Rumi. Also dann: Machen wir uns an dieses Werk. Machen wir uns auf den Weg in die Liebe. Wer weist uns den Weg? Unser Erinnern, unser Wissen um das Verliebtsein, unsere Bekanntschaft mit jenem kleinen Götterboten, den die Griechen Eros nannten. Bewusst den Weg in die Liebe gehen – das ist es, was ich die erotische Lebenskunst nenne.

Auf den Flügeln des Eros.
Die Reise zum erfüllten Leben

An einen philosophischen Freund

> *Die Liebe ist vielleicht der höchste*
> *Versuch, den die Natur macht, um das*
> *Individuum aus sich heraus und zu dem*
> *anderen hinzuführen.*
>
> **José Ortega y Gasset**

Leben, das zu sich selber kommt

All I want to do
is find a way back into love.
I can't make it through
without a way back into love.

aus dem Film „Text and Lyrics"

Danke, mein Lieber! Danke, dass du nachfragst. Danke, dass du meine Zeilen an D. gelesen hast. Das bedeutet mir viel. Du kanntest sie und du hast uns seinerzeit als Paar erlebt. Und du hast mich seither begleitet, auch wenn wir selten miteinander reden konnten. Schade. Oft habe ich unsere langen philosophischen Gespräche vermisst. Deshalb freue ich mich sehr darüber, dass du antwortest. Denn du hast treffsicher die Theorie hinter meinen Worten aufgespürt, den „Platon in mir" entlarvt. Und es gefällt mir, dass dein kritischer Geist Fragen stellt. So können wir unser Gespräch wieder aufnehmen, und du gibst mir Gelegenheit, meine Theorie des Eros darzulegen.

Wenn ich richtig sehe, lautet die zentrale Frage, die du mir stellst: Verliebe dich ins Leben! – Wie soll das gehen? Du fragst: „Wie kannst du einen ‚erotischen Imperativ' formulieren, wenn du gleichzeitig sagst, niemand könne aus eigenen Stücken ‚in die Liebe fallen?" Und du forderst mich gleichzeitig auf zu erläutern, wie ich mir einen Weg in die Liebe – die erotische Liebe – vorstelle, auf dem wir „nicht stolpern oder fallen, sondern aufrecht, bewusst und achtsam den Raum des Herzens betreten".

Okay, lass mich eine Antwort versuchen. Verliebt sein ins Leben – wie kommen wir dahin? Wie kann man daraus ein Programm machen, eine Anleitung zum Glücklich-Sein sozusagen. Das Erste, was es dabei zu tun gibt, ist in etwa das, was ich in meinem langen Brief an meine frühere Geliebte getan habe: mir die Erfahrung der Liebe zu Bewusstsein bringen. Damit will ich sagen: Der erste Schritt besteht für mich darin, dass wir uns klarmachen, wie es war und wie es ist, in der Liebe zu sein oder in die Liebe zu fallen. – Warum? – Weil diese Erfahrung uns die Richtung gibt. Weil bei allen Verschattungen und Unzulänglichkeiten auch in der unreifen Liebe ein wahrer Kern steckt: eine Ahnung des großen, umfassenden Glücks, das auf dich wartet, wo du dauerhaft in der Liebe bist. Deswegen scheint es mir wichtig zu sein, uns immer wieder dieses Gefühl in Bauch und Herz zu vergegenwärtigen. Deshalb halte ich es buchstäblich für not-wendig, sich zu Bewusstsein zu bringen, dass es gut war, verliebt zu sein – selbst da, wo es wehtat. Denn das Leben war intensiv, es leuchtete in kräftigeren Farben, wir waren begeistert, kreativ, spontan, achtsam, mutig – wir waren glücklich. Denn wir konnten Ja sagen zu uns und unserer/m Liebsten, wir konnten Ja sagen zu Gott und der Welt. Und weil wir das konnten, wussten wir auch, wann es Zeit war, Nein zu sagen und beherzt Veränderungen anzustreben. Ja, wir fühlten uns lebendig, zuhause in dieser Welt und diesem Leben. Es ging uns gut.

Wenn wir diese Erfahrung erinnern und in unser Bewusstsein heben, dann können wir das Ziel unserer Reise in's Auge fassen: ein reifes Leben; ein bewusstes Leben, das frei ist von den Anhaftungen und Verstrickungen unseres Ego; ein Leben, das sich dauerhaft in der Liebe hält, intensiv und kraftvoll; ein Leben in der Liebe, voll Leidenschaft und Leichtigkeit; ein intensives, prickelndes Leben; ein Leben, das zwar nicht schmerzfrei wäre, dafür aber bunt und lebendig, voller Lachen und Tränen, voller Hingabe und Zärtlichkeit. Wir wären verliebt ins Leben, verliebt nicht nur in dich oder mich, sondern in einfach alles, was ist – offenen Herzens und achtsamen Sinnes.

Lass uns einen Augenblick bei dieser Vision eines guten und glücklichen Lebens bleiben. Denn daran ist mir eines ganz wichtig: Das Leben in der Liebe – dieses intensive Leben aus dem Herzen – ist weder schmerzfrei noch sorglos. Es ist ein Leben, bei dem wir mit der liebenden Kraft des Herzens Licht und Schatten umfassen und in ein Ganzes integrieren. Es ist kein Leben in ungetrübter Seligkeit – kein Leben von Göttern, die „droben im Licht" wandeln, auf „weichem Boden", wo „glänzende Lüfte sie sacht berühren" (Hölderlin). Nein, es ist das durchwachsene, aber bejahte Leben von uns Menschen, denen gegeben ist, „auf keiner Stätte zu ruhen" – „wie Wasser von Klippe zu Klippe geworfen, jahrelang ins Ungewisse hinab" (nochmal Hölderlin). Das Leben in der Liebe, das mir der kostbarste, tiefste und intensivste Zustand zu sein scheint, den Menschen über die Spanne ihres Daseins erreichen können – dieses Leben ist gemischt aus Seligkeit und Schmerz, aus Lust und Leid, aus Freude und Frust. Aber das genau macht wohl seine Größe aus: diese integrierende Kraft, die vor nichts die Augen verschließt und alles in Liebe zu einem Ganzen fügt. Solch ein Leben, mein Lieber, ist in meinen Augen ein wahrhaft menschliches Leben, bei dem Menschsein sich zu seiner größten Größe und blühendsten Schönheit entfaltet.

Manche Leute wären gewiss gern ein Gott oder göttlich, schon zu Lebzeiten. Und manch ein spiritueller Lehrer verspricht ihnen, den Weg dorthin zu weisen. Der Weg der Liebe legt es nicht darauf an. Er ist ein menschlicher Weg. Er macht den Menschen nicht zu einem Gott, dafür aber zu einem Menschen im vollen Sinne – zu einem, der das Potenzial des Menschseins auslebt; der Licht und Schatten in sich vereint; der alles, was er ist, integriert und zu Bewusstsein bringt; der frei ist und glücklich, leicht und lebendig, in der Fülle der Seins und der Einfachheit der Wahrheit.

Der erste Schritt zu dem, was ich eine erotische Lebenskunst nenne – die dem „Verliebe dich ins Leben!" folgt –, besteht darin, sich vor dem Hintergrund der eigenen Erfahrung des Verliebtseins ein inneres Bild davon zu verschaffen, wie ein blühendes, menschliches Leben in der Liebe aussehen kann, damit wir uns nicht den Blick von falschen Heilsversprechen vernebeln lassen. Sobald wir das getan haben, können die nächsten Schritte folgen. Dann können wir uns deinen Fragen zuwenden: Wie kommen wir dahin? Wie kommen wir dazu, aus unserer ersten Liebe eine Haltung fürs Leben zu machen? Wie schaffen wir es, nicht nur hier und da in die Liebe zu fallen, sondern dauerhaft in der Liebe zu sein? Wie kommen wir dazu, uns ins Leben zu verlieben?

Ich bin davon überzeugt, es gibt eine Antwort auf diese Fragen, wahrscheinlich sogar mehrere. Doch eine ist mir besonders vertraut. Sie leuchtet mir besonders ein. Und nicht nur mir, denn über Jahrtausende haben Menschen im Osten und Westen sich diese Antwort zu eigen gemacht und ihre Wahrheit bestätigt. Wie lautet diese Antwort? Eros.

Ob Plotin oder Hölderlin, ob Johannes vom Kreuz oder Teilhard de Chardin, ob Ken Wilber oder Juliana von Norwich, ob Mechthild von Magdeburg oder Gregor von Nyssa, ob Origenes oder Rumi, ob Ibn Arabi oder Wilhelm von Saint-Thierry, ob Augustinus oder Thomas Merton: Die Geschichte ist voll von Männern und Frauen, die bei aller Unterschiedlichkeit ihrer Biographien doch ein und dieselbe Erfahrung machten: dass es das Feuer der leidenschaftlichen Liebe – das Feuer des Eros – ist, das uns Menschen über uns hinauswachsen lässt; über uns hinaus zu einem erfüllten und kraftvollen Leben; zu einem Leben in der Gegenwart Gottes, des Göttlichen, des ewigen Seins. Ja, sie alle lassen uns wissen, dass sie auf den Flügeln des Eros ihre Reise durchs Leben bestritten – und dass er sie in die höchsten Höhen trug.

Und noch eines ist ihnen gemeinsam: Sie schöpfen aus derselben Quelle. Wissentlich oder unwissentlich nehmen sie alle Bezug auf diesen einen, ältesten Text über den Eros: Platons *Symposium*. Weil sie dort, in der Rede der heilkundigen Priesterin Diotima, eine Deutung des Eros finden, in der sie beschreibt, wie diese unglaublich gütige Lebenskraft uns mit sich reißt, wenn wir uns ihr anvertrauen – wie sie uns ergreift, wenn wir uns das erste Mal verlieben oder in die Liebe fallen; wie sie uns dort abholt und mitnimmt auf „das weite Meer des Schönen" bis zu dem Punkt, an dem wir das Schöne in allem gewahren und so umfassend in der Liebe sind, dass wir uns ins Leben verlieben: in Gott und die Welt, in dich und in mich. Lass mich die entscheidende Stelle zitieren:

„Denn das ist die richtige Weise, sich in den Liebesdingen zu bewegen oder von einem anderen dorthin geführt zu werden – indem man, bei den vielfältig Schönen beginnend, um des einen Schönen willen stetig aufsteigt, als ob man eine Leiter verwendete: von einem schönen Körper zu zweien und von zweien zu allen schönen Körpern, von den schönen Körpern sodann zu den schönen Lebensweisen und von den schönen Lebensweisen zu den schönen Kenntnissen [vom Leben], bis man von den Kenntnissen endlich zu jener Kenntnis gelangt, die von nichts anderem Kenntnis ist als von jenem Schönen selbst, und man zuletzt selbst erkennt, was das Schöne selbst ist. An diesem Punkt des Lebens, lieber Sokrates, erklärte die Mantineische Fremde, ist, wenn irgendwo, das Leben für den Menschen erst lebenswert, da er das Schöne selbst betrachtet. [...] Glaubst du wohl, dass es ein schlechtes Leben sei, wenn ein Mensch dorthin blickte und immerdar jenes betrachtete und mit ihm verbunden wäre? Oder sagst du dir nicht, dass es ihm allein dort gelingen wird – indem er auf die Weise sieht, in der man das Göttlich-Schöne sehen kann –, nicht bloß Schattenbilder eines guten Lebens zu erzeugen, da er nicht mehr nur ein Schattenbild berührt, sondern ein wahrhaft gutes Leben, da er ja die Wahrheit berührt?" *(Symposium, 211b-212a)*

Es ist eine Lebensreise, die Platon durch den Mund der Diotima skizziert. Und sie ist oft genug falsch verstanden worden; so als wolle er uns dazu auffordern, uns im Zuge des Lebens immer mehr zu vergeistigen oder zu verklären, als ginge es Diotima darum, die sexuelle Leidenschaft zu überwinden, um sich einer körperlosen, rein geistigen, platonischen Liebe hinzugeben. Doch davon ist nicht die Rede. Der Aufstieg über die „Stufenleiter" des Eros – wie diese Rede oft genannt wird – ist keiner, bei dem wir auf jeder höheren Sprosse die untere absägen. So kämen wir auch keinen Deut weiter. Nein, es ist ein Weg, bei dem die voranschreitende Sehnsucht nach *weiter, offener, tiefer* sich die Waage hält mit der Integration der Entwicklungsstadien, die man bis dahin durchlebt und erprobt hat. So wird der vollendete Meister der erotischen Lebenskunst sich bei aller spirituellen Reife durchaus auch an den Körpern schöner

Frauen erfreuen. Auch die erotisch gereifte Frau, die die göttliche Schönheit in allem erkennt, wird gleichwohl ihre Sexualität leben und sich an der körperlichen Liebe freuen. Kurz: Auf dem Weg des Eros wird nichts überwunden, sondern alles integriert. Er ist ein Weg der Fülle – der integrale Weg schlechthin, der Weg einer integralen Lebenskunst.

Die Geometrie der Seele

Ohne Eros seid ihr euch nur der
trägeren äußeren Schichten bewusst.

Eva Pierrakos

Ich komme dir zuvor. Ich weiß, was du entgegnen wirst. Du wirst eine Deutung der Rede der Diotima einfordern und mich darauf hinweisen, dass sie reichlich interpretationsbedürftig ist. Ich höre schon deine Fragen: Wie können wir Diotimas bildhafte, teils mythische Rede in unsere Sprache und unsere Welt übersetzen? Was heißt es, auf den Schwingen des Eros durchs Leben zu segeln? Wie sieht eine erotische Lebenskunst aus, und was sind die wichtigsten Etappen auf ihrem Weg? Gute Fragen! Danke. Sie erlauben es mir, ein bisschen weiter auszuholen. Denn um sie zu beantworten, muss ich mich mit dir darüber verständigen, was es eigentlich bedeutet, ein Mensch zu sein. Und diese Frage führt mich zu dem weiten und schwierigen Thema Bewusstsein. – Warum? – Weil das menschliche Bewusstsein das Reich ist, durch das Eros uns führt. Mir scheint, wir verstehen Diotimas „Stufenleiter" nur dann richtig, wenn wir sie als einen Prozess der Bewusstwerdung deuten. Oder besser: einen Prozess der Entfaltung des Bewusstseins, das wir sind und das durch die Energie der leidenschaftlichen Liebe in uns entfaltet werden möchte. Fragen wir also: Was ist unser Bewusstsein?

Hm, wenn es so einfach wäre! Lass es mich wie folgt versuchen: Bewusstsein ist mehrdimensional. Und es ist eines der größten und erstaunlichsten Phänomene, dass wir als Menschen das Vermögen besitzen, zwischen verschiedenen Bewusstseinsdimensionen zu wechseln. Je nachdem, in welcher Dimension wir uns bewegen, werden wir zu einer unterschiedlichen Sicht der Dinge kommen: von Gott und der Welt und vor allem von uns selbst.

Ich spreche bewusst von Bewusstseinsdimensionen. Denn die darin anklingende Analogie zu den geometrischen oder physikalischen Dimensionen, die wir noch aus der Schule kennen, ist nach meiner Erfahrung für das Verständnis der inneren Struktur des Bewusstseins äußerst hilfreich. Die Geometrie unterscheidet zwischen:

- ○ Punkt

- ○ Linie

- ○ Fläche

- ○ Körper

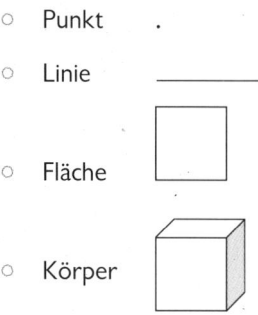

Um einen Würfel zu konstrurieren, braucht man sechs Flächen. Um eine Fläche zu konstruieren, braucht man drei Linien. Um eine Linie zu konstruieren, braucht man Punkte. Den Punkt – er ist sehr rätselhaft – lassen wir kurz beiseite. Klar aber ist, dass die Linie die erste Dimension darstellt, die Fläche des Körpers die zweite und seine Tiefe die dritte Dimension. Der Körper (= Würfel) ist in diesem Modell ein dreidimensionales Seiendes, dessen Sein wir aber nur dann verstehen, wenn wir uns klarmachen, dass er – wie Heidegger es vielleicht formuliert hätte – im offenen Raum des Seins west: der vierten Dimension. Wobei das Aufregende ist, dass dieser Raum (vierte Dimension) in gewisser Weise wieder mit dem Punkt zusammenfällt, „aus dem heraus" die Linie (erste Dimension) generiert wird.

Wichtig ist mir, dass alle vier Dimensionen immer und jederzeit gleichzeitig da sind. Und dass nur unser Blick auf den Würfel erlaubt, die vier Dimensionen zu unterscheiden.

Was hat das nun mit unserem Bewusstsein zu tun? Folgendes: Der geometrische Körper steht in Analogie zu dem, was wir als individuelle

Menschen sind – und zwar in der Tiefe und nicht nur in der alltäglichen, oft flachen Weise unseres Selbstverständnisses. Der über Tiefe verfügende, dreidimensionale Würfel steht also für ein umfassendes Bewusstsein, für ein Bewusstsein von uns selbst, in dem sich das seiende Wesen, der individuelle Mensch, seiner selbst wirklich durchdringend bewusst ist. Im Unterschied zum zweidimensionalen, flachen *Ich-Bewusstsein* nenne ich das die eigene Individualität (= den ganzen Würfel) in ganzer Tiefe umfassende Bewusstsein *Seelenbewusstsein*. Und dann sind da noch die beiden anderen Bewusstseinsdimensionen, deren eine in Analogie zur Linie (*Körperbewusstsein*) und deren andere in Analogie zum Raum (*Geistbewusstsein oder mystisches Bewusstsein*) steht. Was hat es damit auf sich?

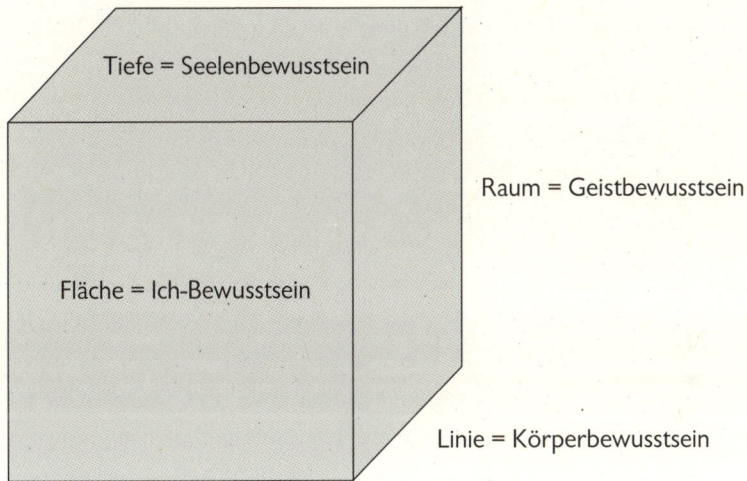

Das Körperbewusstsein

Das Bewusstsein der ersten Dimension nenne ich Körperbewusstsein. Körperlichkeit ist die fundamentale Dimension unseres Daseins, ohne die uns die anderen Dimensionen völlig verschlossen blieben – ganz so, wie sich kein Körper konstruieren lässt ohne die Linien, aus denen sich seine Flächen generieren. Friedrich Nietzsche hat eine klare Wahrnehmung davon, wenn er seinen Zarathustra sagen lässt: „Körper bist du und sonst nichts." In der Dimension des Körperbewusstseins halten wir uns immer dann auf, wenn wir uns ganz mit unserem Körper identifizieren. Langstreckenläufer kennen das, ebenso aber auch Wellness-Liebhaber, die wissen, wie schön es sich anfühlt, ganz und gar Körper zu sein. Es kann sich aber auch gar nicht schön anfühlen – dann nämlich, wenn Schmerzen unser Bewusstsein so ausfüllen, das nichts anderes mehr darin Platz hat als die Qualen des Körpers. Wer häufig beim Zahnarzt ist, weiß, was ich meine ...

Nur in Ausnahmesituationen sind wir ganz (im) Körper bzw. identifizieren wir uns ganz mit unserem Körper. Den Großteil unserer Zeit bewegen wir uns in anderen Dimensionen – vorwiegend im Ich-Bewusstsein. Aber auch dann ist das Körperbewusstsein da. Spüre kurz in dich, und du gewahrst, dass du auch in deinem Alltag immer ein Bewusstsein deines Körpers hast – von dem kneifenden Bauch (mein Thema!) bis zu den müden Augen ... Körperbewusstsein ist immer Dimension 1.

Das Geistbewusstsein

Die Dimension des Geistbewusstseins entspricht im Bild des geometrischen Körpers dem Raum, in dem er erscheint. Das Wunderbare an unserem menschlichen Bewusstseins ist, dass es über die Grenzen unserer Identität hinausreicht; dass wir uns tatsächlich dessen bewusst sein können, was jenseits der Grenzen unseres individuellen „dreidimensionalen Seins" ist. Und genau von diesem transindividuellen Bewusstsein berichten die Mystiker und spirituellen Lehrer aller Kulturen und Zeiten. Spiritualität ist bei Lichte besehen nichts anderes als der Sammelbegriff für alle Praktiken, Strategien, Bemühungen und Übungen, die dazu angetan sind, uns Menschen aus unserem *alltäglichen Ich-Bewusstsein* hinauszuführen in das umfassende Bewusstsein der Einheit unseres Geistes mit dem Göttlichen, Ewigen, Unendlichen. Unser Ich-Bewusstsein zu öffnen hin zu der mystischen Erfahrung des Eins-Seins mit Gott, des Eins-Seins mit allem, des reinen, nackten Seins, in dem jede Unterscheidung (Dualität) aufgehoben ist in der Erfahrung einer reinen, umfassenden Präsenz. Davon weiß die Mystik in tausenderlei Variationen zu berichten. Es ist das erklärte Ziel einer jeden mystisch geprägten Lebenskunst, uns Menschen so dauerhaft und nachhaltig wie möglich in dieser Dimension des göttlichen Einheitsbewusstseins zu halten – wobei manche mystischen Schulen den Weg der Reduktion bevorzugen und dabei gleichsam „durch den Punkt" den Zugang zum Göttlichen suchen, während andere den Weg der Weitung weisen, der von der Fläche durch die Tiefe (vom Ich durch die Seele) hinaus in die grenzenlose Weite des Unendlichen führt.

Nur: In der mystischen Erfahrung umfassender Einheit gibt es kein Gegenüber mehr. Kein Individuum und kein Anderes. Ich und du – wir hören darin auf zu sein. Unsere Individualität geht flöten. Es ist, als ob die Flächen des Würfels beiseite geklappt würden und die nackte Räumlichkeit bliebe. Da ist kein Ich und kein Selbst, aber da ist noch Bewusstsein: Reines Eines-Sein. Reiner Einer Geist. Nur ein Göttliches. Es gibt keine Verbundenheit des Verschiedenen – keine Hingabe und kein HingerissenSein. Für Eros ist hier kein Platz. Ich komme darauf zurück.

Das Ich-Bewusstsein

Das Ich-Bewusstsein ist die Dimension des Bewusstseins, in der wir uns zunächst und zumeist bewegen. Es ist unser Alltagsbewusstsein, die Oberfläche unserer Existenz, die Benutzeroberfläche unseres Lebens. Man könnte auch sagen, es ist die Ansicht, die wir von uns selbst haben, und der Blick auf uns, den wir gerne anderen bieten; kurz: unser Selbstbild, mit dem wir uns gemeinhin identifizieren und das wir in der Regel voraussetzen, wenn wir gefragt werden, wer wir eigentlich sind. Denn dann erzählen wir etwas davon, wie wir uns selbst wahrnehmen und deuten – unsere Geschichte, unsere Erfahrungen, unsere Hoffnungen und Wünsche ...

Dieses Selbstbild – denke an die Fläche – generieren wir durch Unterscheidungen. Wir sagen: „Das gehört zu mir, jenes gehört nicht zu mir", „Das bin ich – das bin ich nicht". Wir ziehen Grenzen: de-finere. Wir definieren uns, grenzen die Fläche unserer Individualität ein, mit der wir uns identifizieren. Und das tun wir kraft unseres Intellektes oder unseres Verstandes, unserer Ratio … – nenne es, wie du willst, gemeint ist jene Funktion unseres Gehirns, mit der wir unterscheiden, urteilen, begrenzen und auf diese Weise eine Ansicht von uns selbst generieren.

Neben dem Verstand bedarf es allerdings noch einer zweiten, zentralen Funktion unseres Gehirns, die dem Ich sein bestimmtes Gepräge gibt. Diese Funktion entspricht dem, was wir den „Willen" nennen. Er scheint mir die eigentlich treibende Kraft des Ich-Bewusstseins zu sein, wie Nietzsche in einmaliger Klarheit erkannte. Denn unsere Meinungen und Urteile – politische, moralische, ästhetische – bilden wir nach Maßgabe unseres Willens. Und aus eben diesen Urteilen und Meinungen fügt sich im Ich-Bewusstsein unser Selbstverständnis. Mit ihnen identifizieren wir uns. Sie machen aus, wer wir sind – oder zu sein meinen.

Diese Meinungen und Selbstdeutungen sind dann Teil unserer Habe, und unsere Habe ist es, durch die wir uns im Ich-Bewusstsein definieren. In ihnen „haben" wir uns selbst – oder sie geben vor, wie wir uns womöglich gerne hätten. So bildet sich das Ich – die Ansicht, die wir von uns haben.

Das Ich ist, mit anderen Worten, so etwas wie die äußere Hülle der Seele: die Ansicht, die jede und jeder von sich selbst hat, um sich identifizieren zu können in diesem ständigen Strom des Lebens. Es ist der Garant von Bleibe und Dauer. Das ist wichtig, denn wir brauchen eine klare Vorstellung von dem, wer oder was wir sind, gerade auch, um uns zu den Menschen, die wir lieben, ins Verhältnis zu setzen. Angesichts dessen sind wir gut beraten, unserem Ich wohlgesinnt zu sein. Es bringt nichts, gegen das Ich zu kämpfen – zumal der Kampf dagegen am Ende immer in der Ich-Dimension ausgetragen wird. Denn wer kämpft hier gegen wen? Die Seele gegen das Ich? Nein, die Seele kämpft nicht gegen das Ich. Das hat sie nicht nötig. Die Seele neigt dazu, das Ich zu umarmen, zärtlich zu ihm sein und es gut sein zu lassen. Die Seele integriert das Ich, denn sie ist ihrem Wesen nach Liebe. Wenn ich glaube, gegen mein Ich kämpfen oder das

Ich überwinden zu müssen, dann findet in Wahrheit ein innerer Kampf auf der gleichen Ebene in mir statt: Ein Selbstbild tritt gegen ein anderes an – eine innere Stimme möchte der anderen inneren Stimme die Dominanz entreißen. Aber wer oder was zuletzt auch gewinnen mag: Es ist immer nur das Ich. Und das bringt uns nicht weiter. Im Gegenteil.

Trotzdem ist es nicht verkehrt, dem Ich gegenüber eine gewisse Skepsis walten zu lassen. Denn ihm eignet eine bestimmte Eigenschaft, die sich wie nichts anderes unserer Entfaltung in den Weg stellt. Die Angst. Ja, das Ich schwingt in der Stimmung der Angst. Sie ist wie ein *basso continuo* unseres ganzen Ich-Gehabes: die große Angst, die Habe (mit der wir uns als unserem Sein identifizieren) zu verlieren. Deswegen liebt das Ich nichts so sehr wie stabile und sichere Verhältnisse. Oder anders gesagt: Es hasst den Wandel. Es tut alles, um sich und seine Habe vor Veränderung zu schützen. Es dürstet nach Sicherheit. Es verteidigt die Grenzen und Strukturen, kraft deren es seine Identität fixiert. Und dafür ist ihm jedes Mittel recht: Es bildet sich und etabliert eine grandiose Wissenschaft, es baut ein politisches und wirtschaftliches System, das das Eigentum schützt und den *pursuit of happiness* jedes einzelnen Ego heiligt, es gibt sich eine Moral und ein Recht, deren Gesetze das Ich vor den Übergriffen eines anderen Ich schützen – und es gibt sich eine Religion, die ihm ewig-seligen Bestand in einer jenseitigen Welt in Aussicht stellt. Das ist die Welt des *Ego* (worunter ich so etwas wie ein hypertrophes Ich verstehe, eines, das sich verselbstständigt hat), und ich denke, du merkst sofort, dass es die Welt ist, in der wir alle leben. Heidegger sprach von der „Alltäglichkeit des Daseins", die geprägt ist vom „Gerede" und der „Herrschaft des Man". Die Herrschaft des Man ist der Triumph des Ego.

Das Tragische aber ist: Das Ich kann seine Angst nie überwinden. Es kann sich so viele Sicherheitssysteme aufbauen, wie es will, zuletzt bleibt doch die Sorge, dass im Fluss des Lebens seine Habe verschwimmt, seine Strukturen zerfallen, seine Grenzen verwischen – dass es sich auflöst und die Kontrolle verliert. Deswegen neigt es dazu, in seinen selbstdefinierten Grenzen zu erstarren. Es neigt dazu, zum Ego zu gerinnen und die Oberfläche, die es ist, zu betonen, damit ja nichts aus den tieferen Gründen der Seele hinaufblubbert und das gehegte und gepflegte Selbstbild zerstört.

Dieses aus Angst gespeiste Sicherheitsbedürfnis des Ich hat Konsequenzen für seine Außenbeziehungen. Auch hier ist es sorgsam darauf bedacht, sich alle Erschütterungen und In-Frage-Stellungen seiner selbst vom Leibe zu halten. „Ein Thor, der noch über Steine oder Menschen stolpert", lässt Nietzsche im *Zarathustra* seine „Letzten Menschen" sagen: jene vollkommenen Inkarnationen des zum Ego verselbständigten Ich-Bewusstseins, das für die Welt, in der wir leben, so charakteristisch ist. Ja, das Ego achtet peinlich darauf, dass andere ihm nicht zu nahe kommen. Die Beziehungen, die es eingeht, deutet es nach Maßgabe mechanisch interagierender Elementarteilchen: Ego-Subjekte, die sich auf die eine oder andere Weise zu Ego-Objekten verhalten – Objekte, die das Ego haben und halten, die es in seinen Besitz bringen möchte; was Ego dann gerne „Partnerschaft" oder „Beziehung" nennt.

So geschieht es, dass sich das Begehren in die Liebe mischt. Und deshalb müssen wir bei unserer erotischen Lebenskunst vor dem Ego auf der Hut sein. Womit nicht gemeint ist, das Ich auszumerzen, sondern ihm seinen gebührenden Rang einräumen – was aber bedeutet, uns nicht von ihm beherrschen zu lassen. Denn solange wir Ego sind und uns völlig mit unserem Ich identifizieren, fallen wir nicht in die Liebe. Wir kommen nicht in die Tiefe und bewegen uns unablässig (und meist mit hoher Geschwindigkeit) an der Oberfläche – unserer eigenen und der unseres Partners.

Und doch ist mir wichtig zu betonen: Wir brauchen das Ich. Wir brauchen dieses Bild von uns, weil wir sonst keine Orientierung in unserem Leben haben. Das Ich ist effizient und praktisch. So wie auch der Verstand und der Willen effizient und praktisch sind. Sie helfen uns in vielerlei Hinsicht, zumal in einer Welt des Ego, die gänzlich vom Ich-Bewusstsein beherrscht, geprägt und durchdrungen ist. Damit wir uns orientieren können und uns zu uns selbst überhaupt verhalten können, brauchen wir ein Selbstbild. Wir müssen uns mit uns selber identifizieren können.

Deshalb ist es auch so wichtig, ein gesundes und stabiles Ich auszubilden – eine stimmige und funktionable Ansicht von uns selbst zu haben. Nur sollte sich diese Ansicht eben nicht verschließen und zum Ego verfestigen. Sie sollte nicht den Durchblick in die Seele verstellen. Sie sollte uns nicht dazu verleiten, in ewiger Oberflächendynamik an unserem Selbstbild zu kleben und so den Zugang zu unserer Tiefendimension (Seele) – und zur Dimension des Geistes – zu verbauen. Entscheidend ist, dass wir im Fluss bleiben und uns immer wieder dem ausliefern, was das Leben von uns fordert; nämlich dass wir uns dem, was in unserer Entwicklung ansteht, öffnen und letztlich mit dem Leben Schritt halten. Das heißt abschiedlich zu leben. Gewisse Dinge müssen wir zurücklassen, wenn wir neue Wege erkunden wollen – und die führen immer in die Seele.

Das Seelenbewusstsein

Zur Erinnerung: Das Seelenbewusstsein verhält sich zum Ich-Bewusstsein wie der Körper zur Fläche. Es ist das Bewusstsein von dem, was wir im Ganzen und in der Tiefe sind. Diese Dimension des Bewusstseins öffnet sich entsprechend immer dann, wenn wir die Oberfläche unseres alltäglichen Ich-Bewusstseins aufbrechen und uns dem zuwenden, was wir sonst noch alles sind: eben nicht nur Körper, nicht nur Wollen und Meinen, nicht nur unsere Habe, sondern auch all das, was in der Tiefe unserer Seele schlummert, unsere individuelle Lebendigkeit aber nicht minder ausmacht: unsere Träume, unsere Gefühle, unsere Teilpersönlichkeiten, unsere Schatten; vor allem aber alles Verdrängte, das wir nicht in unser Ich-Bewusstsein gehoben haben, weil es nicht zu dem Bild passt, das wir uns von uns gemacht haben; ebenso aber auch alle systemischen Bindungen, in denen wir stehen.

So erleben wir uns im Seelenbewusstsein nun gerade nicht als partikularisierte Ego-Elementarteilchen, sondern als Teile eines übergeordneten Ganzen, als Aspekte in systemischen Bindungen, denen zuzugehören unsere Identität nicht minder ausmacht: der Familie, der Gemeinschaft, der Menschheit. Das Seelenbewusstsein ist ein Bewusstsein der Verbundenheit und lebendigen Vernetztheit. Ja man könnte sagen: Die Seele ist das Organ der Verbundenheit. Wirklich verbunden sind wir nur in ihr und durch sie. Und deshalb wächst tiefe, kraftvolle Verbindlichkeit zwischen Menschen nur dort, wo sie im Seelenbewusstsein verankert sind.

Warum? – Weil das Sein der Seele die Liebe ist. Je tiefer wir in unser eigenes Seelenbewusstsein dringen, desto größer und kraftvoller wird die Liebe in uns. Sie ist gleichsam das Licht, mit dem wir uns selbst durchsichtig werden – mit dem wir uns unsere abgespaltenenen und verdrängten Anteile aneignen und uns auf diese Weise unserer selbst in allen Facetten immer bewusster werden. Die Liebe – bzw. Eros, wie ich später darlegen möchte – leistet das mit ihrer unerschöpflichen Kraft zum Ja. Sie erlaubt es uns, auch dasjenige als Teil unserer selbst anzunehmen, was unser Ich ablehnt und ausgrenzt. Die liebende Seele grenzt nichts aus. Sie lehnt nichts ab. Sie integriert. Und sie liebt es, wenn das Konzert der inneren Stimmen in ihr zu einem harmonischen Chorgesang wird. Denn in ihr gilt eine andere Logik als auf der Ich-Oberfläche. Während das Ich sich in seiner Schwarz-Weiß-Malerei des Entweder-oder gefällt, folgt die Seele der Logik des Sowohl-als-auch. Sie ist das, was Nikolaus von Kues die *Coincidentia oppositorum* nannte: der Zusammenfall der Widersprüche. Das ist so, weil ihr Wesen die Liebe ist – und weil die Liebe umso mächtiger wird, je mehr wir infolge seelischer Reife uns unserer selbst bewusst werden.

Und je mehr uns dies – vermöge eines immer mutigeren und reiferen Eros – gelingt, desto mehr bringen wir das in uns angelegte Potenzial zur Blüte und werden glücklich. Nur so kommen wir mit uns und unseren Mitmenschen ins Reine. Und nur wo wir mit uns im Reinen sind und vorbehaltlos Ja zu uns sagen können, kommen unsere Wünsche und Sehnsüchte zur Ruhe. Nur wo wir wunschlos sind, können wir auch glücklich sein.

Dieses Glück ist dann mehr als die kurzatmigen Freuden des Ich, die sich immer dann einstellen, wenn ein Ziel erreicht, eine neue Habe erworben und eine vermeintliche Sicherheit gefunden wurde. Es ist das Glück, das daraus erwächst, dass wir uns und die Welt als sinnvoll erleben; dass wir die Welt und uns gutheißen und gut sein lassen, weil wir mit uns und der Welt im Reinen sind. Das aber, und darauf kommt es mir an, kann nur die Seele, weil nur sie kraft der in ihr mächtigen Liebe das große Ja aussprechen kann.

Solange es aber Verschattungen, Abgespaltenes, Verdrängtes in uns gibt – solange es Facetten unseres Daseins gibt, die nicht durch das Licht der Liebe ins Seelenbewusstsein gebracht, anerkannt und wertgeschätzt sind, werden wir nicht ins Reine kommen: nicht mit uns und nicht mit anderen. Denn der Einklang und die Harmonie unseres Miteinanders mit anderen hängen wesentlich daran, dass wir mit uns selbst im Einklang sind. Und das ist nur dann möglich, wenn es immer weniger in uns gibt, das wir ablehnen oder verurteilen müssten. Das Ich muss in seiner Urteilsdyna- mik gänzlich zum Erliegen kommen, wenn wir in unserer Seele wirklich heimisch werden wollen. Gelingt uns dies, dann werden wir nicht nur bei uns selbst, sondern auch unter den Menschen zuhause sein. Erst wenn wir unsere eigenen „problematischen" Anteile bejahen können, werden wir sie auch an anderen bejahen können; dann werden wir sie nicht mehr auf andere projizieren und in deren Gestalt verurteilen. Oder anders gesagt: Wenn wir das Sowohl-als-auch, den Zusammenfall der Gegensätze, kraft der Liebe in unserer Seele aushalten können, dann können wir auch mit der Widersprüchlichkeit zwischen den Menschen zurechtkommen und sie im großen Sowohl-als-auch unserer Seele integrieren.

Langer Rede kurzer Sinn: Im Seelenbewusstsein erfahren wir uns selbst umfassend als fühlendes, spürendes, denkendes, umfassendes System aus Leib und Geist, als Einheit zahlreicher, oft widersprüchlicher Aspekte unseres Daseins und unserer Individualität, als großen Chor unserer inneren Stimmen, als stimmige Mitte eines Geflechtes miteinander verbundener Menschen.

Und wenn du jetzt fragst, „Wie komme ich dahin? Wie komme ich aus dem Ich-Bewusstsein ins Seelenbewusstsein?", dann ist meine Ant- wort: Naja, eben indem du dich in die Liebe fallen, vom Eros hinreißen lässt. Und das Geniale ist: Je weiter du dich fallen lässt, desto mehr wird deine Seele von Liebe erfüllt sein, bis dein Seelenwürfel ganz und gar von ihr durchdrungen ist; wie ein Lichtobjekt, das bis in die letzte Ritze von innen heraus leuchtet. Dann bist du in der Liebe, dann du bist ganz bei dir und in dir, dann bist du ganz bei den anderen (mit denen du in Verbindung stehst), dann bist du ganz bei Gott, der dich in allem umgibt. Als du das erste Mal in die Liebe fielst, da begannst du diesen Prozess. Da betratest du diesen heiligen Raum deiner Seele. Weil Eros dir die Tür aufgestoßen hatte. Und so geht es weiter. Wenn du deinem Herzen folgst, wenn du den Mut hast, dich mehr und mehr zu verlieben, dann wirst du in genau dem Maße immer mehr zu dir kommen, in dem du bei allem von dir Geliebten bist.

Eros – um es bildlich zu sagen – geht auf diesem Weg voran. Er ist dein Führer und Begleiter auf dem Weg in die umfassende Liebe des Ins-Leben-Verliebtseins. Er weist dir den Weg zur Entfaltung deines Potenzials, zur Blüte deines Lebens, zum Glück. Er öffnet dir nicht nur das Tor zur Liebe, er lässt dich auch in der Liebe wachsen und reifen. Es kommt nur darauf an, dich immer wieder auf ihn einzulassen und ihm – dieser Energie des Verliebtseins – in deiner Seele Raum zu geben, ihn zu pflegen und zu hegen. Tatsächlich ist das In-der-Liebe-Sein immer ein In-der-Liebe-Werden: in der Liebe reif, kraftvoll, ganz und schön werden. Dieses Wachstum ist prickelnd, es lässt dein Leben erblühen und gestaltet sich fortan immer mehr als gelebte erotische Lebenskunst – als Lebenskunst, die sagt: Wo Ego war, soll Eros werden.

Wollen wir uns diesen Weg – den Stufenweg des Eros; den Weg zu dir; den Weg des Lebens zu sich selbst – miteinander anschauen?

Auf dem weiten Meer
des Schönen

Plötzlich war mir, als sähe ich die geheime Schönheit der Herzen, die Tiefe, wo weder Sünde noch Gier hinreichen; das Geschöpf, wie es in Gottes Auge ist.

Thomas Merton

Ich freue mich, dass du Feuer gefangen hast und mich ermutigst, weiterzugehen und dir mehr von dem zu erzählen, was ich „erotische Lebenskunst" nenne. Nichts lieber als das. Und wenn es dir recht ist, komme ich dafür noch einmal auf Platons *Symposium* zu sprechen. Ich hatte ja schon erwähnt, dass Diotima, die Meisterin der erotischen Lebenskunst, den erotischen Reifungsprozess darin als „Ausfahrt auf das weite Meer des Schönen" beschreibt. Sie sagt: Wenn wir jung sind, verlieben wir uns in einen schönen Körper. Das ist der Anfang, die Initialzündung. Damit geht es los.

Und jetzt fragen wir uns: Stimmt das? – Ich würde sagen: Ja, es stimmt. Das Mädchen, das ich liebte, war hinreißend; der Junge, dem sie ihr Herz schenkte, strahlte in jugendlicher, schöner Männlichkeit. Ihre Schönheit traf mich wie ein Pfeil (der Pfeil des Eros!), sie traf mich, und ich war hin und weg, *fallen in love* – damals im Freibad.

Okay, so weit können wir Diotima schon mal folgen: Ein jugendlich-schöner Körper zieht einen jugendlich-schönen Körper an. Unwiderstehlich. Händchenhalten, Arm in Arm spazieren gehen, Zärtlichkeiten, Sex: Eros in der Welt des Körpers. So geht es los, und so ist es normal. Es ist das erste Entfachen des erotischen Feuers. Völlig okay. Schade, wenn man das nicht erlebt hat.

Im zweiten Schritt, sagt Diotima, stellen wir fest, dass es nicht nur einen schönen Körper gibt, sondern dass da auch noch andere schöne Körper sind – andere Menschen, die uns zu sich hinziehen, die uns anmachen, denen wir uns kaum entziehen können. Hm, was nun? Diotima sieht darin kein Problem, auch das ist normal. Aber was meint sie damit? Lädt sie ein zum Fremdgehen, zur Polygamie, zum Gruppensex? – Nein, tut sie nicht. Sie lädt uns ein, nicht allein auf die Schönheit eines einzigen Menschen fokussiert zu sein, sondern unseren Horizont zu erweitern, indem wir uns auch von der Schönheit anderer Menschen befeuern, inspirieren und energetisieren lassen. Und das können wir, auch ohne mit den „anderen Schönen" in die Kiste zu steigen – auch ohne sie für uns haben zu müssen.

Achtung! Aufmerksamkeit! Hier wird es wichtig. Wir nähern uns dem Kern der erotischen Lebenskunst. Was legt uns Diotima nahe? Eine tiefe Wahrheit und Weisheit: Je mehr wir unseren Horizont für die Schönheit weiten, desto stärker tritt der Schatten unseres Begehrens zurück. Die Fülle der Wahrnehmung von Schönheit und der Drang des Haben-Wollens verhalten sich umgekehrt proportional zueinander. Lass es mich so sagen: Wenn wir eine vertikale Skala des Begehrens von „Begehrendem Klammern" (100) bis „Liebevoller Freiheit" (1) imaginieren und sie kreuzen mit einer horizontalen Skala der Quantität des von uns Geliebten (Wahrnehmung von Schönheit) von „nur eine(n)" (1) bis „das Leben im Ganzen" (100), ergibt sich folgende Linie:

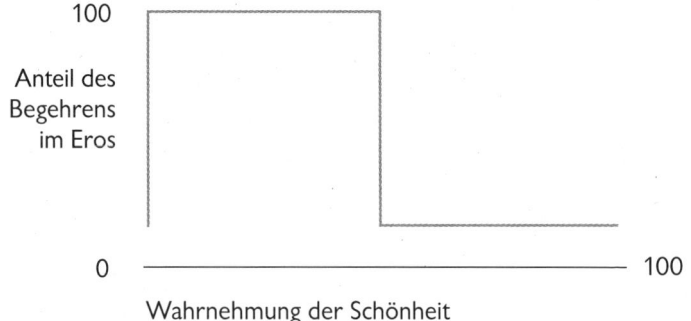

Je mehr Schönheit wir wahrnehmen und gewahren, desto mehr gibt es, das uns anzieht und begeistert. Und je mehr uns anzieht und begeistert, desto weniger werden wir nur an dem oder der Einen kleben. Die Schatten-Anteile des Begehrens treten zurück, und wir werden offener und freier in unserer Liebe. Das heißt nicht, dass wir im Zuge des erotischen Reifungsprozesses polygam werden oder von einer Beziehung in die nächste schlittern. Es heißt nur, dass wir weniger klammern und begehren, dass wir freier und flexibler werden, dass wir weniger an unseren Bildern und Idealen hängen, sondern reifer, bewusster, erwachsener und schöner werden: dass wir uns in andere zu verlieben lernen, ohne sie besitzen zu müssen.

Das ist für viele nicht einfach, und oft straucheln sie schon bei dieser ersten Etappe von Diotimas „Ausfahrt auf das weite Meer des Schönen". Das hat damit zu tun, dass es bei diesem erotischen Reifungsprozess nicht nur um die Weitung unseres Horizontes für das Schöne geht, sondern auch um ein Eintauchen in die Tiefe des eigenen Seins. Anders gesagt: Der erotische Reifungsprozess ist gleichzeitig der Prozess der Durchdringung der eigenen Seele, des Ausfüllens unseres höchst individuellen „Seelenwürfels" mit dem Licht der Liebe.

Was ist damit nun wieder gemeint? Der zweite Schritt in Diotimas „Ausfahrt auf das weite Meer des Schönen" war das Sich-ansprechen-Lassen von mehr als nur einem schönen Körper. Wir bewegen uns hier also ganz offensichtlich in der Dimension des Körperbewusstseins. In Phase 3 wird das anders: Jetzt werden wir uns dessen bewusst, dass es nicht nur schöne Körper gibt, sondern auch „schöne Seelen". Und es gibt nicht nur schöne Seelen, in Phase 4 gibt es auch schöne Lebensformen, schöne Künste und schöne Wissenschaften – bis wir dann in Phase 5 an den Punkt gelangen, an dem wir die Schönheit in allem und deswegen überall Schönes gewahren.

Wenn wir nun noch einmal unsere Skala der „Wahrnehmung von Schönheit" anschauen, können wir sie also wie folgt verfeinern:

0					100

Phase 1	Phase 2	Phase 3	Phase 4	Phase 5
ein schöner Körper	viele schöne Körper	viele schöne Seelen	viele schöne Lebensformen	die Schönheit in allem

Und das können wir nun noch um unsere Bewusstseinsdimensionen Körperbewusstsein, Seelenbewusstsein, Geistbewusstsein ergänzen:

0				100

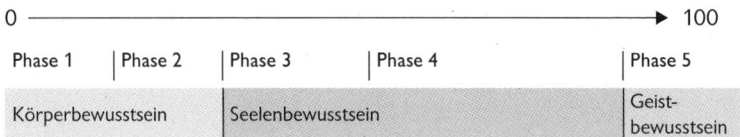

Phase 1	Phase 2	Phase 3	Phase 4	Phase 5
Körperbewusstsein		Seelenbewusstsein		Geist-bewusstsein

Der erotische Reifungsweg führt also vom Körperbewusstsein über das Seelenbewusstsein bis zum Geistbewusstsein. Das ist die Dynamik des erotischen Wachstums.

Aber wo ist eigentlich das Ich-Bewusstsein geblieben? Gute Frage! Das Ich-Bewusstsein ist unser Alltagsbewusstsein. Es koppelt sich zunächst ans Körperbewusstsein: „Sie ist mein. Ich begehre sie. Ich will sie haben. Ihr Körper gehört mir." So sprichst du aus dem Ich-Bewusstsein gekoppelt mit Körperbewusstsein. Schon in Phase 2 tritt diese starke, überaus weit verbreitete Koppelung zurück: „All diese schönen Menschen! Sie machen mich an, aber ich kann sie unmöglich alle haben! Ich kann sie unmöglich alle besitzen!" Und nun stellen wir uns noch eine Phase 2b vor (die bei Diotima nicht vorkommt): die schöne Natur, die schönen Blumen, Berge, Flüsse etc.: „Wie schön dieser Anblick! Ich kann mich nicht von ihm wenden! Aber ich schaue einfach nur hin und lasse mich von dieser Schönheit begeistern!"

Was sagt uns das? Eros transzendiert das Ich. Schon in Phase 2 der erotischen Bildung tritt das Ich zurück. Und je weiter wir in die Liebe fallen und ihren Horizont weiten, desto mehr verliert das Ich seine Macht über uns.

Aber weil wir alle so sehr mit unserem Ich identifiziert sind, fällt uns schon der erste Schritt so unendlich schwer, bei dem es darum geht, die

Ich-Fixierung unseres sexuell-körperlichen Begehrens aufzulösen. Das ist wie bei einem Raketenstart: Der erste Meter ist der schwierigste. Aber wenn wir ihn gemeistert haben, dann trägt Eros uns ganz von allein weiter. Dann können wir auf seinen Flügeln durchs Leben segeln. Ohne Treibstofftank. Denn unser Eros wird von einer regenerativen, höchst nachhaltigen Energiequelle angetrieben: der Schönheit. Und die sehen wir jetzt immer öfter. Je mehr wir sie sehen, desto freier und stärker werden wir. Nach und nach verlieben wir uns ins Leben, nach und nach treten wir ein ins Sein in der Liebe und in den Raum unserer Seele.

„Und dann?", fragst du. – Dann kannst du dich in Menschen genauso verlieben wie in eine schöne Musik. Du kannst sie mit glühender Begeisterung lieben, aber sie besitzen zu wollen, läge dir fern. Trotzdem kannst du dich in sie verlieben. Du kannst dich in eine schöne Blume, in den gestirnten Himmel über dir, in ein schönes Bild, in eine schöne Seele verlieben. Du kannst dich von all dem befeuern lassen, dir durch sie deiner Verbundenheit mit allem bewusst werden. Alles, was dir begegnet, kräftigt und stärkt dich. Wenn du nun vor die Tür trittst und ein milder Lufthauch dich streift, geht dir das Herz auf – genauso wie angesichts des schönen, geschwungenen Hinterns vor dir auf der Rolltreppe. Aber weder das eine noch das andere musst du in deinen Besitz bringen. Weder mit dem einen noch mit dem anderen musst du Sex haben. Du bist frei; leidenschaftlich berührt, aber frei. Das kann dir auch geschehen beim Lächeln eines wildfremden Kindes oder angesichts eines zarten Nebelschleiers im Tal oder einer Melodie, die in dein Ohr dringt, oder ...

Mit wachsender erotischer Reife wirst du immer empfänglicher für die Schönheit der Welt. Du lässt dich bewegen und berühren. Und weil sich alles da draußen auch in deiner Seele spiegelt, wirst du immer mehr in ihr heimisch. Bis du ihren letzten Winkel erkundet hast oder dir doch wenigstens dessen bewusst bist, wo die noch dunklen Winkel in ihr liegen. Mit diesem zunehmenden Bewusstsein deiner selbst wächst, erhellt und entfaltet sich deine Seele. Ihr Volumen wird immer größer – wie bei einem Luftballon. Und so werden auch die Berührungspunkte mit anderen

Menschen und zur Welt, die dich umgibt, immer mehr. So dehnt sich deine Liebe aus und wird ganz weit – raumgreifend.

Auf diesem Weg muss du nichts überwinden und bekämpfen. Es ist ein Weg der Transformation, nicht der Askese; ein Weg der Integration und nicht der Überwindung. Denn was du als junger Mensch schön fandest – ein schönes Mädchen, ein schöner Junge –, wird nicht weniger schön werden dadurch, dass du die Schönheit des Lebens auch in anderen Menschen, Tieren, Bäumen und Luftzügen wahrnimmst und fühlst. Nur kannst du dich gelassener daran erfreuen. Auch der knackige Hintern muss nicht an Reiz einbüßen, nur weil du gelernt hast, auch angesichts eines Sommerregens oder des Lichtreflexes in einer Pfütze in die Liebe zu fallen ...

Das ist ein ganz natürlicher Prozess, wie auch Diotima andeutet. Eigentlich hat Mutter Natur die erotische Reife in jedem und jeder von uns angelegt: Klar, in der Pubertät begehren wir leidenschaftlich-körperlich-sexuell. Schöne Körper machen uns an. Geil! – Tja, und dann liegt es in der Natur der Sache, dass unsere Lust am Sex irgendwann dazu führt, dass kleine neue Wesen dabei herauskommen. Nun verlangen die unsere Aufmerksamkeit, und siehe da: Sie sind sogar schön. Wir verlieben uns in sie. Also: Nicht nur ein schöner Körper, sondern erst zwei, dann drei, dann vier ... Gerade in dieser Phase des Lebens brauchen wir Partner, auf die wir uns verlassen können, mit denen wir Intimität und Sexualität teilen können und die wir als treue und verlässliche Begleiter in unserem Leben schätzen und lieben. Deshalb ist es nur stimmig und natürlich, wenn wir in der Familienphase, wo wir den Horizont des Eros zum ersten Mal vom Körperlich-Sexuellen lösen und unser Herz unseren Kindern schenken, feste Beziehungen von Ich zu Ich eingehen. Denn gerade wenn Kinder da sind, geht es gar nicht anders: Meine Frau (oder mein Mann) muss sich auf mich verlassen können. Die Kids brauchen ein stabiles Zuhause. Wir alle brauchen ein solides materielles Fundament. Völlig richtig, völlig okay. Wir brauchen ein starkes Ich, denn ein starkes Ich schafft Verlässlichkeit und Sicherheit. Und genau das ist jetzt dran. – Das ist auch dran, wenn kein

Nachwuchs kommt, weil es immer nützlich ist, sich auf dem Weg durchs Leben eine solide Plattform zu schaffen. Dafür darf das Ich wachsen. Es wird ehrgeizig, will Karriere machen, sich Besitz erwerben – alles völlig okay; nicht nur weil die Kinder so etwas brauchen, um entspannt aufwachsen zu können, sondern auch weil jeder Mensch einen soliden Rahmen braucht, um entspannt reifen zu können. Es gibt Phasen im Leben, da ist Soliditiät angesagt – und diese Phasen zu durchlaufen, ist Teil unseres erotischen Reifeprozesses. Nur: Es wäre jammerschade, wenn wir in dieser Phase steckenblieben – was leider viel zu oft geschieht.

Tatsächlich ist es ein grandioser Irrtum zu glauben, wir würden uns, wenn wir – traditionell gesprochen – das Programm „Verliebt, verlobt, verheiratet, Familie gegründet" absolviert haben, nicht mehr verlieben und könnten nun den Eros schlafen legen. Nein, nein: Eros ist dann mitnichten am Ende. Im Gegenteil: Jetzt geht's erst richtig los. Jetzt können wir uns freier verlieben. Denn unsere Grundbedürfnisse sind erfüllt. Wir können den Horizont unserer erotischen Leidenschaft weiten und den Eros in einer reiferen und freieren Weise leben, als dies in jüngeren Jahren möglich war. – Warum? – Weil wir älter werden und weiter in der Welt herumkommen. Weil unser Horizont somit immer weiter wird; und weil uns gleichzeitig die ersten seelischen und gesundheitlichen Krisen schütteln. All das lässt uns reifen und bewusster werden. Wir beginnen mit jeder Krise vertrauter mit unserer Seele zu werden, und nach und nach rückt mit dem Alter auch die spirituelle Frage in den Blick. Will sagen: Der Weg der erotischen Lebenskunst folgt dem natürlichen Lauf der Dinge. Er ist eigentlich … ganz normal.

Und obwohl er – erstaunlich genug – so völlig normal ist, führt er uns über die Spanne eines wachen und bewussten Lebens hin zu einem reichen, erfüllten, blühenden Leben; das wir, wenn es aufs Ende zugeht, dann vielleicht auch loslassen und in Liebe gut sein lassen können. Ja, ich bin mir sicher: Wir werden gelassener, wenn uns das Leben in tausend Gesichtern seine Schönheit zeigt; auch an seinen dunklen Stellen, auch wo gestorben wird, auch wo gelitten wird, auch wo das Elend herrscht. Selbst da wird ein erotisch reifer Mensch das Wunder des Lebens erblicken. Dort wird er sich liebevoll ebenso den Menschen zuwenden, die leiden oder Verbrechen begehen. Okay, das setzt einen sehr, sehr hohen Grad an erotischer Reife voraus. Etwa das Niveau, das ein Jesus oder ein Franziskus hatte ... Naja, darauf komme ich später nochmal zurück.

Aber nach diesen Idealen müssen wir gar nicht schielen. Für uns reicht es, immer den nächsten Schritt im Auge zu haben: Wie kann ich in die Liebe fallen? Wie kann ich noch etwas tiefer in sie fallen? Wo gibt es eine neue Schönheit zu entdecken? Wie kann ich noch empfänglicher und achtsamer werden für die Schönheit, die da ist? Eros liebt die kleinen Schritte. Weil er nichts auslässt. Also: Schau hin! Hör hin! Vielleicht geht es dir dann so wie Lester Burnham, der Hauptfigur in dem wunderbaren Film „American Beauty", der ganz am Ende der Geschichte sagt:

„Es fällt schwer, wütend zu sein, wo es so viel Schönheit auf der Welt gibt. Manchmal habe ich das Gefühl, all die Schönheit auf einmal zu sehen, aber das wäre zu viel. Mein Herz fühlt sich dann an wie ein Ballon, der kurz davor ist, zu platzen. Und dann geht mir durch den Kopf: Ich sollte [...] aufhören zu versuchen, die Schönheit festzuhalten. Dann durchfließt sie mich wie Regen, und ich kann nichts empfinden außer Dankbarkeit für jeden einzelnen Moment meines dummen, kleinen Lebens."

Unsterblich verliebt

Love always seeks the ultimate real.

Beatrice Bruteau

Schönheit macht uns an, Schönheit zieht uns an, Schönheit reißt uns hin: hin zu unseren Geliebten, hin zu uns selbst, hin zum Leben im Ganzen. Schönheit ist der Pfeil des Eros – Schönheit lässt uns in die Liebe fallen: tief und tiefer, immer tiefer in unsere eigene Seele, in der wir verbunden sind mit allem Leben, allem, was ist. Ohne Schönheit kein Eros, keine Erotik des Lebens. Wow, die Schönheit! Ein Glas auf die Schönheit!

So, und nachdem wir nun die Schönheit gefeiert haben, möchte ich dich wieder ein bisschen verwirren. Lass uns noch ein bisschen philosophieren und dafür zurückkehren zu Platons *Symposium*, zur Rede der Diotima. Die vollzieht in ihrer Ansprache an Sokrates nämlich eine überraschende Wende. Sie sagt: Wir glauben immer, dem Eros gehe es um Schönheit und er wolle sich mit dem Schönen vereinigen. Wir glauben, wenn wir uns verlieben, wollten wir uns Schönheit aneignen. Das stimmt aber nicht oder es stimmt nur zum Teil. In Wahrheit, so Diotima, zielt unser Verliebtsein nicht auf Schönheit, sondern auf Unsterblichkeit. Die Schönheit – oder Aphrodite, wie Diotima sagt – ist eine „geburtshelfende Gottheit" bei unserer Transformation zur Unsterblichkeit.

Was soll das? Du hast ja die Briefe an meine frühere Geliebte gelesen: Darin hatte ich mich daran erinnert, dass es für uns, als wir in die Liebe gefallen waren, unmöglich erschien, dass diese Liebe jemals endet. Es war ganz klar: *And I will always love you.* (Whitney Houston). Uns streifte ein Hauch von Ewigkeit und Unsterblichkeit. Etwas in uns spürte: „Wow, das hier kommt aus einer anderen Dimension." Und eben das war der Vorgeschmack darauf, wie es ist, wenn das Leben in uns ganz zu sich selbst gekommen ist: vollkommen, sinnvoll, bejahenswert – zeitlos. Das war der Vorgeschmack auf das Leben, zu dem Eros uns tragen will – dem Leben in der Liebe, dem Leben im Sinn, dem blühenden, entfalteten, reifen Leben.

Eros geht es um dieses sinnvolle, stimmige, zeitlose Leben. Man kann auch sagen: Es geht ihm um Unsterblichkeit. Und die Sehnsucht danach treibt ihn voran, von Schönheit zu Schönheit zu Schönheit, bis die Schönheit des Lebens ihn aus allem anstrahlt. Bis wir das große Ja aussprechen, worin das Leben ganz bei sich selbst ankommt.

Doch dahin ist es ein langer Weg. Er führt durch alle Dimensionen des Daseins. Und in jeder Dimension gibt sich die Sehnsucht des Lebens nach sich selbst – diese Sehnsucht nach dem Bewusstsein seiner Untersterblichkeit – ein anderes Ansehen.

Im Körperbewusstsein treibt uns diese Sehnsucht zum Sex. Wir fühlen uns zu unserer/m Liebsten körperlich hingezogen und wollen Sex mit ihr/ihm. Wieder und wieder. Und indem wir es mit einander machen, tragen wir tatsächlich zur Unsterblichkeit des Lebens bei: nämlich schlicht und ergreifend dadurch, dass wir Nachkommen zeugen. So bleibt das Leben am Leben – ein großartiges Wunder! Diotima wird in ihrer Rede nicht müde, Sex und Körperlichkeit zu preisen: „Zeugung und Schwangerschaft sind etwas Göttliches im Menschen" – Sex ist ein heiliges Geschehen und die Art und Weise, wie wir mit unseren sterblichen Körpern am Unsterblichen teilhaben, „indem ein Altes immer ein Junges an seiner Stelle hinterlässt und so dafür sorgt, dass das Leben nicht aufhört". Das ist die eigentliche, tiefe Bedeutung von Sex: Unsterblichkeit – das Leben am Leben erhalten. Und zur Belohnung bekommen wir dabei jede Menge Spaß. Gut irgendwie, oder?

Natürlich bildet sich diese Sehnsucht auch physiologisch ab. Das Leben will zu sich selbst kommen – mit Macht. Und deshalb hat es Mittel und Wege ersonnen, das auch wirklich zu tun. Unser Körper hält einen prickelnden Hormoncocktail für uns bereit, damit wir dem Ruf des Lebens auch wirklich folgen und in unseren Liebesnächten dafür sorgen, dass es „zu sich selbst kommt" – und fortlebt. So gesehen ist Verliebt-sein immer auch ein physiologisches Ereignis. Nur sollten wir nicht der Versuchung erliegen zu glauben, damit wäre das Geheimnis des Verliebt-seins erklärt – so, als ob wir uns deshalb verliebten, weil unser Körper einen Hormoncocktail für uns mixt. Ich glaube nicht, dass in der Liebe „die Chemie regiert", wie die amerikanische Anthropologin Helen Fisher behauptet. Der Hormoncocktail ist die physiologische Erscheinungsform der erotischen Liebe, er ist die körperliche Seite derselben Medaille, deren andere Seite unsere leidenschaftlichen und zärtlichen Gefühle sind – dieses bebende Glück der ersten Nacht. Eine messbare Außenansicht und eine fühlbare Innenansicht. Eines auf das andere zu reduzieren, ist nach meinem Dafürhalten Quatsch.

Wie dem auch sei: Normalerweise hält dieses Hormonfeuerwerk einige Monate an, um die Bindung zu unterstützen. Sobald alles Erfor-derliche getan ist, ebbt es ab und überlässt die Liebenden ihrer Fähigkeit, eine neue Ebene der Beziehung zu finden. Dann hat das Ich seinen ersten großen Auftritt. Wobei die Grundtendenz erhalten bleibt. Denn nicht nur in der körperlichen Dimension wollen wir Unsterblichkeit. Auch das Ich hat diesen Wunsch. Doch während der Körper darauf drängt, dass das Leben am leben bleibt, fordert das Ich den Bestand seiner selbst für alle Zeit. Das Ich will sich immer haben – und es will deshalb denjenigen, den es zu seiner Ergänzung (oder Kompensation seiner nicht-integrierten Anteile) braucht, dauerhaft in seinen Besitz bringen. Das Ich kann sich das nicht anders vorstellen, als „bis dass der Tod euch scheidet". Es sehnt sich nach Beständigkeit und Sicherheit – Unsterblichkeit möglichst schon zu Lebzeiten. Was zwar irgendwie paradox ist, weil es in seinem Wunsch nach Unsterblichkeit von seiner Sterblichkeit ausgeht. Aber gerade weil es seine Auflösung im Tod so sehr fürchtet, klammert es sich umso mehr an seine Habe – seine Besitztümer, die ihm Dauer, Beständigkeit und Sicherheit versprechen.

Also, das ist die Sehnsucht nach Unsterblichkeit auf der Körper-Ebene = Sex; und die Sehnsucht nach Unsterblichkeit auf der Ego-Ebene

= Stabilität, Verlässlichkeit, Sicherheit, Ehe-Vertrag. Völlig in Ordnung, nur eben nicht alles. Schauen wir uns die Seelen-Dimension an. Wie stellt sich die Sehnsucht nach Unsterblichkeit hier dar? Als Sehnsucht nach Verbundenheit.

Die Seele ist das Organ des Verbundenseins. Je tiefer wir im Seelenbewusstsein sind, desto mehr integrieren wir unsere Schattenanteile, unser Unbewusstes, unsere Teilpersönlichkeiten; und desto mehr werden wir uns unserer Verbundenheit mit den Menschen unserer Umgebung bewusst – mit manchen mehr, mit manchen weniger, mit wieder anderen ganz intensiv. Bei denjenigen, denen wir uns in der Tiefe unserer Seele innigst verbunden wissen – weil wir mit ihnen in der Liebe sind (*in love with each other*) –, ahnen wir, dass diese Verbundenheit dem Tod standhält. Das genau ist meine Erfahrung: Wenn ich einen Menschen liebe, dann liebe ich ihn auch noch, wenn er tot ist. Der Tod stellt keine Barriere für diese Liebe dar. Deswegen war auch angesichts des Todes meiner Geliebten und der Trennung von ihr meine innige Liebe das Einzige, was mir half, den Schmerz wirklich auszuhalten und die seelische Verbundenheit unerschütterlich im Bewusstsein zu halten. Liebe sticht Tod. Das ist nicht nur Gerede, es ist eine tausendfach bestätigte Erfahrung, nicht nur meine eigene.

Und in der vierten Dimension? Wie wird im mystischen Geistbewusstsein des Eros Sehnsucht nach Unsterblichkeit befriedigt? Keine Ahnung. In diesem Bereich bin ich nicht so zuhause. Da muss ich die Mystiker fragen. Die wissen Bescheid. Sie sagen: Im Geistbewusstsein stellt sich die Frage nach der Unsterblichkeit nicht. Denn da ist niemand, der diese Frage stellen könnte. Da ist nur: ES IST oder ICH BIN. Und dieses ES IST oder ICH BIN ist grenzenlose Einheit, unendliches Sein. Das ist Unsterblichkeit. Wenn wir den Mystikern Glauben schenken – und es gibt keinen Grund, das nicht zu tun –, dann stellt sich im mystischen Geistbewusstsein die Frage nach der Unsterblichkeit nicht, weil du darin Unsterblichkeit bist. Womit dann auch Eros an sein Ende gekommen sein dürfte. Denn wenn du Unsterblichkeit bist, erlischt deine Sehnsucht nach Unsterblichkeit.

Einfach, weil es dann kein Bewusstsein deiner selbst mehr gibt – keinen Körper, kein Ich, keine Seele, keine Individualität. Dieser Zustand ist das Ziel der mystischen Wege. Und ich glaube gerne, dass das ein lohnendes Ziel ist. Denn es öffnet unser Bewusstsein für die verborgene vierte Dimension unseres Daseins. Nur meine ich, dass es im Leben nicht allein darum gehen kann, immerzu und dauernd in dieser Dimension zu verweilen und unseres Körpers, unseres Ich und unserer Seele verlustig zu gehen. Wir sind ja nicht da, um Gott zu sein, sondern um Mensch zu sein. Oder um es mit Willigis Jäger zu sagen: Wir sind da, damit Gott in uns Mensch sein kann – und nicht, damit Gott in uns Gott sein kann.

Man könnte das auch so formulieren: Wenn du Unsterblichkeit bist, dann bist du Gott. Dann brauchst du keinen Eros mehr. Denn Eros ist für die Menschen da. Er ist ein „Mittler zwischen Mensch und Gott", sagt Diotima. Das heißt, er selbst ist kein Gott, sondern er bringt den Menschen ihre Herkunft aus dem Göttlichen zu Bewusstsein. Er trägt sie bis dahin, wo in einer mystischen Geisterfahrung ihr Bewusstsein dafür schwindet, individuelle Menschen zu sein, weil sie sich nun eins mit Gott, dem Göttlichen, dem Universum oder wem auch immer wissen. Und wenn Eros sie dort abgeliefert hat, zieht er sich zurück. Aber nicht für lange. Denn Menschen aus Fleisch und Blut sind eben immer auch individuelle Wesen, weshalb die mystische Erfahrung des Göttlich- oder Unsterblich-Seins immer nur von beschränkter Dauer ist. Aus dem Geistbewusstsein kehren wir zurück in unser Körper-, Ich- und Seelenbewusstsein.

Und dann kommt es darauf an, dort gut beheimatet zu sein, damit wir die aufblitzende mystische Erfahrung der Unsterblichkeit in unser Leben integrieren können. Was erfahrungsgemäß nur gelingt, wenn wir im Seelenbewusstsein und in der Liebe sind. Dort liegt für mich unsere menschliche Heimat: in der eigenen Seele. Ganz Mensch sein heißt, ganz der individuelle Mensch sein, der du bist – aber eben ganz, mit allen Schattenseiten, Verbindungen, Gefühlen etc., die wir aus unseren Ich-Selbstbildern so gerne ausblenden. Sei ganz du selbst!, sagt die erotische Lebenskunst und meint damit nicht: Folge deinem Ich!, sondern: Lass dich in die Liebe fallen und finde in ihr den Mut, ganz du zu sein – ganz Seele zu sein. Denn mit der liebenden, integrierenden Kraft der Seele gelingt dir das, was unser menschliches Leben zu einem ganzen, vollkommenen, reifen, blühenden Leben werden lässt: das harmonische Miteinander und Ineinander aller vier Dimensionen – Körper, Ich, Seele, Geist.

Vom Sex zur Unio mystica

Eines zu sein mit Allem, das ist Leben der Gottheit, das ist der Himmel des Menschen.

Friedrich Hölderlin

Gut, dass du noch mal nachhakst, mein Lieber. Du findest, ich sei etwas zu schnell über das Thema Sex hinweggegangen, als ich die körperliche Liebe kurzerhand zur subtilen Ausdrucksform menschlicher Sehnsucht nach Unsterblichkeit umdefinierte. Du sagst, das sei dir zu sehr gedacht und zu wenig erfahren. Beim Sex gehe es doch viel mehr um die Lust der Vereinigung als um den Hunger nach ewigem Leben oder dergleichen; und dass du dich genau daran erinnerst: Sex! Du wolltest Sex, als du in die Liebe fielst – du wollest zu ihr, in sie. Du wolltest in sie eindringen, und sie wollte dich auf sich spüren, in sich fühlen. Ihr wolltet so eng beieinander sein, wie es nur gerade geht. Ihr wolltet euch vereinen. – Unsterblichkeit? Nachwuchs? Nicht doch, das war nicht euer Thema, selbst wenn „Mutter Natur" womöglich dieses Programm im Hintergrund laufen ließ. Aber was ihr ganz sicher wolltet, war Nähe, Vereinigung, gemeinsames Verschmelzen im heißen Ozean eurer Liebe. Und das fühlte sich richtig gut an, oder?

Damit sprichst du ein wichtiges Thema an: die Sehnsucht nach Vereinigung, nach Eins-Sein, nach Einheit. Klar, auch sie gehört zur erotischen Liebe dazu. Sie ist sogar ein zentraler Aspekt. Denn neben dem Hingerissen-Sein von Schönheit und dem Hunger nach Unsterblichkeit ist die Sehnsucht nach Eins-Sein die dritte starke Antriebskraft auf dem Weg der erotischen Reife – die dritte Qualität der erotischen Lebenskunst. Und im Blick auf die beiden anderen Triebfedern gilt auch für sie: Die Sehnsucht nach Vereinigung und Eins-Sein hört nicht auf, solange wir in der Liebe sind. Ihr in jeder Dimension des Bewusstseins Ausdruck zu verleihen, ist das Kennzeichen eines umfassenden Verliebtseins ins Leben.

Noch einmal: Wenn wir uns verlieben, hat das zunächst eine leibliche Komponente. Verliebte möchten ihrer Liebe körperlichen Ausdruck verleihen. Sie wissen sich so innig verbunden, dass ihre Körper so nahe beieinander sein wollen, wie es nur geht. Und das Maximum des Möglichen ist nun mal der Beischlaf. Im Körperbewusstsein bringt Eros sich daher als sexuelle Leidenschaft zur Geltung, als die Sehnsucht nach körperlicher Verschmelzung, nach restlosem Ineinander-Aufgehen in den Ekstasen des Orgasmus, in denen unsere Körper in Freude und Glück erbeben. Mmmh, das sind die großen Stunden des Körpers – die Stunden, in denen wir nichts, aber auch gar nichts dagegen haben, einfach nur Körper zu sein, 100 Prozent Körperbewusstsein. Da feiert das Leben sein Fest, und das Instrument, mit dem es aufspielt, sind unsere nackten Körper.

Naja, und weil wir Menschen nun einmal immer auch Körper sind, schwingt in jeder Verliebtheit eine sexuelle Note: die Note des Bedürfnisses, der so stark gefühlten Verbundenheit durch körperliche Nähe Ausdruck zu verleihen. Sicher wird diese Schwingung im Laufe eines Lebens schwächer, sicher wird die Sehnsucht nach sexueller Vereinigung an Intensität verlieren, wenn die Sehnsucht nach spiritueller Vereinigung in uns größer wird. Doch der Impuls, den Menschen, denen wir uns verbunden wissen, auch körperlich nahe zu sein, wird dadurch wohl nie erlahmen.

Aber so weit sind wir noch nicht. Vor die Sehnsucht des Geistes nach spiritueller Vereinigung haben die Götter die Sehnsucht des Ich nach bleibender Verbindung gestellt. Und diese Sehnsucht nimmt spätestens dann überhand, wenn der sexuelle Vereinigungs-Drive in uns erste Früchte trägt: wenn Nachwuchs geboren ist. Dann ändert sich die Erscheinungsform der Sehnsucht nach Einheit. Dann wird sie subtiler. Dann tritt das Ich auf den Plan – und die Dinge fangen an, kompliziert zu werden. Denn das Ich sucht nicht Verschmelzung der Körper, sondern stabile Beziehungen. Kaum sind die Laken getrocknet und die Liebenden müde, meldet es sich zu Wort und sagt: „Und das muss jetzt so bleiben. Kein anderer soll mir den Liebesten/die Liebeste berühren. Er/sie soll mein sein, und zwar für immer." Eifersüchtig wacht das Ich über die Treue seiner selbst und seiner Liebsten. „Nur ich und du – bis dass der Tod uns scheidet", so haben wir es gern, wenn wir so ganz und gar im Ich-Bewusstsein schwingen – getrieben von einem machtvollen Begehren nach Habe und Besitz. Als Immanuel Kant einst die Ehe als „die Verbindung zweier Personen verschiedenen Geschlechts zum wechselseitigen Besitz ihrer Geschlechtseigenschaften" definierte, da hatte das Ich-Bewusstsein seine große Stunde.

Da brachte der alte Philosoph ziemlich präzise auf den Begriff, wie bis heute die meisten Menschen landläufig Liebe, Erotik und Sexualität erleben – nämlich ausschließlich in einer zweidimensionalen, flächigen Verbindung von Begehren nach Habe und Sexualität. Besitz der Sexualität des/r Anderen, das ist das leitende Thema. Oh je, wie viele Dramen hat diese Reduktion des Eros auf zwei Dimensionen mit sich gebracht! Wie viele Kulturen haben sie legitimiert und standardisiert! Wie viele Frauen und Männer sind dadurch um die Tiefe und Schönheit des seelischen und geistigen Eros betrogen worden! Es ist zum Heulen, im Ernst!

Aber genug der Lamenti. Es soll nicht der Eindruck entstehen, das Ich sei verkehrt oder schlecht. Das will ich nicht sagen. Das Ich ist völlig okay, denn wir brauchen Stabilität und Sicherheit, Verlässlichkeit und Treue. Wir brauchen das genau so lange, wie wir Ich sind – also immer. Verkehrt ist nur zu glauben, das wäre es dann schon gewesen. Von wegen! Das war nicht mal die Hälfte des Reiches des Eros. Bedauernswert, wer das mit Liebesglück und Seligkeit verwechselt. Denn wer über diesen zweidimensionalen Komplex nicht hinauskommt, betrügt sich um das Beste, was das Leben für uns bereithält: den Eros der dritten Dimension. Die Verliebtheit der Seelen.

In der Dimension des Seelenbewusstseins drängt die erotische Vereinigungssehnsucht auf die Erfahrung einer tiefen seelischen Verbundenheit oder Vereinigung. Es geht um das unerschütterliche Gespür der Zusammengehörigkeit – dieses Gespür, das schon in der ersten Liebe so leuchtend und verheißungsvoll aufkeimte; das angetan war, die innere Führung des Lebens zu übernehmen, dann aber aus dem Blick geriet, weil der Körper mit seinen sexuellen Lüsten und das Ich mit seinem Begehren nach Habe sich in die Liebe mischten. Doch dieses leuchtende Gefühl des innigsten Verbundenseins der Seelen kehrt im reifen Eros zurück – und zwar nicht nur des Verbundenseins mit einem einzigen Menschen, sondern mit immer mehr Menschen, immer mehr Wesen, eigentlich mit der ganzen Welt. Das geht, weil mit jedem Schritt in die Tiefe des Seelenraumes die Fixierungen des Ich zurücktreten und wir immer weiter und mehr und tiefer lieben können. Wo Ego war, soll Eros werden! Das ist die Dynamik des Verliebt-seins in der Dimension des Seelenbewusstseins. Das ist die Dynamik der umfassenden, ganzheitlich gefühlten und bewussten Verbundenheit.

Ich meine das In-der-Liebe-Sein, das ich bereits in den höchsten Tönen gerühmt hatte. Ich meine diese entfesselte Energie des Herzens, diese Intensität des Ganz-bei-sich-Seins: das prickelnde Glück, in dem das Leben wirklich zu sich kommt. Wir erfahren uns dann in der umfassenden Verbundenheit mit unseren Geliebten, gleichzeitig aber wird uns, je weiter wir in unsere eigene Seele eintauchen, immer bewusster, dass wir nicht nur mit einem einzigen geliebten Menschen in Verbindung stehen, sondern mit allen und allem.

Und das ist etwas anderes als „ganz und gar mein Ich sein"! Ein Leben für das Ego, das wäre ein Leben an der Oberfläche. Wir sind aber mehr als Oberfläche. Ich habe Tiefe, du hast Tiefe. Du bist komplex. Du bist Ich und Körper. Im Seelenbewusstsein ist das alles integriert. Wenn du ganz du selbst – Seele – bist, dann hörst du nicht auf, Sex zu haben und eine stabile Beziehung zu unterhalten. Wieso auch? Das sind Anteile deiner selbst, Dimensionen deiner Seele. Du wirst Sex und Partnerschaft wach und bewusst in deinem Leben integrieren. Und darüber hinaus wirst du dich wieder und wieder verlieben. In Frauen, in Männer, in deine Kinder, in deine Arbeit, in die Berge, die Flüsse, die Kunst und die Sterne ... Und du wirst wissen, welchen Raum diese Lieben in deinem Leben einnehmen können. Du wirst ihretwegen deine Partnerschaft nicht gefährden, denn deine Seele weiß nun, dass du sie nicht besitzen musst.

Du wirst nicht mit ihnen allen Sex haben wollen, denn deine Seele weiß, dass es nur wenige Menschen gibt, mit denen sie wirkliche, tiefe Intimität teilen kann – und dass sich Sex mit Kindern und Jugendlichen, ja auch mit vielen Erwachsenen schlicht verbietet. Die Seele weiß das, und wo immer Menschen – schlimm und tragisch genug – gegen dieses Wissen handeln, können wir sicher sein, dass sie nicht in der Liebe sind, sondern irgendwo in den Anfangsstadien der erotischen Reise durchs Leben hängen geblieben sind.

Das Sein-in-der-Liebe – Eros in der dritten Dimension der Seele – setzt Reife voraus, mehr noch, es ist Reife, reife Liebe. Eine integrale Liebe, in der du ganz der sein darfst, der du bist, das schließt auch deine dunklen Seiten ein, deine Schatten, die dein Ich sich tunlichst verbittet. Das ist Leben in Fülle; ein Leben der Bejahung deiner selbst; ein glückliches Leben; ein Leben, in dem du weißt, dass du dazugehörst, aufgehoben in dieser Welt – durch unendlich viele glühende Drähte verbunden mit dem Kosmos. Es ist das Leben, zu dem ich dich ermutigen will, wenn ich sage: Verliebe dich ins Leben!

Da war aber noch die vierte Dimension – die mystische Dimension des Göttlich-Unendlichen, jenseits des Würfels, jenseits unserer Individualität: Tiefe, Räumlichkeit ohne Grenzen, Erfahrung der unterschiedslosen Ewigkeit, mystisches Bewusstsein. Auch dorthin zieht uns die Vereinigungssehnsucht des Eros. Denn dort erst findet sie ihre Vollendung. Dort erst kommt sie an ihr Ende. – Warum? – Weil es dort keinen Sehnenden und kein Ersehntes mehr gibt. Weil es dort keinen Liebenden und kein Geliebtes mehr gibt. Weil dort alles Hier und Dort, Ich und Du ein Ende hat. „Unruhig ist mein Herz, bis dass es ruht in dir, Gott", sagte Augustinus. Schon in unserer ersten Liebe strahlte diese Erfahrung mit auf in der Ahnung der Ewigkeit und Unendlichkeit, die das glühende Herz damals erschütterte und erregte.

Eros in der vierten Dimension ist die Sehnsucht nach Non-Dualität; nach „eins sein mit allem, was ist". Diese Dimension übersteigt unsere Identität. Sie ist die Erfahrung, von der alle mystischen Traditionen reden:

die Erfahrung des umfassenden Eins-Seins mit Gott und der Welt, die Erfahrung der Unio mystica. Denn in der All-Einheit sind wir Gott geworden, sind mit Gott vereinigt. Die Mystiker sagen: Hier gibt es keine Trennung und keinen Trennungsschmerz, denn alles ist eins. Nicht mal mehr ein Gegenüber, das wir lieben könnten, gibt es.

Viele spirituelle Praktiken legen es auf diese Erfahrung des Eins-Seins an. Du weißt, dass ich manches davon erprobt habe: Zen, andere Meditationsformen, ein bisschen Sufi-Spiritualität. Das war alles wichtig und gut. Diese Praktiken können uns wirklich die vierte Dimension unseres Seins erschließen. Und nur wenn wir auch diese Dimension erschließen, kann das vierdimensionale Leben, das wir sind, ganz zu sich selbst kommen – können wir ganz die sein, die wir als diese individuelle Manifestation des endlosen Lebens sind.

Deshalb möchte ich dir – entschuldige das Pathos – zurufen: Ja, lassen wir uns vom Eros forttragen. Vertrauen wir uns diesem Mittler zwischen Mensch und Gott an, um auf seinen Schwingen noch über die Grenzen unserer Individualität hinaus in mystischer Liebesleidenschaft zu erglühen. Suchen wir den ekstatischen Taumel der Verschmelzung und Vereinigung mit dem Göttlichen. Der Eros in uns will dahin, weil er das Spektrum des Lebens voll auskosten möchte: von wildem Sex bis zu ekstatischer Spiritualität; weil er noch die äußersten Pole in uns verbinden und harmonisch vereinen will. Aber dann lasst uns zurückkehren! Dann lasst uns auch diese Erfahrung an unser Herz nehmen, ihr den richtigen Ort in unserem Seelenraum geben, sie einfügen in die große Harmonie unseres Daseins. So wird unser Leben rund und satt – unser individuelles persönliches Leben voller Sex und Körper, Habe und Ich, Liebe und Seele, Mystik und Agape. Denn nur so kommt das grenzenlose Leben in der begrenzten Gestalt, die wir je sind, zu sich selbst.

So wichtig und aufregend also mystische Erfahrungen als Gotteserfahrungen sind: Wenn wir mit offenem Herzen in der Liebe sind – offen für die Welt, für uns, für alles, was uns umgibt –, dann sind wir am intensivsten und im umfassendsten Sinne Mensch. Ich glaube wirklich: Das ist das Maximum dessen, was uns Menschen über die Spanne eines Lebens möglich ist. Und das Glück, das uns dabei geschenkt wird, ist ein menschliches Glück. Es ist ganz normal und ganz alltäglich: Es schleicht sich in dein Herz, wenn du in der Küche stehst und das Essen zubereitest, wenn du im Auto sitzt und zur Arbeit fährst, wenn du deine Blumen gießt oder Fußball spielst. Denn in der Liebe – in der Seele und im Herzen – tust du das im Bewusstsein der innigen Verbundenheit mit allem; verliebt ins Leben.

Von der Begierde zur Berührung

Ich hoffe, dass wir gemeinsam unser wahres Herz aus den Käfigen der Angst befreien können. Dann können unsere Körper in sexuellem Entzücken verschmelzen, und unsere Stunden können jeden Tag als Liebe kommen und gehen.

David Deida

Ah, ich wusste, dass du dich nicht mit schönen Worten abfinden würdest und dass du die heiklen Punkte meiner „erotischen Lebenskunst" aufspüren würdest.

„Wie soll das gehen", fragst du, „mich ins Leben verlieben? Bei den Bergen und Flüssen bin ich dabei. Aber bei ‚Frauen und Männern' im Plural, da habe ich doch meine Zweifel. Glaubst du wirklich, dass das geht? Mich in alles und jede zu verlieben – mit Haut und Haar, wie du immer betonst –, ohne dabei meine Ehe oder Partnerschaft zu gefährden? Lieber Christoph, das finde ich reichlich naiv! Denn wenn ich mich in eine andere Frau verliebe, dann will ich Sex mit ihr haben, und wenn ich dem nachgehe, dann setze ich dabei natürlich meine Ehe aufs Spiel." – Danke für deine offenen Worte. Schauen wir mal, was mir dazu einfällt.

Ich glaube, am Anfang ist immer der Körper. Wenn du in die Liebe fällst, nimmst du deinen Körper mit. Und dein Körper sehnt sich nach Nähe, Vereinigung und Zärtlichkeit. Er sehnt sich nach Berührung und Berührtwerden, will die Verbundenheit spüren und ihr Ausdruck verleihen. So ist es am Anfang des erotischen Weges, und so bleibt es bis zuletzt. Doch die Formen, in denen dein Körper deine Liebe zum

Ausdruck bringt, ändern sich im Laufe des Lebens. Sie ändern sich in dem Maße, in dem sich der Horizont deiner Liebe weitet. Das war das Thema der „Ausfahrt auf das Meer des Schönen": Als reife Menschen hängen wir unser Herz nicht mehr an einen einzigen Menschen. Wenn wir gereift sind, verlieben wir uns in vieles und viele. Auch dann noch suchen wir Nähe oder Berührung, doch die körperlichen Impulse werden stiller und tiefer. Wir werden Männer und Frauen lieben, aber wir müssen nicht mit allen und jedem Sex haben. Kannst du mir bis dahin folgen?

Und doch kann der Tag kommen, an dem das Bedürfnis danach in dir mächtig wird; der Tag, an dem du weißt, dass es nicht mehr wahr und stimmig wäre, der sexuellen Begegnung auszuweichen. Selbst dann nicht, wenn du in einer festen Beziehung lebst und weißt, dass du deine Partnerin verletzen wirst, wenn du diesem Bedürfnis nachgehst – ja, dass du die Beziehung damit aufs Spiel setzen würdest. Und da fragst du: „Was dann?"

Dann hast du ein Problem. Ohne jede Wertung. Du hast einfach ein Problem. Wenn du mit einem Menschen Sex hast, dann übernimmst du für ihn und dich eine hohe Verantwortung. Es kommt alles darauf an, dass du diesem Problem gewachsen bist und der Verantwortung – für dich, deine Partnerin und deine Geliebte – wirklich gerecht wirst. Diese Verantwortung ist hoch. Weil Sexualität ein sensibler Bereich voller Intimität und Verletzlichkeit ist, der geschützt und gehegt sein will. Denn du wirst auf alle Zeit mit diesem Menschen auf der fundamentalsten Ebene verbunden sein. Dessen musst du dir bewusst sein. Das ist der Maßstab, an dem sich bemisst, ob du deiner Verantwortung gerecht wirst oder nicht. Deshalb spüre in dich wie mit einem Echolot: Wie tief ist eure Verbindung? Wie weit trägt sie? Ein Leben lang? Oder nur einen Augenblick? Wenn ihr wirklich tief verbunden seid – dann viel Spaß; wenn nicht – wird's schwierig und früher oder später habt ihr Stress. Unweigerlich.

Deswegen halte ich es für sinnvoll, das Sexualleben für den Menschen zu reservieren, mit dem du dich zutiefst verbunden weißt. Und sollte es daneben noch einen zweiten oder gar dritten geben, dann ist das zwar weder schlimm noch verwerflich, aber eben doch kompliziert. Weil es ein hohes Maß an Reife, Ehrlichkeit, Offenheit, Wahrhaftigkeit und Liebe voraussetzt, der Verantwortung, die du damit übernimmst, wirklich gerecht zu werden. Denn du liebst ja jeden dieser Menschen. Du weißt dich jedem dieser Menschen innigst verbunden. Und deshalb willst du keinen von ihnen verletzen; und das in einem Bereich, in dem jeder von ihnen sich verletzlich gemacht hat – wo ihr euch wehrlos begegnet seid. Wirst du diese Gratwanderung schaffen? Wirst du es aushalten, denen, die du liebst, die Wahrheit zu sagen? Werden sie es aushalten, die Wahrheit zu hören? Und umgekehrt: Wirst du es aushalten, denen, die du liebst, einen Teil der Wahrheit deines Lebens zu verheimlichen, um sie zu schützen? Wirst du die Kraft haben, das Gleichgewicht zu halten?

Es geht hier nicht um Moral, nicht um „richtig" oder „falsch". Das liegt mir ganz fern. Ich spreche von der Dramatik des Lebens, die darin liegt, dass es zu Situationen kommen kann, in denen es weder „richtig" noch „falsch" gibt; in denen wir im Dilemma stecken, weil wir es nur „falsch" machen können, das aber aushalten müssen. Was also befähigt uns, in solchen Situationen im Gleichgewicht zu bleiben? Was befähigt uns, damit klarzukommen, uns mit mehr als nur einem Menschen auch körperlich so tief verbunden zu fühlen, dass es unwahrhaftig wäre, die sexuelle Begegnung auszuschließen? Ich glaube, es ist allein die tiefe, bewusste, achtsame und wahrhaftige Liebe, die uns dies ermöglicht: die Liebe, die auch die unausweichlichen Verletzungen umfasst; ebenso wie das Bewusstsein des Sich-schuldig-Machens; die der Tragik des Eros ins Gesicht zu blicken vermag. Das aber ist eine reife und tiefe Liebe. Darunter geht es, glaube ich, kaum.

„Liebe, und tue, was du willst!", hat Augustinus gesagt. Dabei hat er sicher nicht an Sex gedacht, und trotzdem passt dieser Satz hierher. Wenn du wirklich in der Liebe bist; wenn du dir dieser Liebe, ihrer Wahrhaftigkeit und Tiefe bewusst bist; wenn du die Reinheit deines Herzens geprüft hast; wenn du weißt, dass mit deiner Sehnsucht nach sexueller Berührung mit deiner Geliebten kein Haben-Wollen einhergeht; wenn du weißt, dass du sie auch wieder gehen lassen könntest, weil die Begegnung aus der Seele und nicht aus dem Ich kommt – dann kannst du es tun und dich an der Begegnung erfreuen. Aber du musst vorsichtig sein: Dein Ich ist schlau, und es weiß sich gar zu gut etwas einfallen zu lassen, um sein Begehren zu tarnen und dich ins offene Messer laufen zu lassen. Und am Ende musst du sehen, wie du aus dem Schlamassel herauskommst, und auslöffeln, was du dir eingebrockt hast.

Ich rede aus Erfahrung: Sex ist nicht die einzige Form, in der Verliebtheit körperlichen Ausdruck findet. Es gibt eine Metamorphose der körperlichen Liebe. Sie führt von der sexuellen Begierde zur zärtlichen Berührung. Je weiter wir auf dem Weg der erotischen Lebenskunst voranschreiten und uns mit einem verliebten und offenen Herzen durch die Welt bewegen, desto mehr wird es uns ein Anliegen sein, die Menschen, mit denen wir uns verbunden fühlen, zu berühren. Wir werden ihre Hand halten wollen, wenn wir ein tiefes Gespräch mit ihnen führen, wir werden sie in den Arm nehmen, wenn sie unsere Nähe und Unterstützung brauchen, wir werden ihre Wangen trocknen, wenn sie weinen. Wir können das alles ohne Begehren tun, aber doch mit der Zärtlichkeit echter Liebe. Ich bin mir sicher, dass es gut wäre, wenn wir alle einander etwas öfter berührten ...

Aber wir tun es nicht, weil wir meinen, körperliche Nähe dürfe es nur geben bei denen, die wir „haben" oder die uns „haben". Zugegeben, in Sachen Sex gibt es gute Gründe dafür – in Sachen nicht-begehrender, reifer und freier Berührung gibt es die aber nicht. Nur: Dahin muss man erst mal kommen. Dafür braucht es erotische Reife. Der stehen jedoch so manche Hindernisse im Wege, denen ich mich jetzt etwas genauer zuwenden möchte.

Erinnern wir uns noch mal: In der jungen Verliebtheit reißt es uns hin. Wir wollen Sex und Sex und Sex, unsere Herzen und Körper begehren danach. Das ist okay. Es ist ehrlich und wahrhaftig und echt. Der sexuellen Sehnsucht eignet in der frischen Verliebtheit eine einzigartige Unschuld und Natürlichkeit. Sex – von Verliebtheit getragen – ist etwas Wunderbares: Sex mit Seele, beseelter Sex ist eine „göttliche Sache im Leben des Sterblichen", wie Diotima sagt.

Aber sobald sich das Ich in die Verbindung von Seele und Sex mischt, fängt es an, kompliziert zu werden. Auch das ist zunächst ganz normal und gut. Denn Sex braucht geschützte und stabile Bereiche; einfach, weil Sex ein extrem intimes Geschehen ist; weil Sex als körperlicher Ausdruck des Eros eine große Macht und Energie des Lebens innewohnt. Beim Sex werden Energien frei, die es zu schützen, zu hegen und zu pflegen gilt. Deshalb ist es gut, wenn das Ich dafür sorgt, dass Grenzen errichtet und Zäune gezogen werden. Zäune, die den intimen Bereich des Geschlechtlichen schützen und vor Missbrauch hüten. Deswegen ist es gut und richtig, dass wir feste Partnerschaften eingehen und unser Sexleben in den dadurch definierten Räumen feiern. So tragen wir am ehesten dieser wunderbaren Macht des Lebens Rechnung.

So weit, so gut. Die Probleme gehen los, wenn die Verliebtheit nachlässt und von dem Komplex „Seele & Ich & Sex" ein einfaches „Ego & Sex" übrigbleibt – ohne Seele, ohne Liebe, ohne Herz. Nur Ego und Sex. Dann wird es kalt und gefährlich. Die schlechte Nachricht ist: Das passiert oft. Und was dabei herauskommt, sind Eifersuchtsdramen, Versteckspiele, Prostitution, Fremdgehen, Gewalt, Vergewaltigungen ... – immer Symptome eines Bewusstseins, das Sexualität zum Gegenstand verkürzt; zu etwas, das ich haben kann; zu etwas, das mich nicht etwa hinreißt, sondern das ich machen, besitzen und kaufen kann; zu etwas, das ich in meine Macht bringen kann – oder worin ich meine Ohnmacht erfahre; zu etwas, für das ich andere als Mittel missbrauchen kann – oder zu dem ich missbraucht werde; zu einem Gegenstand meines Willens, einer Funktion des ängstlichen, nach Macht und Habe gierenden, unerlösten Ego. Wie viel Missbrauch, Gewalt, Verletzung resultiert aus diesem lieb- und seelenlosen „Ego-Sex"-Komplex!

Die Ursache für diese Entkoppelung von Sex und Liebe liegt darin, dass viele Menschen in ihren Ich-Strukturen verhaftet sind, aus denen nicht nur die starren Bilder, wie man selbst oder der/die andere zu sein hat, entstehen. Aus ihnen entstehen auch Verlustängste und Identitätskrisen. All das gründet fast immer in alten psychischen Verwundungen oder Abhängigkeiten. Oft dienen die Ich-Strukturen vor allem dazu, diese Wunden und Verstrickungen ausblenden zu können. Deshalb fürchten viele Menschen nichts so sehr wie deren Aufweichung oder Erschütterung. Und weil nichts Ich-Strukturen so sehr erschüttert wie Eros, haben die Menschen vor diesem kleinen Knirps eine nachgerade panische Angst. Sie haben Angst vor der Liebe, da die Liebe die Ich-Strukturen unweigerlich transzendiert. Diese Angst treibt sie in einen Teufelskreis: Weil sie ihre Sehnsucht nach Schönheit, Unsterblichkeit und Einheit nicht anders als sexuell meinen befriedigen zu können (die Seele ist durch ihre Angst vor der Liebe verschlossen), gieren sie nach immer mehr Sex ohne Liebe. Die Sehnsucht aber wird so nie befriedigt, die Spirale wird nur immer enger – und der Schrei der Seele nach Liebe immer lauter.

Doch er findet kein Gehör, weil das Ich wieder einen neuen Körper suchen muss, an dem es meint, seine Sehnsüchte stillen zu müssen. Das Ich will einen Partner oder eine Partnerin haben, aber weil es aus eigener Kraft Verbundenheit herstellen und machen will, kann es keine echte Verbundenheit erfahren. Die Folge: Die Partnerin oder der Partner fühlen sich nicht gemeint; sie fühlen sich benutzt und missbraucht. Zu Recht, denn dem Ich ging es nicht um sie, sondern nur um sich selbst. Es kommt zu Trennungen, Verletzungen, Schuldzuweisungen. Irgendwann wird so die Seele krank – und der Körper folgt früher oder später.

Eines ist mir wichtig: Sex ohne Liebe ist nicht verwerflich. Es geht mir nicht um Moral. Sex ohne Liebe ist traurig, tragisch. Es tut mir in der Seele weh, das mitansehen zu müssen. Denn wer in dieser Falle sitzt, beraubt sich so sehr der Fülle und Schönheit, die das Leben für ihn bereithält. Es tut mir weh, mitansehen zu müssen, dass sich Menschen zeit ihres Lebens an der Oberfläche ihrer Seele abstrampeln und nichts ahnen von der unendlichen Schönheit und Fülle, die darunter warten. Mich erinnern solche Menschen an Schwimmer in einem südlichen Meer, die nicht wissen, dass sie nur einmal den Kopf senken müssten, um in eine Zauberwelt bunter Fische und reichen Lebens einzutauchen, durch die sie sich nichts ahnend immer schon bewegten ...

Es geht hier um Gelingen oder Misslingen – und darum, dem Leben, das wir sind, gerecht zu werden, oder eben nicht. Denn wer sein vierdimensionales Leben auf nur zwei Dimensionen beschränkt, unterbietet sich selbst, missachtet die eigene Fülle und verletzt sich. Er beraubt sich seiner Energie und Schönheit, er verbaut sich den Zugang zu seiner Seele. Das wiederum führt zu Selbstverachtung und mangelnder Selbstliebe. Es führt zur Unfähigkeit, Ja zu sagen und das Leben als sinnvoll zu erleben. Denn um Ja zu sagen und den Sinn des Lebens zu erfahren, muss man in der Liebe sein.

Neuerdings gibt es freilich Menschen, die behaupten, Sex ohne Liebe sei mitnichten ein Problem. Im Gegenteil: Es sei eine spirituelle Übung. Sex müsse rein sein, klar, bewusst – Sex nicht nur ohne Begehren, sondern auch ohne Gefühle – nur Körper und Geist sein. Sexualität als Weg, das Ich abzustreifen, die Ego-Dominanz zu brechen. Sex als eine asketische Übung, die sowohl vom Wollen des Ego als auch von den Gefühlen der Seele reinigt, um so das authentische, wahre Leben zu erschließen.

Ich sag's ehrlich, ich glaub' nicht dran. Klar kann „reiner" Sex eine gute Erfahrung sein. Klar kann es toll sein, ganz im Körper-Sein aufzugehen. So wie es auch toll sein kann, sich in einer mystischen Erfahrung mit dem göttlichen Einen eins zu wissen. Aber hier wie dort: Am tollsten ist es, bei vollem Bewusstsein, mit ganzem Herzen, mit Leib und Seele bei der Sache zu sein – auch im Bett. Und das genau ist es, wozu die erotische Lebenskunst einlädt: verliebt ins Leben zu sein, verliebt in die Menschen, denen wir begegnen; und ganz sicher auch verliebt in den- oder diejenige, mit dem oder der wir sexuelle Intimität leben und feiern wollen; aber nicht verliebt im Sinne des Klammerns, des Haben-Müssens, des Begehrens.

Sex ohne Liebe ist ein großes Unglück. Und es ist so weit verbreitet, wie es schwer behebbar ist. Die einzige Kraft, die sie zu heilen vermag, ist Eros, die Öffnung für die dritte Dimension, das Hineingleiten in die Liebe. Je tiefer wir uns fallen lassen, desto mehr wird es uns gelingen, unsere Sexualität in unser Leben zu integrieren; und zwar so, dass wir dabei immer freier werden. Wir werden dann unsere Sexualität leben, ohne uns von ihr beherrschen zu lassen. Wir werden sie bei vollem Bewusstsein und von ganzem Herzen leben – gemeinsam mit Menschen, mit denen wir uns in der Tiefe verbunden wissen und die sich dafür entschieden haben, dieser Verbundenheit körperlich Ausdruck zu verleihen.

Gleichwohl ist wahrscheinlich, dass mit zunehmendem Alter und zunehmender erotischer Reife das Bedürfnis nach Sex zurücktritt; dass andere körperliche Ausdrucksformen an die Stelle der körperlich-sexuellen Vereinigung treten. Wunderbar, nichts dagegen. Dagegen sollten wir nur etwas haben, wenn Menschen meinen, sie dürften keinen Sex mehr haben, weil sie geistig, spirituell oder sonst wie reifen wollen. Nicht zu dürfen, das hieße, etwas unterdrücken, ablehnen, verneinen. Und zwar nicht irgendetwas, sondern die fundamentale erotische Kraft des Lebens in ihrer körperlichen Erscheinungsform. Eine Lebenskunst oder Spiritualität, die uns so etwas nahelegt, richtet sich gegen das Leben, dem sie eigentlich dienen sollte. Das ist reichlich lieblos. Eine Lebenskunst der Liebe, eine erotische Lebenskunst, wählt einen anderen Weg: nicht asketische Unterdrückung, sondern Integration und Transformation.

Dann zielt die treibende Sehnsucht nach Vereinigung nicht mehr allein auf körperliche Nähe, sondern vielmehr auf seelische Verbundenheit und spirituelles Eins-Sein; die treibende Sehnsucht nach Schönheit zielt nicht mehr allein auf schöne Körper, sondern auch auf schöne Seelen und die Schönheit in allem; die treibende Sehnsucht nach Unsterblichkeit zielt nicht mehr allein auf Zeugung und Schwangerschaft, sondern auch auf das Eintauchen in das große Netz des Lebens. Sexualität wird dadurch frei und bewusst. Wir können sie feiern, statt uns von ihr treiben zu lassen. Ja, wir können ihr eine Qualität verleihen, die uns immer tiefer in die Dimension der Seele eintauchen und Sex zu einer achtsamen und liebevollen Praxis reifen lässt. Unsere Sexualität wird damit immer bewusster, sie wird zu einem Fest des Lebens, das wir mit denjenigen Menschen teilen, mit denen wir uns in der tiefsten Tiefe unserer Seelen verbunden wissen.

Sehnsucht macht
das Ego mürbe

Denn so, wie die Liebe dich krönt,
kreuzigt sie dich.
So wie sie dich wachsen lässt,
beschneidet sie dich.
So wie sie emporsteigt zu deinen Höhen
und die zartesten Zweige liebkost, die in
der Sonne zittern,
steigt sie hinab zu deinen Wurzeln
und erschüttert sie
in ihrer Erdgebundenheit.

Khalil Gibran

Ich danke dir für deine glühende Verteidigung des Ich. Mir gefällt, dass du darauf bestehst, die von unserer westlichen Kultur begründete Wertschätzung der Individualität nicht leichthin aufzugeben. Mir gefällt, dass du die Rationalität des Verstandes, das Wollen der praktischen Vernunft als hohe menschliche Qualitäten preist, die nicht einfach dem Herzen, dem Eros, der Seele geopfert werden sollten. Auch deine Zweifel an allen spirituellen Wegen, die uns die „Überwindung des Ich" als Königsweg zum Glück nahelegen, kann ich teilen. Deswegen ist es mir auch so wichtig zu unterstreichen, dass der Weg des Eros gerade nicht darin besteht, das Ich zu eliminieren. Im Gegenteil: Die große Herausforderung auf dem Weg des Eros ist die Integration des Ich. Das Ich muss nicht überwunden werden – überwunden werden muss allenfalls eine einseitige Fixierung auf das Ich (bei der das Ich zum Ego wird). Und auch sie muss nicht so sehr überwunden, als vielmehr transformiert und integriert werden; ganz so wie die eindimensionale Fixierung auf die Sexualität in der Dimension des Körpers.

Wie also transformieren wir unsere Fixierungen auf das Ego? Wie integrieren wir das Ich in ein stimmiges, gutes Leben? Durch Eros. – Nur: Wie geht das?

Schauen wir uns dafür noch einmal näher an, was es mit dem Ich auf sich hat. Das Ich ist – wie wir Philosophen sagen – ein Konstrukt. Es ist gemacht. Es ist das Bild von dir selbst, das du dir selbst geschaffen hast – teils bewusst, teils unbewusst. Es ist die Stimme in dir, die im Chor deiner inneren Stimmen die Oberhand gewonnen hat und diese Oberhand nun behalten will. Das Ich ist eine Kraft in dir, die immer auf Stabilität aus ist und sie dadurch erlangt, dass es sich definiert – von lateinisch *definere* = Grenzen ziehen. Du identifizierst dich mit dem von dir eingegrenzten – definierten – Teilbereich (= Oberfläche) deiner Seele und meinst nun, diese Grenzen verteidigen zu müssen. Klar, denn an ihnen hängt nun deine Identität. Dein Ich existiert also nur dadurch, dass es sich definiert und darin all das ausgrenzt, was nicht in sein Selbstbild passt, auch das, was in der Tiefe der Seele ebenso zu dir gehört; auch dein nicht gelebtes Potenzial.

Das ist, wie gesagt, für sich genommen unproblematisch. Nicht das Ich ist das Problem. Das Problem – beziehungsweise der Fallstrick – liegt allenfalls dort, wo das Ich sich als Ego, also als alleinige Wirklichkeit des Lebens, aufspielt; wenn die Oberfläche des Würfels beansprucht, nicht nur Fläche, sondern selbst der ganze Würfel zu sein; und wenn sie dabei auch noch behauptet, dass es die Dimensionen von Raum und Tiefe überhaupt nicht gibt. So zu leben heißt, in der Unwahrheit zu leben. Denn die Fläche ist nun einmal nur die Fläche eines Körpers; und ein Körper ist nur in dem ihn umgebenden Raum. So zu leben heißt, sich die Chance zu nehmen, zur Blüte des Lebens zu reifen – zu Schönheit, Kraft und innerem Glanz zu gelangen. So zu leben heißt, das in uns angelegte Potenzial zu Glück und Weisheit, zu Erfüllung und Liebe zu vergeuden.

Und – was das Dramatischste ist – so zu leben heißt, in Angst und Schrecken zu leben. Denn das Ich hat ständig Angst. Deshalb ist Angst auch das sicherste Kennzeichen für die Dominanz des Ich. Ängstliche

Menschen sind fast immer Menschen, die ganz von ihrem Ich dominiert sind und das Bewusstsein für ihre Seele, ihr Herz, das Sein in der Liebe verloren haben. – Warum? – Weil das Ich ständig von der Sorge getrieben ist, seine Identität und Kontrolle zu verlieren, die mühsam erzwungene Stabilität aufzugeben und die Habe und Bleibe, die ihm heilig sind, aufgeben zu müssen. Das verursacht dauernden Stress, das macht krank, das raubt uns unsere Energie.

Kein Wunder also, dass es viele Menschen gibt, die sich nicht oder nicht mehr verlieben wollen; die zwar lieblose sexuelle Freizeitaktivitäten zur Anspannung oder Entspannung ihres Ich schätzen, nicht aber das grenzensprengende In-der-Liebe-Sein. Schlicht, weil der subversive Eros nicht in ihren Karriereplan passt; oder weil sie einfach Angst haben vor seiner unkontrollierbaren Dynamik. Lieber verwenden sie ihre Lebensenergie darauf, ihrem Selbst-Bild zu entsprechen. Die Kraft ihres Willens richten sie allein darauf, dieses Bild ins reale Leben zu übersetzen. Da ist es nur hinderlich, wenn ihnen ein Mensch über den Weg läuft, der sie wirklich hinreißt.

Es gibt jedoch eine Art inneres Ablenkungsmanöver, das weit verbreitet ist: ein „Sich-Verlieben" in Menschen, von denen man von Anfang an weiß, dass eine Beziehung mit ihnen nie funktionieren wird – sei es wegen der äußeren Umstände, sei es wegen der charakterlichen Dispositionen. Die Strategie, sich in solche Frauen oder Männer zu „verlieben", von denen man weiß (oder doch wissen könnte), dass eine wirkliche Verbindung nie möglich sein wird, taugt aber nicht fürs Leben. Sie mag zwar zu einer gewissen Stabilität führen, aber untergründig verhindert die Angst des Ich, sich wirklich hinzugeben und in den Ozean der Liebe fallen zu lassen. Also bleibt man am Ufer stehen und bildet sich ein, im Ozean schwimmen zu können, obwohl man doch weiß, dass man es nie tun wird. Das ist kein guter Zustand. Das raubt jede Energie. Es ist wie ein Traum des Ego, mit dem es sich über das Elend seines selbst geschaffenen Gefängnisses hinwegtäuscht und -tröstet. Und so gehen die Jahre ins Land – nichts geschieht, nur die Verbitterung und Enttäuschung über das nicht gelebte Leben nisten sich immer mehr in einem ein.

Dann ist es an der Zeit, dass das Ego aufwacht. Und das Schöne ist, dass die Seele Mittel und Wege dafür ersonnen hat. Allen voran die Sehnsucht. Vielleicht kennst du das: Irgendwann schleicht sich unverrichteter Dinge die Sehnsucht in dein Herz. Du spürst sie, aber wenn deine Freunde dich fragen, wonach du dich sehnst, kannst du es nicht sagen. Da ist einfach nur Sehnsucht. Da ist einfach nur die Seele in dir, die dich daran erinnert, dass Leben mehr ist, als die Pläne deines Ich zu verfolgen und dem Bild zu entsprechen, das du dir von dir selbst gemacht oder von anderen übernommen hast. Die Seele schickt dir diese erotische Sehnsucht, weil sie zu sich selber kommen möchte. Sie sendet ein Angebot an dein Ich und lädt dich ein, dich einfach hinreißen zu lassen, dich hinausziehen zu lassen über dein Selbstbild – hin zu dem, was du eigentlich bist.

Auf den Wegen der Sehnsucht schleicht sich Eros in dein Leben. Und nun muss sich entscheiden, ob du ihm gewachsen bist. Ob du seinem Ruf zu folgen vermagst oder doch lieber daran glaubst, deine fixen Ideen den Signalen deiner Seele zum Trotz verwirklichen zu müssen.

Aber was hieße es, der Sehnsucht zu folgen? Wohin wird sie dich führen? Ist sie nicht gefährlich? Oh ja, das ist sie! Und es ist keine leichte Übung herauszufinden, ob das, was dein Wünschen und Sehnen erfüllt, wirklich die Sehnsucht deiner Seele und nicht doch eher das Wollen deines Ich ist. Du kannst mir glauben, dass ich seit Jahrzehnten daran herumlaboriere und nicht wirklich behaupten kann, die Sehnsucht der Seele und das Wollen des Ich immer gut auseinanderhalten zu können.

Wie gut ist es dann, Freunde oder Partner zu haben, mit denen du dich verständigen kannst. Es ist nicht der kleinste Segen einer guten Partnerschaft, dass du darin einen Menschen an deiner Seite hast, der dich wie kein anderer kennt. Und der ein sicheres Gespür dafür hat, was echt an deinem Wünschen ist, was aus der Seele kommt – und was nicht. Freunde und Freundinnen, Partner und Partnerinnen sind unsere besten Coaches und Trainer, wenn es dazu kommt, den *way back into love* – den Weg zurück in die Liebe – zu finden. Denn sie wissen noch, wie wir uns anfühlten, als wir einst in der Liebe waren. Und selbst wenn sie sich dessen nicht bewusst sein sollten, diesen Geschmack deines liebenden Herzens haben sie nie vergessen. Sie kennen die Richtung, und deswegen können sie dir dabei helfen, deinen Weg zu finden.

Damit meine ich nicht, dass der Weg der Transformation des Ich zurück in die Pubertät führt. Es geht nicht darum, noch einmal 17 oder 20 zu sein. Im Gegenteil: Es geht darum, endlich erwachsen zu werden, endlich in die Verantwortung für das eigenen Leben zu kommen; endlich mit dir selbst in Kontakt und Verbindung zu treten – mit deiner Seele; mit dem, der du in Wahrheit bist.

Noch einmal: Die Sehnsucht des Eros nach der Einheit zeigt sich in der Dimension des Ich als Wunsch nach verlässlicher und verbindlicher Partnerschaft. Dieser Wunsch ist wahr und gut. Ganz wie auch Partnerschaften wahr und gut sind. Denn sie stiften eine Verbindung zwischen Menschen, die es erlaubt, dass sie Wandlungsprozesse wagen; sie schaffen einen geschützten Raum, der sie wissen lässt, dass nicht gleich alles zusammenbricht, wenn sie die Angst ihres Ich überwinden und sich auf die Seele und deren sehnsuchtsvollen Eros einlassen. Das ist der große Segen erwachsener und gewachsener, reifer Partnerschaften.

Aber diese Partnerschaften sind selten. Und gar zu oft stehen sie, die doch den geschützten Raum für echte Transformation und Entwicklung bereithalten könnten, einem wirklichen Wandel im Wege. Denn gar zu oft wollen die Partner gerade nicht den Wandel, weil sie die Entwicklungsschritte des anderen fürchten wie der Teufel das Weihwasser. Dann klammern sie sich ans Bekannte, Bewährte, Bestehende. Dann fängt die Liebe an zu kleben. Dann beginnt ein Strampeln und Zerren, ein Hauen und Stechen. Und der Eros stiehlt sich davon.

Es ist ein Drama: Wie kostbar sind feste Beziehungen für unser Fortkommen durchs Leben! Wir schön könnten sie sein, wenn wir uns in ihnen offen, aufrecht und wahrhaftig begegnen könnten! Wie gut täte es uns, würden wir unsere Partner nicht zur Bestätigung und Fixierung unseres Ich missbrauchen, sondern sie einladen, die Motoren unserer Entwicklung zu sein! Es gäbe weniger Trennungen, weniger Zombie-Partnerschaften, weniger Gewalt im Schlafzimmer. Es könnte so einfach sein. Aber das Gegenteil ist der Fall.

Und dann bleibt es nicht mehr aus, dass die innere Entwicklung, die Loslösung von unseren Ich-Mustern und Selbstbildern, nur dann noch geschieht, wenn der Eros von außen auf uns zukommt; wenn sich die Sehnsucht, die wir nicht sehen wollten, ein leibhaftiges Gesicht gibt – ein schönes Gesicht, das uns anlächelt und dessen Lächeln uns Ganzheit und Glück verspricht, ein verführerisches Gesicht, in das wir uns verlieben. Dann gehen wir fremd und leisten uns Affären. Auch das ist kein Drama, wenn es uns gelingt, die Affäre als Chance zur inneren Reifung zu nutzen und sie nicht – wie zuvor schon die Partnerschaft – in ihrem Ich-transzendierenden Potenzial zu ignorieren.

Krisen brechen
Krusten auf

Ich bin von Tag zu Tag immer mehr davon überzeugt, dass unsere Krisen wahre Geschenke sein können.

Eva-Maria Zurhorst

Niemandem von uns bleiben Krisen erspart. Irgendwann liegst du nachts wach, und eine Stimme in dir sagt: „So geht es nicht weiter. Du musst dein Leben ändern." Etwas in dir weiß das. Dieses Etwas ist das, was ich deine Seele nenne. Sie ist es, die sich in deinen dunklen Stunden zu Wort meldet; weil sie weiß, dass du – Ich – von deinem Weg abgekommen bist. Sie spürt das Leiden, das du – Ich – so hartnäckig von deiner Oberfläche verdrängst; weil sie dich – Ich – zurück zu sich bringen möchte, dich in Kontakt bringen möchte mit dir selbst, dich eintauchen lassen möchte in ihr Element, das die Liebe ist.

Wenn du nachts wach liegst und eine Stimme in dir sagt, „So geht es nicht weiter", dann kannst du sicher sein, dass deine Seele dich ruft. So wie sie schon längst in der stillen Sehnsucht deines Herzens zu dir gesprochen hatte. Doch du überhörtest ihr Flüstern. Deshalb wird sie lauter. Und wenn sie lauter und lauter wird, wäre es wohl nicht verkehrt, ihrem Ruf zu folgen und sich ernsthaft darum zu bemühen herauszufinden, was schiefgelaufen ist und wie du zurückfindest zu dir. Wie du es anstellen kannst, wieder bei dir zuhause zu sein. Denn du bist es wert, bei dir zuhause zu sein, wie der Eskimo-Schamane, Angaangaq sagt: zuhause in der Liebe.

Aber tust du das? Ich habe es lange Zeit nicht getan; glaubte, den Vorstellungen meines Ich folgen und die Selbstbilder realisieren zu müssen, die ich von mir hatte. Also kamen die Krisen. Wie sollte es anders sein? Wenn ich dauernd gegen meine eigene Seele agiere, kann das nur in die Krise führen. Wobei der Krisen viele sind. Die gängigsten sind Krankheiten, Jobverlust, Affären, Beziehungsstress. Schlimmstenfalls alles auf einmal. Und trotzdem – auch wenn ich es manchmal nicht mehr hören kann – steckt in jeder dieser Krisen eine Chance, die Chance, die Krusten des Ich aufzubrechen, innezuhalten, in die Tiefe der Seele zu gehen, die Chance zum *way back into love*.

Denn tatsächlich: Der Ausweg aus jeder Krise heißt Liebe. „Liebe dich selbst und freu dich auf die nächste Krise" heißt ein Buch meiner Freunde Eva-Maria und Wolfram Zurhorst. Der Titel trifft den Nagel auf den Kopf: Finde zurück in die Liebe, und die Krise wird für dich zum Tor – zum Tor, das dir den Weg nachhause öffnet; zu dir, zu deiner Heimat, in der du erblühen und glücklich sein kannst.

Nur, wie geht das? „Liebe dich selbst", das ist leichter gesagt als getan. Zumal dann, wenn die anderen einen gerade nicht lieben: Wenn du deinen Job verlierst, es in der Arbeit nicht läuft, deine Partnerin eine Affäre mit einem anderen Typen beginnt, du niedergeschlagen und depressiv bist, der Burn-out mit eisiger Hand nach dir greift, ein Tumor in dir wächst. Wie um alles in der Welt kannst du dich da lieben? Einfach so? Wie findest du deinen *way back into love*, wenn von Liebe weit und breit nichts zu sehen ist, sondern nur Ärger, Stress, Frust, Kummer, Krankheit?

Eine einfache Antwort darauf habe ich nicht. Aber vielleicht kann man doch sagen, dass es üblicherweise drei Wege gibt, die Menschen offenstehen, wenn die großen Krisen des Lebens an ihnen rütteln: der spirituelle Weg, der psychologische oder psychotherapeutische Weg, der erotische Weg. Die ersten beiden sind tausendfach beschrieben, es gibt sie in tausend Varianten. Der erotische Weg hingegen ist meist in Vergessenheit geraten. Wenn ich mich auf ihn konzentriere, dann nicht, um die anderen beiden Wege in Misskredit zu bringen. Ich glaube, wir brauchen alle drei Wege. Wobei dem erotischen deshalb eine besondere Bedeutung zukommt, weil er die Lebensenergie in uns auf besondere Weise aktiviert.

Die psychologischen oder therapeutischen Wege haben ihre große Stärke darin, dass sie unser Inneres aufräumen. Sie lenken unseren Blick auf die Verstrickungen und Verschattungen, die jeder mit sich trägt. Sie suchen deren Ursprünge und bringen so Klarheit über die Faktoren, aus denen sich unser Ich entwickelt hat. Und indem sie diese Faktoren ins Bewusstsein rufen, verlieren diese ihre Macht über uns. Wir sind dann nicht mehr Spielbälle unserer eigenen Geschichte und der in uns wirksamen untergründigen Energien, sondern werden langsam, aber sicher Herr im eigenen Haus. Darin liegt die Chance, das innere Gleichgewicht wiederzugewinnen. Das Ich wird stimmiger – es arbeitet nicht länger gegen die Seele, wenn es seine Schatten integriert und seine Verstrickungen löst. So können wir auf diesen Wegen auch dahin kommen, den Ruf unserer Seele wieder klarer zu vernehmen und zur Blüte unseres Lebens zu finden. Psychologie und Psychotherapie, um es in unserem Bild zu sagen, haben ihre Stärke darin, dass sie die Ich-Oberfläche unserer selbst durchsichtig machen bzw. dass sie uns zu Bewusstsein bringen, dass diese Oberfläche oft nichts anderes als die Projektionsfläche dessen ist, was unbewusst in unserer Seele schlummert. Und das ist für ein gelingendes und erfülltes Leben äußerst wichtig.

Psychologie und Psychotherapie klären das Ich auf und schaffen damit eine gute Voraussetzung, um den Weg in die Liebe zu bahnen. (Sicher kein Zufall, dass in psychologischen oder therapeutischen Kursen so viele Liebesgeschichten ihren Anfang nehmen ... ☺ Je undurchsichtiger unsere Ich-Krusten, je fester unsere Verstrickungen und je hartnäckiger unser Schatten, desto mehr brauchen wir diese Arbeit.

Aber allein damit ist es nicht getan. Denn oft bleiben wir auf diesem Weg doch an der Oberfläche unseres Ich zurück, das sich nun zwar besser versteht und virtuos über seine Probleme zu reden vermag – das sich aber dennoch nicht fallen lassen kann: hinein in die Liebe, hinein ins Herz. Es braucht dafür noch mehr. Es braucht die Empfänglichkeit für den Eros, das Hineinfallen in die Liebe, das Bewusstwerden unserer Verbundenheit mit allem.

Wenn die Krisen uns schütteln, sind psychologische und therapeutische Wege sicher richtig. Denn sie schaffen die Voraussetzungen für diese Empfänglichkeit. Aber sie allein bringen unsere Zellen nicht dazu, zu vibrieren und zu pulsieren. Dafür braucht es mehr.

Ähnlich ist es mit den spirituellen Wegen. Auch sie sind wichtig. Denn sie bahnen uns den Weg aus der Fixierung aufs Ich hinaus in die vierte, mystische Dimension unseres Lebens: die Dimension des Geistes, des Göttlichen, des Unendlichen. Und weil sie uns die Erfahrung des Unendlichen und Göttlichen erschließen, öffnen sie uns auch den Zugang zu dieser unendlichen, grenzenlosen Liebe, die die eigentliche Qualität des Göttlichen ist. Ob dies nun durch das Herzensgebet, das Sitzen in der Stille, den Drehtanz der Sufis, die Schwitzhüttenzeremonie, die Pilgerschaft, Niederwerfungen oder die Feier der Heiligen Kommunion geschieht, ist dabei nebensächlich: Stets geht es darum, uns aus den beschränkten Grenzen unseres Ich hinauszutragen in die Dimension des Göttlichen, der sich all unser Sein und Leben verdankt – und die wir (in der vierten Dimension) zuletzt immer (auch) sind.

Jeder Mensch, der einen dieser Wege geht, weiß von dem Zauber, der ihnen innewohnt. Wer je das Eins-Sein mit dem Göttlichen und Unendlichen schmeckte, wird dies nie vergessen. Er trägt fortan diesen Geschmack auf seinen Lippen, der ihn ahnen lässt, was seine Seele erwartet, wenn sie den Beschränkungen von Raum und Zeit entkommen ist; wenn unser individuelles Dasein auf Erden endet und von den ehemals vier Dimensionen nur noch eine oder zwei übrigbleiben. Das ist auch der Grund dafür, dass spirituelle Wege wie etwa Zen zu Recht in Aussicht stellen, Erfahrungen zu eröffnen, die uns die Angst vor dem Tode nehmen, indem sie uns zu einem „transpersonalen" Bewusstsein leiten.

So haben es viele spirituelle und mystische Schulen auf je unterschiedliche Weise über die Jahrhunderte vermocht, Wege und Praktiken zu entwickeln, die unsere Ich-Fixierung auflösen und uns eine innere Freiheit im Verhältnis zu uns selbst vermitteln – was oft heilsam und hilfreich in Krisen ist, die letztlich durch das Festklammern an unseren Selbstbildern, unser Haben-Wollen und Begehren verursacht wurden. Spirituelle und mystische Erfahrungen gewähren uns ein erstaunliches Maß an Freiheit – vor allem Angstfreiheit –, aber sie entzünden oft nicht in uns das Feuer des Herzens, der leidenschaftlichen Liebe. Es sei denn, sie verbinden sich mit dem erotischen Weg.

Therapeutische und spirituelle Antworten sind gut und richtig, wenn die großen Krisen des Lebens an uns rütteln. Aber wenn wir sie nutzen wollen, um durch sie hindurch zu unserer eigenen Blüte zu reifen, dann müssen wir sie um den erotischen Weg ergänzen – und zwar den des reifen, erwachsenen Eros, dem es nicht um das Haben des Ich, sondern um das Sein der Seele geht. Therapeutische und spirituelle Praktiken und Übungen sind kostbar, doch wirklich in den Dienst des Lebens nehmen wir sie erst, wenn sie von der erotischen Energie des Herzens befeuert werden. Deswegen ist es so wichtig, die Krisen des Lebens als Chancen zu verstehen, den Weg in die Liebe, ins Herz zu finden und dem Eros in dir Raum zu geben.

Aber noch einmal: Wie machen wir das? Eros flüstert dir zu als Sehnsucht: „Komm, komm; komm zu dir; komm in die Liebe; komm nachhaus!" Nur hören wir ihn oft nicht. Selbst wenn wir ihn hören, hören wir ihm nicht zu. Und selbst wenn wir ihm zuhören, wissen wir nicht, wo unser Zuhause ist. Dann kommt die Krise und zeigt dir immerhin eines: „Das hier ist nicht dein Zuhause. Du musst dein Leben ändern!" – Dann ist es an der Zeit, endlich diesem Ruf zu lauschen, auf Empfang zu schalten, innezuhalten in der Oberflächendynamik, um in die Tiefe zu gehen und dich auf oder in die Liebe einzulassen.

Du bist beruflich unzufrieden. Dein Job frisst dich auf. Du wirst gemobbt, gefeuert. Der Erfolg bleibt aus. Du bist ausgebrannt. Und nun? Halte inne. Komm zu dir. Such die Stille. Dort hörst du das Flüstern des Eros. Er flüstert als Sehnsucht oder als Erinnerung. Was war es doch? Wovon träumtest du einst? Was wolltest du werden, als du noch zur Schule gingst? Was begeistert dich auch heute? Was macht dir Freude? Was geht dir leicht von der Hand? – Du hast alle Antworten in dir. Und du weißt es. Nur mag das Ich sie ungern hören. Doch wenn du Eros in dir sehnsüchtig sein lässt, dann wirst du sie vernehmen. Dann kann er dir den Weg aus der Krise weisen und dich befeuern, antreiben – mit Lust und Leidenschaft versehen, wie es kein Therapeut und kein spiritueller Meister vermag. Dann kannst du beherzt voranschreiten – verliebt in die Vision und den Traum, der dich leitet. Angezogen von seiner Schönheit, die dich hinreißt – und heraus aus der Krise.

So einfach könnte es sein – könnte es sein, wenn wir bereit wären, einmal still und empfänglich zu werden. Die Alten waren klug, dass sie ihre Leute in die Stille und Einsamkeit schickten, um dort ihre Vision zu suchen. So etwas täte uns immer noch gut – jedenfalls besser als das neununddreißigste Coaching, Persönlichkeitstraining oder was sonst alles ein gutes Gefühl macht, am Ende aber die alten Muster und Bahnen des Ich nicht sprengt, weshalb wir doch immer so weitermachen wie gehabt, gefangen in den Kreisläufen unserer Vorstellungen, Gewohnheiten, Selbstbilder, Wünsche, Sicherheitsbedürfnisse. All das überschattet dann die Lock- und Warnrufe der Seele, die in der Mitte des Lebens auftauchen. Und so schneiden wir uns von der erotischen Energiequelle ab. Ja, das Ich hat eine große Schere in der Hand: Es liebt es, zu ent-scheiden, Ur-teile zu fällen – und sich dadurch den Eros vom Halse zu halten.

Wie gut also, dass es trotz allem die Sprengkraft des Eros gibt. Denn nichts und niemand vermag das Ich so gut zu transzendieren und in das Größere der Seele zu integrieren wie die Erfahrung des Verliebtseins und In-der-Liebe-Seins. Denn Eros hat die Kraft, uns über die Grenzen des Ich hinauszuziehen: Locker und gnadenlos setzt er sich über die Grenzen hinweg, die ich mir mit meinem Ich gesetzt hatte. Er radiert meine fixen Ideen aus, er flattert munter über die Zäune hinweg, mit denen ich die Benutzeroberfläche meines eigenen Lebens definiert hatte.

Für das Ich ist Eros meistens der Gau – die totale Krise. Für die Seele hingegen ist er ein Fest. Denn in die Liebe zu fallen heißt immer auch: aus der Dominanz des Ich in den weiten, offenen Raum der Seele zu fallen. Die Herrschaft des Ego ist dann gebrochen. Und das Leben kommt wieder in Fluss. Doch das Ego fürchtet ein offenes Herz, weil das Verlieben ins Leben ihm die Kontrolle entzieht. Hingabe und Ausliefern sind nicht seine Sache. Denn wenn ich mein Herz öffne und in die Liebe falle, mache ich mich, wie Hölderlin sagte, wehrlos. Und das mag das Ego gar nicht. Aus Sicht des Ego ist Eros subversiv.

Der subversive Eros – das ist ein großes und gefährliches Thema. Denn seien wir ehrlich: Jeder, der in einer festen Beziehung lebt, fürchtet ihn. Klar: Wo wir uns mit unseren Ich-bedingten Sicherheits- und Identitätswünschen in unseren Partnerschaften und Beziehungen eingerichtet, wo wir unsere sexuellen Sehnsüchte in Besitzverhältnissen organisiert haben, da ist der subversive Eros eine Schreckensvorstellung. Nicht ohne Grund, denn die Welt ist voller Geschichten, die davon erzählen, was für Unheil er anzurichten vermag. Deswegen muss sich genau da eine erotische Lebenskunst bewähren: da, wo sie das befreiende, Fixierungen lösende, Verkrustungen aufbrechende Potenzial des Eros aufnimmt; wo sie sich wehrlos macht und dabei doch das Ich integriert, dass es stimmige und passende Formen ausprägen kann, in denen wir unserem Verliebtsein ins Leben – und in andere Menschen – Gestalt geben können.

Gefahrlose Liebschaften

Denn sind nur reinen Herzens
wie Kinder wir, sind schuldlos unsere
Hände.

Friedrich Hölderlin

„Wie kann das gehen? Wie kann es uns gelingen, in erotischen Beziehungen zu leben, die nicht vom Ich und seinem Wunsch nach Haben und Besitzen beherrscht werden? Wie kann uns das gelingen, ohne Eifersuchtsdramen, Ehekrisen, Selbstzerfleischungen etc. auf uns herabzurufen?" – Deine Fragen sind auch meine. Sie treiben mich seit langem um. Wieder und wieder. Denn es passiert einfach: Du begegnest jemandem und verliebst dich – obwohl du es nicht willst, obwohl du dich so erfolgreich abgelenkt hattest, obwohl du so geschäftig und beschäftigt bist, obwohl du keineswegs deine Beziehung gefährden wolltest. Aus dem Nichts trifft es dich. Du fällst in die Liebe – stolperst, stürzt. Verflixt. Was nun?

Ich habe dazu eine These: Wenn Eros in unser Leben tritt, dann ist es immer gut. Sich zu verlieben ist immer ein Geschenk, das uns das Leben macht. Nur – wie bei allen echten Geschenken – kommt es darauf an, dass wir uns seiner würdig erweisen, dass wir ihm gewachsen sind. Und das ist meistens nicht der Fall. Jedenfalls ist es immer dann nicht der Fall, wenn wir es versäumt haben, erotisch erwachsen zu werden, und deshalb nicht in der Lage sind, souverän und frei mit dieser unerwarteten Verliebtheit umzugehen, sie in unser Leben zu integrieren.

Wohl dem hingegen, der die erotische Schule des Lebens schon ein Stück durchlaufen hat! Er wird nicht überrumpelt, wenn Eros zum Stelldichein bittet. Denn wer schon einen gewissen Grad erotischer Bewusstheit erreicht hat, wird fähig sein, sich frei in seiner Verliebtheit zu verhalten. Er wird sich nicht von ihr verwirren lassen, auch wenn sie einem hinreißenden Menschen gilt, sondern die innere Freiheit behalten, diese Verliebtheit daraufhin zu befragen, was sie zu sagen hat; sie als Wink zu deuten, der die Richtung weist, in die er sich entwickeln kann.

Warum? Weil der Mensch, in den ich mich verliebe, mir genau zeigt, wonach meine Seele dürstet und was mir fehlt. Er lebt etwas, das in mir noch nicht entwickelt ist. Ob er diese Eigenschaften nun real hat oder ob ich sie einfach auf ihn projiziere, ist dabei zweitrangig. Dem Eros geht es ums Ganze, um Vollständigkeit. Er sucht sich im Außen, was im Inneren fehlt. Es geht ihm ums Gleichgewicht. Und so verrät er uns viel über unsere Seele und ihre Bedürftigkeit. Es kommt nur darauf an, diesen Wink zu verstehen und sich vom Eros in die eigene Seele mitnehmen zu lassen: Warum geschieht das gerade jetzt? Was hat sie oder er, das ich nicht habe? Ich muss nur bei der neu auftauchenden Person genau hinschauen, um zu merken, wohin ich mich auf meinem Weg zur Reife entwickeln soll. Oft genug hat eine solche Situation meiner Partnerschaft zu neuem Schwung, neuer Energie und neuem Bewusstsein verholfen.

Wenn ich mich als Mann in eine zwanzig Jahre jüngere Frau verliebe, sollte ich mich fragen, welche Lebendigkeit mir abhanden gekommen ist, dass ich sie mir nun von außen holen muss. Möglicherweise werde ich dann feststellen, dass nicht Verbundenheit und Liebe mich bewegen, sondern allein das Ich mit seinem Wunsch nach Bestätigung. Sollte das so sein, dann sind Affären eine traurige Posse; dann fehlt der echte erotische Bezug zum Leben, und der Eros bleibt unentwickelt.

Aber was wird dabei aus dem Geliebten? Was wird aus der, mit der wir in die Liebe fallen? Er/sie ist doch mehr als nur ein Wegweiser, der uns unsere Bedürftigkeit spiegelt. Er/sie ist doch ein Mensch, mit dem wir uns zutiefst verbunden fühlen – und es sicher auch sind, denn sonst gäbe es keine Erklärung dafür, warum gerade er/sie uns so deutlich das spiegelt, wessen wir ermangeln – und nicht irgendjemand anderes. Zumal dann, wenn die Liebe wechselseitig ist.

Genau so ist es, deshalb sieht ein erwachsener, verantwortungsvoller Umgang mit einer solchen unverhofften Verliebtheit auch nicht so aus, dass wir die Daten des anderen auswerten und dann fröhlich unserer Wege gehen. Im Gegenteil: Wir heißen Eros willkommen und versuchen, der Verliebtheit, die uns verbindet, eine stimmige Form zu geben; eine Form, die zu unserem Leben passt, die es erlaubt, diese wunderbare Liebe, die uns geschenkt ist, so in unser Leben zu integrieren, dass sie uns kräftigt und stärkt.

Und das ist möglich. Absolut. Denn wenn wir in unserer erotischen Reife voranschreiten, tritt das Begehren zurück. Es geht uns nicht mehr so sehr darum, Sex zu haben, sondern Liebe zu sein. Wir müssen unseren Geliebten nicht mehr auf der Ich-Ebene an uns binden, weil wir uns jetzt mit ihm in der Seele verbunden wissen. Gewiss braucht es dafür seelische Reife; und ebenso gewiss ist, dass wir die seelische Reife in dem Maß erlangen, in dem wir in der Liebe sind – uns unserer selbst bewusst sind und all das Unerlöste und Hungrige durch das große Ja zu uns selbst integrieren. Je freier wir im Umgang mit uns selbst werden, desto freier werden wir im Umgang mit anderen. Wenn wir wirklich mit uns im Reinen sind, können wir uns in andere Menschen verlieben – nicht weil sie einen unerkannten Mangel in uns kompensieren, sondern weil wir uns unserer tiefen Verbundenheit in der seelischen Dimension bewusst sind.

Beziehungen, die in diesem Bewusstsein gelebt werden, sind erotisch und leidenschaftlich, aber doch frei vom Haben und Wollen. Wir können sie leben, ohne damit die Ehe oder Partnerschaft, für die wir uns entschieden haben und die unserem Leben Halt und Stabilität gibt, gefährden zu müssen. Im Gegenteil: Wir können sie leben, und sie werden uns und unsere Partnerschaften befruchten, inspirieren, intensivieren.

Aber was heißt das konkret? Nun, zunächst einmal, dass ich zu meiner Verliebtheit stehe. Ich nehme sie an, verdränge sie nicht. Ich gestehe sie mir ein, ich gestehe sie demjenigen, dem meine Liebe gilt – ja, vielleicht gelingt es mir sogar, sie meinem Partner einzugestehen.

Wenn ich mir wirklich meiner selbst sicher bin und weiß, dass ich diese Verliebtheit verantwortlich und souverän handhaben kann, wäre das jedenfalls eine Option; vorausgesetzt, dass mein Partner selbst weit genug in der erotischen Reife vorangeschritten ist, um die Chance zu erkennen, die auch für ihn oder sie darin besteht, wenn Eros in das Leben seiner/ihres Liebsten zurückkehrt – und frei ist von der Eifersucht des Ich, das sich zurückgesetzt fühlt und sich nicht vorstellen kann, die ersehnte Stabilität der Beziehung auch dann zu erhalten, wenn ein anderer Mensch ins Leben des Partners getreten ist. Das klingt utopisch und kaum machbar, ist aber möglich, wenn wir wirklich souverän sind und innere Klarheit darüber haben, wo unsere Prioritäten liegen – wenn wir uns klar darüber sind, dass unsere Ehe oder Partnerschaft eine Tiefe der Verbundenheit erreicht hat, die weiter trägt, als es jede andere Verliebtheit je zu leisten vermag.

Offenheit, Klarheit, Transparenz, getragen von tief gefühlter, begehrensfreier Liebe und innigem Vertrauen auf die seelische Verbundenheit zu Partner(in) wie Geliebtem/r, das wäre das Gebot der Stunde, wenn Eros uns Kapriolen schlägt, und – was die Sache erschwert – das nicht nur bei mir, sondern auch bei allen anderen Beteiligten. Gäbe es in unserer Kultur so etwas wie eine erotische Bildung, es wäre nicht unmöglich. So aber müssen wir uns eingestehen, dass die Chancen nicht gut stehen, mit „Affären" dieser Art auf eine gute und erwachsene Weise umzugehen. Und was nun? Doch dichtmachen?

Nein, noch einmal: Wenn Eros kommt, verdient er es, begrüßt zu werden. Spürst du, dass ein Begehren, ein Haben-Wollen deines Ich sich ausbreitet, dann bist du gut beraten, Abstand zu nehmen, in dich zu gehen und hinzuschauen, welche Sehnsucht dieser Mensch in dir anspricht; dann solltest du Klarheit über deine Leidenschaft gewinnen. Wenn dir das nicht gelingt, gibt es nur zwei Möglichkeiten: Du begehst eine Dummheit oder du machst dich aus dem Staub. Beides suboptimal.

Gelingt es dir aber, in die Verantwortung für das Geschenk des Eros zu gehen, dann solltest du klären, wie dein Geliebter/deine Geliebte damit zurechtkommt, dass du zwar in ihn/sie verliebt bist, aber keine „feste Beziehung" haben musst oder willst. Du solltest mit ihm/ihr offen, ehrlich, liebevoll erwägen, ob – und wenn ja wie – ihr eurer Liebe eine Form geben könnt, die für jeden von euch passt; so, dass sie sich in euer Leben integrieren lässt, ohne zerstörerisch zu sein. Wenn das gelingt: Herzlichen Glückwunsch! Wenn nicht: Ja zur Tragik, Ja zum Abschied. Alles andere würde noch mehr Leid produzieren.

Nur wenigen Menschen gelingt es, diese innere Reife, dieses Verantwortungsbewusstsein zu entwickeln. Wie sollte es anders sein? Niemand hat uns je erklärt, dass so etwas möglich ist, geschweige denn den Weg dazu gewiesen. Die wenigsten von uns ahnen auch nur, dass wir uns verlieben können, ohne haben zu müssen. Deshalb fürchten wir das Verliebtsein und den Eros. Wir sehen nur sein zerstörerisches Potenzial, weil wir nicht wissen, dass wir glücklich von Seele zu Seele verliebt sein können, ohne dass ein Ich das andere hat oder sich verbindlich bindet. Wir können uns nicht vorstellen, dass wir glücklich verliebt sein können, auch wenn die Form, die wir dieser Verliebtheit geben, nicht das partnerschaftliche Miteinander-Leben ist, sondern vielleicht „nur" ein gelegentliches Treffen oder eine Internetfreundschaft. Alles ist möglich, wenn wir nur den Mut dazu aufbringen, uns vom Eros aus den üblichen Mustern und Bahnen unseres Ich befreien und in die ganz andere freie Dimension der Seele tragen zu lassen.

Aber aus Angst um unser Ich und unser mühsam erzwungenes Gleichgewicht verzichten wir auf dieses Abenteuer und leben lieber in oberflächlicher Kargheit – ohne zu ahnen, dass wir uns durchaus ineinander verlieben und darin glücklich sein könnten, wenn es uns gelänge, so tief in uns selbst (in unserer Seele) verwurzelt zu sein – so tief in der Liebe zu sein –, dass wir frei und bewusst ins Leben und in die Menschen, denen wir verbunden sind, verliebt sein können. Oder wir spielen zum abertausendsten Mal die Tragödie (oder auch Komödie) von Trennung und Partnerwechsel, von nächster Verliebtheit und Trennung, von Anschuldigungen und Eifersucht, von Schmerz und Zorn.

So oder so verspielen wir die Chance auf Glück und Reife: auf ein Zurückfinden in die Liebe; auf Lebensfreude und Lebenskraft, die uns und unseren Liebsten zufließen könnten, wenn wir nur den Mut und die Reife aufbrächten, verantwortlich auf den Anspruch des Eros zu antworten, der Verbundenheit Ausdruck zu geben und uns frei, bewusst und liebevoll gegenseitig durchs Leben zu begleiten.

Liebeskummer
ist nicht schlimm

Alles geben die Götter, die unendlichen,
Ihren Lieblingen ganz,
Alle Freuden, die unendlichen,
Alle Schmerzen, die unendlichen, ganz.

Johann Wolfgang von Goethe

Aber klar, mein Lieber, natürlich kann auch bei einer erotischen Lebenskunst der Fall eintreten, dass eine Trennung unausweichlich ist. Natürlich
kann es sein, dass sich deine Partnerschaft einfach totgelaufen hat, dass die
Verbindung erloschen, abgebrochen oder zumindest nicht mehr tragfähig
ist, so dass euch nichts anderes übrigbleibt als ihr eine andere, weniger
intime, intensive, innige Nähe zu geben. Du weißt ja, wie viele Trennungs-
geschichten ich durchlitten habe. Auf dem Feld kenne ich mich wirklich
aus. Zumal ich fast immer derjenige war, der „gegangen wurde". Deshalb
kann ich aus langer Erfahrung sagen: Trennungen tun immer weh. Trennungen sind immer ein bisschen wie sterben. *Quando finisce un amore* –
wenn die Liebe zu Ende geht: Riccardo Cocciante hat ein großartiges Lied
darauf geschrieben. Es handelt von der Leere im Kopf und dem Knoten
im Hals; von dem Wunsch zu verstehen und der Aussichtslosigkeit, einen
Grund zu finden; und von der Unmöglichkeit, den Schmerz zu betäuben –
auch nicht, indem man sich betrinkt.

Trennungen tun weh, und das ist gut so. Denn nur weil sie weh-
taten, habe ich etwas aus ihnen lernen können. Leichthin ausgesprochene
Trennungen nutzen weder dem, der sie ausspricht, noch dem, der sie
schlucken muss. Und das Traurige ist: Es gibt zu viele dieser leichtfertigen
Trennungen, die entstanden sind aus dem Wunsch, bloß nichts verändern
zu müssen.

Wenn du je mit dem Gedanken an Trennung spielst, solltest du gut und tief in dich hineinspüren. Worum geht es: Ist die Verbindung wirklich abgerissen oder einfach nur unbequem? Unbequem für dein Ich, das sich nicht verändern will und sich deshalb dem Anspruch entzieht, den das Leben in Gestalt deiner Partnerin an dich stellt?

Oder ist es genau umgekehrt? Hast du dich so weiterentwickelt, dass es nicht mehr passt, dass deine Partnerin nicht mehr mithalten kann und ihr nicht mehr zueinander findet? Auch das kommt vor, und wenn es geschieht, dann mag es tatsächlich sein, dass ihr das Fundament eurer Beziehung verloren habt. Es kann aber auch sein, dass es nun an dir läge, voranzugehen und deinen Partner mitzunehmen; dass du dich aber aus der Verantwortung stiehlst, weil es dir zu mühsam ist, unter den veränderten Vorzeichen die Verbundenheit mit diesem Menschen wahrzunehmen, mit dem du nun schon so lange gemeinsam durchs Leben gegangen bist. Es ist wirklich wichtig, sich genau zu prüfen.

Und es ist wichtig, auch dem eigenen Schmerz nicht auszuweichen. Denn sich für oder gegen jemanden entscheiden schließt – wenn es nicht leichtfertig geschieht – die Trauer ein: die Trauer über nicht gelebte Möglichkeiten. Zwar öffnet die Ent-Scheidung für die Trennung dem Leben neue Möglichkeiten; aber es bedeutet auch den Abschied von einem Teil deiner Seele. Dieser Teil leidet – und er soll leiden dürfen. Wenn du ihn nicht leiden lässt, wird er sich früher oder später gegen dich wenden.

Und was, wenn du verlassen wirst? Wenn du gar nicht die Chance bekommst, dich für oder gegen eine Trennung zu entscheiden? Wenn du einfach vor vollendete Tatsachen gestellt wirst, obgleich du dich weiterhin mit ihr verbunden weißt? Bleibt dir dann nur der Schmerz? Nur der Zorn, der erwächst aus dem Gefühl des Nicht-mehr-gewollt-Seins? Nur dein verletztes Ich, das auf Rache sinnt, sich als Opfer fühlt und die Welt verklagt? Das wäre schade. Denn es gibt wenig, was dich in der erotischen Reife so voranbringt wie die Erfahrung von ungewollter Trennung oder einseitigem Verliebtsein.

Es könnte zynisch klingen, ist es aber nicht: Liebeskummer steigert die Liebesfähigkeit. Denn Liebeskummer oder ein Verlassenheitsschmerz können dein Herz genauso öffnen wie das Sich-Verlieben selbst. Das Leben gewinnt an Intensität, sogar im Liebeskummer. Machen wir uns klar: Aus Liebeskummer sind die wunderbarsten Gedichte der Weltliteratur entstanden. In ihnen ist die ganze Kraft eines liebenden Herzens entfaltet.

Viele Menschen fallen erst dann zurück in die Liebe, wenn die Trennung droht. Das sollten wir nicht damit verwechseln, dass der drohende Verlust das Ich erzittern lässt oder dass die Trennung das Ich umso mehr klammern lässt, was meist fürchterliche Ego-Exzesse nach sich zieht. Nein, wovon ich hier rede, das ist der Fall, wenn die Trennung den Verlassenen dazu bringt, sich die Frage zu stellen: Was ist eigentlich schiefgegangen? Wo ist mein Anteil? Was kann ich daraus lernen?

Wenn sie zu solch einem Besinnen animiert, ist eine Trennung eine wunderbare Chance, den Weg zurück in die Liebe zufinden. Zuweilen finden sich die Partner sogar wieder. Und wenn doch eine Trennung erfolgen muss, dann birgt sie für diejenigen, die erwachsen und bewusst mit ihr umgehen, wenigstens doch die Chance, aus dem Dämmerzustand zu erwachen und zurück auf den Weg zu finden – den Weg zum eigenen Herzen. Am Ende kommt es immer nur auf eines an: Wie wach, wie bewusst, wie tief bin ich im Herzen verankert? Wie kann ich diese Irrungen und Wirrungen, diese Verstrickungen des Lebens und der Liebe so in meine Lebenswirklichkeit integrieren, dass etwas Heilbringendes entstehen kann?

Und das ist möglich. Sollte es wirklich so weit kommen, dass eine Trennung unausweichlich ist, wirst du als erotisch erwachsener und reifer Mensch darauf achten, diesen Schnitt aus einem Geist tiefster Liebe zu vollziehen. Du wirst darauf achten, ihm eine Form zu geben, die nicht verletzt, sondern den anderen würdigt. Für einen erotisch erwachsenen Menschen kann eine Trennung ein Akt tiefster Liebe sein – etwa, indem die Trennung aus der Einsicht folgt, dass die Bindung an den Partner beider Entwicklung im Wege steht. Diese Einsicht tut weh, und der auf sie folgende Schnitt ist meistens schmerzhaft; aber dieser Schmerz ist nicht schlimm, sondern er ist ganz wahr und ganz echt und ganz ehrlich. Es ist ein Schmerz, für den dankbar sein darf, wer ihn erleidet. Denn er zeigt dir, dass du ein lebendiger Mensch bist. Nimm es als Zeichen deiner eigenen Seelengröße, dass du ihn annehmen kannst.

Es kommt einfach darauf an, ob du diesen Schmerz konstruktiv nutzen kannst. Denn es steckt viel Liebesenergie in ihm. Er ist ein Pfeil in deinem Herzen. Doch nicht das Herz ist verwundet, sondern das Ich. Das Ich will diesen Schmerz nicht und zürnt und tobt, um ihn loszuwerden. Das Herz hingegen weiß sich berührt. Es weiß darum, dass sich in dieser Wunde die Liebe bekundet, und scheut diese Verletzlichkeit nicht. Denn aus der Verletzlichkeit erwächst ihm neue Kraft und Energie. Deshalb sind wir so gut beraten, dem Schmerz nicht auszuweichen und wehrlos zu sein.

Wenn wir jedoch umgekehrt unserem Schmerz ausweichen, uns nicht durch ihn berühren lassen, dann werden wir weder aus ihm lernen, noch wird er uns helfen, unser Ich zu transformieren und mehr Tiefe in unser Leben zu bringen. Stattdessen werden wir uns in die nächste Beziehung stürzen und dann wieder in eine nächste. Wir werden an der Oberfläche unseres Lebens bleiben, auf der Ich-Oberfläche hektisch hin und her hüpfen – aber wir werden nicht reifen, werden nicht unsere Tiefe ausloten und die prickelnde Intensität des Lebens erleben.

Ein ans Herz genommener, ein angenommener Schmerz hingegen beginnt dich zu wandeln. Er lässt dich reifen und weist dir den Weg zu einer neuen Tiefe – einer Tiefe, die dich in der nächsten Beziehung sehr viel beherzter, mutiger und bewusster lieben lassen wird. Deshalb ist Trennungsschmerz für die erotische Reife wichtig. Deshalb ist Liebeskummer wichtig. Sie lassen dich in der Liebe reifen – und zwar in dem Maße, in dem du dir der Verbundenheit mit dem geliebten Menschen gerade in Schmerz und Kummer bewusst bist.

In der Liebe sein heißt berührbar sein, heißt wehrlos sein, heißt ver-letzlich sein: Ich lasse es zu, dass die Welt mich berührt. Ich lasse mich bewegen und bin ansprechbar – ganz gleich ob für Freunde oder Fremde. Ich lasse mich berühren von dem Junkie in der Fußgängerzone oder von dem weinenden Kind auf dem Spielplatz, von einem Krebspatienten oder von den Nachrichten im Fernsehen. Das alles macht mich nicht glücklich, aber es geht mir nahe, sehr nahe. Es bekümmert mich, ja, es bereitet mir Liebeskummer. Wenn das Leben und die Menschen, denen ich mich verbunden fühle, leiden, dann leide ich mit. Es bekümmert mich. Ich bin nicht moralisch entrüstet oder klage andere an; nein, ich empfinde Liebes-kummer. Und dieser Liebeskummer bringt mich ins Handeln.

Ein in der Liebe gereifter Mensch kann seinen Liebeskummer in Aktion transformieren. Er kann daraus eine Kraft des Handelns gene-rieren, die um ein Hundertfaches stärker und intensiver ist als die durch moralische Überzeugung motivierte Tat. Sein Handeln ist ein beherztes Handeln, ein Handeln aus einem entflammten – wenn auch verwundeten – Herzen.

Trennungsschmerz und Liebeskummer hören nie endgültig auf. Sie hören auch nicht auf, wenn ich in der Energie des Herzens bin und mich mit allem und allen verbunden weiß. Den Trennungsschmerz gibt es so lange, wie es ein Gegenüber meiner Liebe gibt. Und als Verliebter habe ich immer ein Gegenüber, auf das sich meine Liebe bezieht – und sei es das Leben im Ganzen, und sei es Gott. Selbst wenn ich zuweilen in ekstatischen mystischen Momenten das Glück des Eins-Seins mit Gott und der Welt erleben darf – zuletzt bleibe ich doch immer der individuelle, auf mich geworfene Mensch, der ich nun einmal bin. Das ist die tragische Komponente, die Eros innewohnt: Er liebt ein Gegenüber, mit dem ich zeitlebens nie dauerhaft eins sein werde. Ich kann mich zwar verbunden wissen mit allem, aber deshalb bin ich noch nicht eins mit allem. Und das verursacht einen unstillbaren Trennungsschmerz.

Doch diesen Trennungsschmerz – und das ist das größte Wunder des Eros –, diesen Liebenskummer kann ich an mein liebendes Herz nehmen und ihn annehmen. Eben das wäre die höchste Weihe der erotischen Lebenskunst: diese Tragik des eigenen Lebens und Liebens liebend anzunehmen. Das kann nur Eros, und deswegen ist er es allein, der unser Leben zu seiner Größe und Fülle wachsen und gedeihen zu lassen vermag. Deswegen ist er – gerade weil er uns leiden lässt – unserer Wegbegleiter zum Glück.

Das tiefste und intensivste Glück, das uns in Aussicht gestellt ist, besteht darin, voll erblüht zu sein – im Glück wie im Leid, in der Freude wie im Schmerz; voll erblühte, große, kraftvolle, schöne Seelen. Ist es dir schon einmal aufgefallen? Man sieht es einem Menschen an, wenn er nicht nur gelitten, sondern seinen Schmerz bewusst durchlebt hat und daran gereift ist. Das lässt ihn sensibel und gerade deshalb schön erscheinen.

Doch dieses Reifen im Schmerz gelingt uns nur aus der Kraft des Herzens; weil dort das heilende Ja seinen Sitz hat. Wenn Trennungsschmerz und Liebeskummer nach uns greifen, dann sollten wir nicht einfach nur Gras darüber wachsen lassen, sondern wir sollten in der Liebe und im Herzen bleiben, das „Herzeleid" bewusst annehmen. „Das ist der Toren Torheit: zu leben ohne Herzeleid", sagte Mechthild von Magdeburg vor 750 Jahren. Ich glaube, sie hatte Recht.

Müssen wir in der erotischen Lebenskunst deshalb Schmerz und Kummer suchen? Unsinn! Es gibt genug leidvolle Herausforderungen im Leben, da müssen wir nicht auch noch nach ihnen suchen. So wie Eros früher oder später seinen uns beglückenden Pfeil abschießt, so schießt er früher oder später auch den Pfeil ab, der uns betrübt. Es gibt nichts zu tun – nur wehrlos und offenen Herzens bleiben; nur annehmen und lieben, lieben, lieben. „Liebe, nur Liebe – wir haben sonst kein Werk!" (Rumi)

Leben, das schön ist.
Die Kultur des Eros

An eine Freundin

Wenn nun die Liebe zu einem menschlichen Wesen mit der Sehnsucht nach menschlicher Schönheit gleichbedeutend ist, und wenn die Schönheit des menschlichen Körpers in einem gewissen Ebenmaß besteht, so folgt daraus, dass die Liebe Maßvolles, Stimmiges und Ehrbares erstrebt.

Marsilio Ficino

Hingerissen oder frei?

Das Prosaische wird schön,
wenn es die Liebe mit Phoenixflügeln
berührt.

Gioconda Belli

Aber natürlich darfst du Einspruch erheben! Natürlich darfst du intervenieren, wenn dir etwas nicht einleuchtet! Zumal bei einem so wichtigen Thema wie Schönheit.

„Ich finde", schreibst du, „dass du um die Schönheit zu viel Wirbel machst. Alle Welt verlangt von uns Frauen, dass wir schön sein müssen. Es ist ein riesiges Geschäft. Denk nur an den ganzen Wahnsinn der plastischen Chirurgie. Denk an die Beauty-Farmen, die Kosmetikindustrie, diesen ganzen Wahnsinn, bei dem Schönheit kommerzialisiert wird. Ich sag's dir ehrlich: Ich mag nicht mehr schön sein müssen. Es kotzt mich an. Dieses ganze Gerede von Schönheit klingt in meinen Ohren so falsch. Mit Liebe und Eros hat das für mich überhaupt nichts zu tun."

Was soll ich dazu sagen? Du hast Recht. Du hast vollkommen Recht. Ich sehe auch, dass in unserer Welt mit dem, was da „Schönheit" heißt, gewaltig Schindluder getrieben wird; und dass es höchste Zeit ist, die Schönheit aus den Klauen des Kommerzes zu befreien. Aber das ist gar nicht so einfach, denn im Hintergrund des von dir kritisierten Umgangs mit Schönheit steckt eine lange und verschlungene Geschichte. Und da ich meine philosophische *deformation professionelle* nie ganz ablegen kann, erlaubst du mir sicher, uns diese Geschichte ein bisschen ins Bewusstsein zu rufen. Ich hoffe, dir auf diese Weise deutlich machen zu können, warum ich nach wie vor glaube, dass wir alle eine erotische Kultur der Schönheit brauchen – und warum ich ebenso glaube, dass wir die kommerzielle Unkultur des Bloß-Hübschen hinter uns lassen müssen. Beides geht, so meine ich, zusammen, weil hinter beidem ein je anderes Konzept von Schönheit steht: bei der erotischen Kultur eines, das mir einleuchtet; bei der kommerziellen Unkultur eines, das mir fragwürdig erscheint. Philosophisch könnte man diese beiden Varianten auf den Begriff bringen, indem man sagt: Hier steht ein erotisches Konzept von Schönheit gegen ein ästhetisches Konzept von Schönheit. Und für das erfüllte, blühende, intensiv-prickelnde Leben, das mir vorschwebt, geht es darum, den Sinn für die erotisch verstandene Schönheit zu schärfen – genauer: für das Herz.

Okay, dafür muss ich etwas ausholen. Lass mich dazu erst ein paar Bemerkungen über die ästhetische Schönheit machen. Darunter verstehe ich Schönheit, wie sie sich in der ganz spezifischen und besonderen Sicht auf die Welt darstellt, die man seit dem 18. Jahrhundert *ästhetisch* nennt. Niemand hat diese ästhetische Wahrnehmung von Schönheit so klar auf den Begriff gebracht wie Immanuel Kant. Der klassische Text dafür ist seine *Kritik der Urteilskraft*. Darin definiert er die ästhetische Erfahrung des Schönen als „interesseloses Wohlgefallen". Wenn ich, so sein Gedanke, etwas wahrnehme, das mir gefällt und Freude bereitet, ohne dass ich mich dazu auf bestimmte Weise verhalten muss, dann sage ich zu diesem Etwas: „Das ist schön." Dabei aber rede ich, meint Kant, ziemlich verworren, denn eigentlich meine ich: „Angesichts dieses Etwas fühle ich mich frei" – und zwar frei davon, dieses Etwas benutzen, gebrauchen, deuten, identifizieren zu müssen. Ich kann es einfach auf mich wirken lassen und mich daran erfreuen. Was zählt, ist das „Wohlgefallen". Selbst wenn dieses Etwas, das mich da erfreut, gar nicht existieren sollte, sondern lediglich auf Einbildung beruhte, täte das meiner Freude keinen Abbruch. Deshalb „interesseloses Wohlgefallen". Es gefällt mir, ohne dass ich Interesse an ihm hätte – nicht mal an seiner Existenz.

Kant geht also davon aus, dass die Erfahrung von Schönheit die Erfahrung von Freiheit ist: Angesichts des Schönen sind wir frei. Und diese Freiheit reicht bei ihm so weit, dass ich frei davon bin, mir das Schöne aneignen zu müssen; es widersetzt sich der Aneignung geradezu. Wenn ich zum Beispiel eine Blume ästhetisch wahrnehme, frage ich nicht, was ich mit ihr anfangen kann, sondern ich nehme sie einfach nur wahr als das, was sie ist. Deshalb ist für Kant der Inbegriff des Schönen eine Arabeske oder ein Ornament. Etwas, das gefällig ist und meine Aufmerksamkeit auf sich lenkt und gerade deswegen als schön empfunden wird, weil es sich meinem Begreifen und Zugreifen entzieht. Diese Freiheit von meinem alltäglichen, rationalen Umgang mit den Dingen erlaubt es mir, etwas einfach nur – interesselos – zu genießen. Und genau das macht die ästhetische Wahrnehmung aus.

Du willst wissen, was das mit deinen Fragen zu tun hat? – Folgendes: Die Deutung von Schönheit nach Maßgabe der ästhetischen Wahrnehmung legt es uns nahe, zum Schönen ein distanziertes Verhältnis aufzubauen. Eigentlich geht mich das Schöne nichts an, wenn ich es ästhetisch wahrnehme. Es fesselt mich nicht, es berührt mich nicht, es lässt mich kalt – und frei. Eine klassische ästhetische Szene ist für mich der Reisebus. Touristen neigen dazu, die Welt, durch die sie sich bewegen, ästhetisch wahrzunehmen – durch das Panoramafenster hindurch. So rollen sie vollklimatisiert und bequem durch fremde Städte von einer Sehenswürdigkeit zur anderen, aber das ganze Setting macht es ihnen unmöglich, sich berühren zu lassen. Sie riechen nichts, sie schmecken nichts, sie fühlen nicht den Rhythmus der Stadt, die Eigenheiten der Menschen. Sie sitzen interesselos ihrem Bus und genießen ästhetisch – auf sicherem Posten, distanziert, kühl.

Und da sehe ich das Problem: Wir alle haben uns diesen ästhetischen Blick einverleibt. Mit jeder Stunde, die wir vor dem Fernseher sitzen, geht er uns mehr in Fleisch und Blut über. Wir sehen Bilder, die uns erschüttern müssten, aber sie berühren uns nicht. Wir sehen ebenso Bilder, die uns hinreißen müssten, so schön sind sie. Aber sie lassen uns kalt. – Warum? – Weil wir unsere Herzen dichtgemacht haben. Weil wir cool geworden sind; was das Leben zwar bequemer macht, aber verhindert, dass wir auch mal hin und weg sind.

Hier liegt für mich das Problem der Ästhetik. Sie verhindert, dass wir mit dem Herzen hinschauen. Sie hält uns im Kopf, sie koppelt uns ab vom Gefühl. Das verschafft uns zwar einige Freiheit (was gut ist), aber sie nimmt uns die Chance, mit unserer Seele in Berührung zu kommen (was schlecht ist).

Bei der erotisch erfahrenen Schönheit, von der ich in meinem Brief an meine frühere Geliebte geschrieben habe, ist das vollkommen anders. Sie ließ mich keineswegs kalt, ihre Schönheit riss mich hin, begeisterte mich, berührte mich. So wie auch deine Schönheit mich begeistert und inspiriert. Ich sehe dieses Leuchten, und ich kann meinen Blick nicht davon wenden. Diese Schönheit schlägt mich in ihren Bann – ganz so wie die goldglänzende Aphrodite den Anchises in ihren Bann schlug. Und natürlich habe ich größtes Interesse daran, dass es das Wesen, das diese Schönheit ausstrahlt, tatsächlich gibt. Interesselosigkeit? – Von wegen!

Und die Freiheit? Die schöne Freiheit, die Kant so pries? Tja, von der scheint da nicht viel übrigzubleiben. Denn wer vom Eros gepackt wird, ist unweigerlich auch sein Gefangener. Eros schafft Verbindlichkeit, nicht Freiheit. Und genau das schmeckt uns nicht. Das schmeckt unserem Ich nicht, denn das Ich möchte sich behaupten, seine Ziele verfolgen, seine Interessen wahrnehmen. Das Ich lässt sich ungern gefangen nehmen oder in Bann schlagen. Es tritt ungern die Kontrolle ab und überlässt das Feld dem Herzen, das sich vom Eros hinreißen lässt. Dann gönnt es sich doch lieber mal eine ästhetische Auszeit – sei's vor dem Fernseher, im Kino, im Touristenbus oder wo auch immer. Das ist der Grund dafür, warum in einer vom Ich und seinem rationalen Verstand dominierten Welt so etwas wie Schönheit nur ästhetisch domestiziert existieren darf, so dass sie uns eben nicht hinreißt und fesselt, sondern uns einfach nur gefällt.

Damit aber, und nun komme ich endlich zu deiner Frage, ist ihrer kommerziellen Verwertung Tür oder Tor geöffnet. Denn wenn Schönheit uns nichts mehr angeht, dann kann man sie zur Ware machen. Das funktioniert deswegen besonders gut, weil es neben der dominanten ästhetischen Wahrnehmung in den Seelen und Herzen der Menschen natürlich immer noch erotische Anteile gibt, die nur darauf warten, sich hinreißen zu lassen oder hingerissen zu werden. Also wird euch Frauen (den Männern aber auch) weisgemacht, sie müssten nur hinreichend die Ware Schönheit konsumieren, sie sich aneignen und in ihren Besitz bringen, um dadurch hinreißend, begehrenswert, erfolgreich zu sein. Wenn du mich fragst, ist es ein faules Spiel, das hier gespielt wird. Aber eines, mit dem man richtig viel Geld verdienen kann.

Lass es mich noch mal so sagen: Wir leben in einer Welt, in der wir durch Medienkonsum, Tourismus und Kulturbetrieb zu ästhetisch Wahrnehmenden erzogen werden. Wir suchen Schönheit, um uns angesichts ihrer zu entspannen, unseren Stress zu kompensieren, einfach mal durchzuhängen und nur genießen zu können. Was, da uns diese Welt gleichzeitig dauernd stresst, nicht mal der schlechteste aller Zeitvertreibe ist. Nur: Auf diese Weise werden wir kalt und glatt. Wie bleiben an der Oberfläche. Wir verschließen unser Herz. Wir verlieren den Kontakt mit unserer Umwelt und mit den Mitmenschen. Und wir machen Schönheit zu einem technisch reproduzierbaren Konsumartikel (wie der Philosoph Walter Benjamin gezeigt hat), der uns nicht mehr im Herzen berührt. Genau das finde ich so schade. Dagegen möchte ich Einspruch erheben, indem ich an das alte erotische Verständnis von Schönheit erinnere. Weil ich davon überzeugt bin, dass es für uns Menschen kaum etwas Beglückenderes geben kann, als hin und weg zu sein.

Vom Irrsinn
des 90-60-90

*Die schönen Frauen verdienen
es, von jedermann gepriesen und
wertgeschätzt zu werden, weil eine
schöne Frau das Schönste ist, was sich
denken lässt, und die Schönheit das
größte Geschenk darstellt, das Gott
dem menschlichen Geschlecht hat
machen können.*

Agnolo Firenzuola

Verstehst du, warum ich deine Klage berechtigt finde? Ich bin davon überzeugt, dass uns unser unterkühltes, ästhetisches Schönheitsverständnis
nicht guttut – und dass darin der eigentlich Grund dafür liegt, dass Schönheit heute eher im Sinne einer Industrienorm verstanden wird als im Sinne
der Epiphanie einer Göttin.

Denn über eines müssen wir uns im Klaren sein: Erblindet das Herz
und wird es für Schönheit unempfindlich, fehlt uns der innere Maßstab,
mit dem wir Schönheit beurteilen können. Wir können dann nicht umhin,
nur noch dasjenige schön zu finden, was uns die Medien- und Werbeleute
als schön anpreisen. Und die wollen uns mit Vorliebe etwas als schön
verkaufen, was möglichst unerreichbar ist; denn je unerreichbarer es ist,
desto mehr Zeit und Geld müssen wir darauf verwenden, dorthin zu kommen – gleichviel, ob es sich dabei um Traummaße à la 90-60-90 handelt
oder darum, nun endlich und unbedingt die Iguazu-Fälle gesehen haben
zu müssen. (Nichts gegen die Iguazu-Fälle ☺)

Was ich damit sagen will: Durch die ästhetische Distanzierung vom Schönen wird es möglich, einen Schönheitsstandard vorzugaukeln, an dem wir uns auszurichten haben. Dieser Standard wird uns nonstop vor Augen geführt, es wird uns damit gesagt: So musst du sein, und wenn du nur willst und den Preis dafür zahlst, kannst du es auch. Das ist ein Appell an dein Ich, an deinen Willen, dich dieser Norm konform zu gestalten, damit du die Aufmerksamkeit und die Anerkennung bekommst, die dein Ich braucht, um sich besser spüren zu können.

So kommt es zu all den Fragwürdigkeiten, auf die du mit Nachdruck hingewiesen hast: Deswegen haben Schönheitschirurgie und Schönheitsindustrie Hochkonjunktur. Deswegen legen sich Frauen und zunehmend auch junge Mädchen für Schönheitsoperationen unters Messer. Dann werden der Busen vergrößert und die Schamlippen verkleinert, die Lippen aufgepolstert, Falten weggespritzt, dann wird Fett abgesaugt, die Haut gestrafft und vieles mehr. Auch Männer lassen sich immer häufiger kosmetisch operieren. Neben Fettabsaugen steht bei ihnen die Entfernung von Hängelidern hoch im Kurs. Da wird ein ganz großes Geschäft mit dem verängstigten Ich betrieben. Die käufliche ästhetische Schönheit entwickelt sich durch das Versprechen einer erhöhten sexuellen Attraktivität zu einem Konsumartikel. Und jeder Konsumartikel verkauft sich umso mehr, je besser er verpackt ist und je mehr Werbung dafür gemacht wird.

In diesem Kreislauf kommen Eros und Liebe nicht vor. Wohl aber Sexualität. Denn es ist ja kein Zufall, dass vornehmlich an den Sexualorganen von Frauen herumgeschnipselt wird. Offenbar deshalb, weil sie sich davon versprechen, ihre sexuelle Attraktivität zu steigern – oder weil man ihnen einredet, dass genau das der Fall sein wird. Und warum? Weil sie sich davon Anerkennung versprechen, Aufmerksamkeit – weil sie hoffen, auf diese Weise mit den Menschen respektive Männern ihrer Umgebung in Verbindung zu treten. Denn am Ende suchen wir Menschen gar nicht so sehr Freiheit und Ungebundenheit, sondern Verbundenheit und Verbindlichkeit. Weil wir in einer Welt leben, die es uns oft unmöglich macht, mit der Energie des Herzens die Drähte, die uns mit anderen verbinden, zum Glühen zu bringen, sehen viele Menschen gar keine andere Möglichkeit, als diesen gefühlten Mangel an Verbundenheit durch Sexualität zu überbrücken; oder durch Macht.

Wo Liebe und Eros fehlen, bleiben nur Sex und Macht als Bindemittel. Beziehungen werden dadurch oberflächlich. Sie haben keine Tiefe. Auch die Wahrnehmung von Schönheit wird dadurch oberflächlich; was die Voraussetzung dafür schafft, Schönheit als pure Macht- und Sexgelüste zu instrumentalisieren. Das ist tragisch, denn so missrät eines der kostbarsten Güter der Menschheit zu einem Werkzeug, mit dem gewaltsam eine Verbindung hergestellt werden soll; dabei bleibt diese Verbindung, selbst wo sie gelingen sollte, immer nur an der Oberfläche – weil eben keine seelische Verbindung in der Tiefe besteht. Enttäuschung ist deshalb programmiert und Niederlagen auch.

Denn wo infolge des Fehlens von Liebe und Eros das Ich aus eigener Kraft Verbundenheit herstellen muss, da herrscht ein harter Verdrängungswettbewerb; da musst du dich gegen deine Mitbewerberinnen durchsetzen, sie ausstechen, übertrumpfen. Du musst besser aussehen als die anderen, du musst attraktiver sein, mehr Macht über die Männer gewinnen. Aber am Ende hast du bei diesem Irrsinn keine Chance, weil dich irgendwann die Jüngeren überholen werden. Weil du durch noch so viel Anti-Aging dem Altern nicht entkommen kannst und irgendwann feststellen musst, dass alles für die Katz war; dass du zwar an der Oberfläche triumphiert hast, dein Herz und deine Seele dabei aber auf der Strecke geblieben sind.

Dir wird dieses Schicksal nicht drohen, das weiß ich; aber denk nur an die vielen, vielen Frauen – und Männer –, die in dieser Dynamik gefangen sind. Sie wenden alle Energie auf die Oberfläche, und im Inneren trocknen sie aus. Keine Blüte, kein Leuchten, keine Aura, keine Liebe. Welch eine Tragödie! Welch eine Tragödie voller Klagegesänge. Da jammern Männer, dass ihre Frauen sie nicht lieben, obwohl sie so gut aussehen, so tolle Autos fahren, ihnen alles kaufen können. Da klagen Frauen, dass ihre Männer sie nicht lieben, obwohl sie ihre Brüste vergrößert haben, obwohl sie sich schlank gefastet haben, obwohl sie mit sechzig noch so aussehen wie mit vierzig. Gefangen in oberflächlichen Schönheitsidealen, erliegen sie dem Irrsinn, das Ausbleiben echter, tiefer Verbundenheit habe seinen Grund in ihrer äußeren Erscheinungsform, also an der Oberfläche. Sie können nicht begreifen, dass ihr Partner zwar auf die aufgemotzte Oberfläche anspricht, ihnen aber mitnichten die Aufmerksamkeit und Liebe zukommen lässt, nach denen sie sich so verzweifelt sehnen. Sie wollen ja Liebe und nicht einfach nur Sex; sie wollen Verbundenheit in der Tiefe und nicht an der Oberfläche. Also wundern sie sich, wenn sie von Männern nur „konsumiert" werden und ihre vermeintliche neu gewonnene Schönheit wie ein Strohfeuer verpufft.

Ich weiß nicht, wie es dir geht, aber mir tut es in der Seele weh, das mitansehen zu müssen: dieses verzweifelte und dabei so ganz hoffnungslose Ringen um ein bisschen Liebe und Aufmerksamkeit. Dieses tragische Fixiertsein auf die Oberfläche, wo doch ein bisschen Mut reichen würde, um sich vom Eros in die Tiefe der Seele und des Lebens führen zu lassen – dorthin, wo gänzlich andere Schönheitsideale gelten als in der kommerzialisierten und pornographisierten Medienwelt.

Glatte Oberflächen
und kalte Körper

Am härtesten ist es, das Eis in den
Herzen der Menschen zu schmelzen.
Und nun ist die Zeit gekommen,
genau das zu tun.

Aanaa Anaqqii

Nein, meine Liebe, ich glaube nicht, dass ich da schwarzsehe. Ich glaube,
wir leben tatsächlich in einer pornographisierten Welt; einer Welt, in
der Pornographie und Prostitution zu Grundmustern unserer Lebenswirklichkeit geworden sind – und in der es deshalb schwer ist, erotisch
zu leben und sich ins Leben zu verlieben. Nun, mir ist klar, dass ich das
erklären muss.

Pornographie ist plakativ, schamlos, ostentativ. Sie zerrt die Dinge
ans Licht, voll ausgeleuchtet, grell, ohne schützende Schatten, ohne Verhüllung, ohne Andeutung, selbst die Scham ist noch rasiert. In Pornos wird
dick aufgetragen. Marktschreierisch geht es dort zu – klar, denn die Pornographie will ja verkaufen. Ganz so wie in dem großartigen Film „Down
by law" von Jim Jarmusch, wo der Zuhälter Jack einer Hure die Decke auf
die nackte Brust wirft und sie anherrscht: „Deck die Ware zu!"

Pornographie nimmt jedes Geheimnis und jedes Mysterium. Sie ist
die Kunst der Oberfläche. Sie ist cool – so wie glatte Oberflächen eben
kühl sind. Erotik ist das genaue Gegenteil. Eros richtet sich immer an die
Seele, er sucht die Tiefe. Deshalb liebt er die Verhüllung, die Andeutung,
das Geheimnis. Er zerrt nichts ans Licht, sondern hält es im Halbdunkel.
Er bevorzugt das Flüstern und die stillen Winke. Erotische Kunst wahrt
deshalb das Mysterium der Geschlechtlichkeit und hält es in der Schwebe.
Sie enthüllt und verbirgt zugleich. Darin entspricht sie der Wirklichkeit des

Mensch-Seins. Denn auch das Leben hält sich in der Schwebe zwischen Verhüllung und Enthüllung.

Ich vermute, das ist der Grund dafür, warum dich Pornographie anwidert, während du dich für erotische Photographie begeistern kannst. Erotik lässt dir eine gewisse Freiheit; sie öffnet Raum für deine Phantasie und deine Kreativität. Sie lädt dich ein zum Spielen, sie lockt dich in die Tiefe, sie berührt dein Herz. Und wenn ihr das gelingt, ist sie sogar schön. Beispiele dafür gibt es genug. Pornographie dagegen ist ein Holzhammer: Sie setzt dir nacktes Fleisch vor die Nase und lässt dich dann damit allein. Sie erheischt einen Effekt an der Oberfläche, und alles andere ist ihr egal. So gesehen verhält sie sich zur Erotik wie der Kitsch zur Kunst: Effekthascherei ohne Tiefe, ohne Seele, ohne Herz.

Aber genau darin fügt sie sich passgenau in unsere kommerzialisierte Welt, die alles, was ihr in die Quere kommt, zur Ware macht – und möglichst zur Fläche, weil sie dann auch noch per Internet konsumiert werden kann: dem großen Tempel der Oberflächlichkeit. Man könnte auch sagen: dem großen Bordell, denn die Prostitution, als Zwillingsschwester der Pornographie, lebte schon immer davon, dass sie leibhaftige, vierdimensionale Frauen in zweidimensionalen Schatten oder Projektionsflächen männlicher Phantasien ummünzt und so warenförmig macht. Was wir im Internet auf Facebook oder anderswo erleben, ist davon gar nicht so weit entfernt. Deshalb glaube ich, dass Prostitution und Pornographie die Leitmetaphern für unsere kommerzielle Welt sind – und deshalb besteht meine große Hoffnung darin, Eros gegen diese das Leben so verkleinernden und demütigenden Mächte ins Feld führen zu können.

Aber dahin ist ein langer Weg, da hast du Recht. Der Trend scheint oft in die andere Richtung zu gehen: Nicht nur Millionen Männer, auch Frauen sind in der pornographischen Welt zuhause. Männer sind dabei in der Regel die Konsumenten und so gesehen diejenigen, die den Markt bevölkern. Aber die Frauen spielen unverdrossen mit. Sie lassen sich auf das Spiel der Oberflächen ein und stacheln das Konsumbedürfnis an, teils ihrer Kunden, teils ihrer Partner, teils ihrer potenziellen Partner. Der

Konkurrenzdruck ist groß, was wiederum den Irrsinn des „Schönheits"-Wahns anfeuert.

Und so machen alle mit, prostituieren sich mehr oder weniger subtil, lassen sich pornographisieren; sie kaufen, konsumieren, kaufen wieder und so weiter – ein endloses Rotieren an der Oberfläche, ein endloses Marktgeschehen ohne Sieger, aber voller Verlierer: voller Männer und Frauen, die in diesem irrsinnigen Spiel ihre Seele verlieren und ihr Herz verraten. Versteh mich nicht falsch, ich werfe das niemandem vor. Wir leben in einer Welt, die es uns schwer macht, diesen Dynamiken zu entkommen. Auch mir gelingt das nicht immer. Nein, es geht nicht um Moral. Pornographie und Prostitution sind nicht moralisch verwerflich und so gesehen auch nicht schlimm. Aber wer sich von ihnen in Besitz nehmen lässt, wird zu einer tragischen Gestalt, die weder Schönheit noch Glück, weder Blüte noch Kraft in ihrem Leben entfalten kann.

Pornographie und Prostitution haben noch eine dritte Schwester, eine, die besonders perfide ist und auf die wir besonders achtgeben müssen. Denn sie kommt – anders als die beiden erstgenannten – im Gewand der moralischen Sauberkeit daher. Sie steht hoch im Kurs, fatalerweise besonders bei Jugendlichen. Ihr Name ist *Coolness*. Und sie ist allgegenwärtig. Es schmeckt mir überhaupt nicht, dass „cool" in der Jugendsprache gleichbedeutend ist mit „gut". Als ob es gut wäre, eine glatte, kalte Oberfläche zu entwickeln – eine Oberfläche, die sich unberührbar, unbeweglich macht; die starr ist wie eine Betonwand, hinter der das Herz erstickt.

Aber was ist Coolness? Coolness ist die Qualität einer Oberfläche – einer glatten, undurchlässigen, kalten Oberfläche, die wie geschaffen ist für das Leben in einer pornographischen Welt. Es ist cool, abweisend zu sein; es ist cool, abwesend zu sein; es ist cool, Sex zu haben ohne Liebe; es ist cool, auf der Kinoleinwand das schlimmste Grauen zu sehen, ohne sich dadurch im Geringsten berühren zu lassen; es ist cool, mit dem Gestus des Was-geht-mich-das-an? durch die Welt zu laufen. Die Oberfläche feiert in solch einem Gebaren ihre Triumphe. Das Ich macht sich unempfindlich und verschanzt sich hinter seinem Körper. Mit Erfolg. Aber die Seele – die geht dabei kaputt. Wir begraben sie bei lebendigem Leibe und lassen nichts mehr an sie herankommen. Wir verbauen unsere Chancen, uns im Herzen berühren zu lassen, dadurch in die Liebe zu fallen und ein blühendes Leben zu führen. Hochglanzfotos statt Blumen – das ist das coole, tote Gesicht unserer Welt.

Schlimm ist daran, dass diese Unkultur der Coolness unsere Fähigkeit tötet, in Verbindung zu sein. Die Virtuosen der Coolness sind unberührbar, es gibt nichts, was sie etwas angehen könnte, sie sind unempfänglich für jeden Anspruch. Und sie sind dies in dem Maße, in dem sie sich in virtuellen Welten unempfindlich und hart gemacht haben. Internet und Fernsehen eignen sich perfekt als Oberflächenhärter, denn durch das ästhetische Szenario, das sie suggerieren, erlauben sie den Zuschauern, in kühler Distanz zu verharren – selbst dann noch, wenn grausigste oder schamloseste Dinge gezeigt werden. Und das bleibt nicht folgenlos: Wir wissen, dass sich in unserem Gehirn dieselben Vorgänge abspielen, wenn wir realer Gewalt auf der Straße oder fiktiver Gewalt im Fernsehen ausgesetzt sind. Das Hirn unterscheidet nicht. Aber es gewöhnt sich daran. Und je mehr es sich an Gewaltszenen oder Schamlosigkeiten gewöhnt, desto mehr entkoppelt es die Wahrnehmung von den normalen emotionalen Reaktionen. So stumpfen wir ab. So werden Menschen im Extremfall emotional völlig unbeteiligt – eben cool – selbst Gewalttaten vollbringen. Oft genug in Form von sexualisierter Gewalt.

Menschen werden Zeugen von Gewalttaten und sind außerstande zu helfen: Es geht sie nichts an. Es berührt sie nicht. Sie bleiben unbeteiligt. Und die Angst triumphiert – die Angst des Ich, durch Berührung, Beteiligung und Bewegung ins Wanken zu geraten. Diese Angst sitzt hinter der coolen Fassade als Königin unerschütterlich auf ihrem Betonthron. Sie wird immer größer, je weniger wir fühlen – je weniger wir uns der Verbundenheit mit allen und allem bewusst sind. Das ist das Fatale. Denn am Ende wird Coolness aus Angst geboren. Und je weiter sie uns gefrieren lässt, desto mehr fördert sie eben diese Angst. Es ist ein Teufelskreis. Die

Angst des Ich, die eigene Identität zu verlieren, baut diese kalten, harten, undurchlässigen Wände auf. Und weil die Angst hinter diesen eisigen Wänden gerade nicht aufhört, graben wir uns immer tiefer in sie ein, bis wir nicht mehr intuitiv und situativ handlungsfähig sind.

Wir leben in einer Welt der Angst – dieser unheimlichen Herrscherin über unser Ich. Sie führt Regie über dieses eisige Maskenspiel der Coolness, diesen Schattentanz von Pornographie und Prostitution. Und dabei treibt sie uns mitten hinein in die totale Vereinzelung. Am Ende sind alle gefangen in ihrer eigenen Angst – versteckt hinter den künstlichen, aufgehübschten Fassaden normierter Körper. Das ist das Drama unserer Kultur: Wir sind auf dem Gipfel der Individualisierung angelangt – aber sie zeigt sich heute oft nur noch in ihrer Extremform, der Isolation.

Wie befreiend und weit erscheint dagegen die Vision einer erotischen Kultur, in der sich die Menschen ihrer Verbundenheit bewusst sind und aus Liebe handeln; in der wir uns von der Schönheit des Lebens und der Menschen berühren lassen dürfen. Ja, ich habe den Eindruck, dass wir nichts dringender brauchen als einen neuen Sinn für Schönheit, eine neue Feier der Schönheit, um diese kalten, kühlen, coolen Masken zu zertrümmern, die hinter ihnen verborgene Angst anzusehen und das Eis in unseren Herzen zu schmelzen.

Als die Nackten
Götter waren

*Das Banale hat weder Herkunft noch
Göttlichkeit, die Schönheit dagegen
ist sehr ancienne und erinnert sich gut
des Paradieses, von dessen Wonnen sie
einen kleinen, vergiftenden Schimmer,
etwas sehnsüchtig Verzehrendes –
wie alles, was zum Jenseits die
Brücke schlägt – in unsere arme Welt
hinüberrettet.*

Wolf von Niebelschütz

Nacktheit und Schönheit schließen sich nicht aus. Im Gegenteil: Ich liebe all
diese Nackten, die unsere Barockgärten bevölkern. Ich liebe die Nackten
auf den Bildern eines Tiepolo, ich liebe die griechischen Götterbilder, ja
ich liebe die erotische Photographie von Leuten wie Jonvelle, Lindbergh,
Newton oder Bettina Rheims. Nacktheit berührt mich, begeistert mich,
inspiriert mich – wenn sie denn erotisch und nicht pornographisch daherkommt. Jetzt möchtest du bestimmt noch genauer wissen, worin für mich
der Unterschied besteht; vor allem: was die erotische Nacktheit auszeichnet. Na denn.

Eines habe ich ja schon gesagt: Erotische Nacktheit wahrt das Geheimnis. Sie ist nicht marktschreierisch, laut oder grell – sie ist spielerisch und
leicht, flüsternd und verführerisch, eher schwarz-weiß als bunt. Und vor
allem ist sie schön. Nur, was heißt das?

Lass mich dafür noch einmal auf die Nackten in den Barockgärten zu
sprechen kommen. Wen stellen sie dar? – Kaum fassbar, aber sie stellen
Göttinnen und Götter dar; oder Fabel- und Phantasiewesen – auf jeden

Fall aber Gestalten, die nicht von dieser Welt sind, dabei aber doch durch und durch irdische Leiber haben. So gesehen ist es ein eigentümliches Spiel, das dort gespielt wird: ein Spiel, das Menschliches und Göttliches verbindet; ein Spiel, bei dem sich die Vollkommenheit der Götter in der Vollkommenheit menschlicher Körper zum Ausdruck bringt; ein Spiel, das durch und durch erotisch ist. Weil es den menschlichen Körper als Erscheinungsort des Göttlichen und Vollkommenen preist und weil es dadurch das leistet, was Eros nach altem Verständnis leisten sollte: eine Brücke zwischen Mensch und Gott zu bauen.

Wo die Nackten Götter sind, hat Eros seine große Stunde, denn dort ist vereint, was er zusammenhalten möchte. Sexualität und Spiritualität sind in der schönen Erscheinung verschmolzen, und zwar so, dass der in keiner Weise seine Sexualität verleugnende Körper durchsichtig für das Göttliche wird, und gleichzeitig das Göttliche so in Szene gesetzt wird, dass es mich in seiner leuchtenden, leiblichen Schönheit hinreißt. So wird das Leben zum Fest – und die Kunst, die solches darstellt, zu einer Feier des Eros.

Vielleicht geht es dir anders, vielleicht habe ich an diesem Punkt eine Macke, aber ich sage dir ganz im Ernst: Die barocken oder antiken Götterbilder strahlen auf mich einen unglaublichen erotischen Zauber aus. Sie berühren mich, sie inspirieren mich, sie flüstern mir zu, was es heißt, das Leben zur Blüte reifen zu lassen. Die Nacktheit dieser Gestalten appelliert dabei nicht so sehr an meine Sexualität, sie wendet sich vielmehr an mein Herz, das gar nicht anders kann, als sich in diese Schönheit zu verlieben: in die nackten Brüste der Frauen, aber auch die muskulösen Körper der Männer. So viel Schönheit, so viel Erotik – so wenig Pornographie.

Denn eben das macht den Unterschied: Während mich pornographische Werke an die Fläche locken, führen erotische Werke in die Tiefe. Sie öffnen meinen Seelenraum und wecken in mir die Ahnung von Vollkommenheit, von einem guten Leben – einem Leben, das so schön ist, so festlich und blühend wie die nackten Leiber eines Rokokobildes. Erotik führt in die Tiefe, und sie führt in die Höhe. Sie gilt mir in der Ganzheit meines Seins: meiner Sexualität und Körperlichkeit, meiner Spiritualität und Geistigkeit, meinem Herz und meiner Seele. Aber warum funktioniert das? Warum eignet manchen Darstellungen von Nacktheit der Zauber der Erotik, während andere nur flach und pornographisch wirken? Willst du meine Antwort hören? Weil sie aus einer erotischen Haltung geschaffen wurden, weil sie Ausdruck einer Sehnsucht nach Vollkommenheit, Göttlichkeit, Unsterblichkeit, Schönheit sind; weil da jemand war, der *con amore* zu Werke ging.

Doch damit ist die Frage nicht beantwortet. Sie ist nur verlagert. Jetzt lautet sie: Worin bekundet sich dieses *con amore*? Kann ich es einem Bild oder einer Skulptur ansehen, dass ihr Künstler vom Eros bewegt wurde? Und wenn ja: Gibt es Kriterien, die ich dafür geltend machen kann?

Ich hatte bereits den alten griechischen Gedanken vorgetragen, wonach Schönheit als das Hinreißende definiert ist; was bedeutet, dass alles, was mich hinreißt, deshalb schon per se schön ist – selbst, wenn es überhaupt nicht den in Geltung stehenden Schönheitsidealen entspricht. Ich hatte dir vom ästhetischen Schönheitsverständnis erzählt, wonach das Schöne dasjenige ist, angesichts dessen ich mich frei fühlen und interesselos genießen kann. Die Fragen, die jetzt im Raume stehen, sind die: Hängt Schönheit wirklich nur an der inneren Erfahrung dessen, der sie zu erleben meint? Ist Schönheit tatsächlich nur die ins Äußere projizierte Qualität einer Erfahrung – egal, ob nun des Hin-und-weg-Seins oder des interesselosen Wohlgefallens? Oder gibt es darüber hinaus doch etwas am Schönen, von dem wir annehmen dürfen, es sei der Grund dafür, dass es uns hinreißt?

Es gibt etwas am Schönen, dem es seine hinreißende Kraft verdankt: eben die in ihm wirksame Sehnsucht nach Vollkommenheit und Göttlichkeit, die seit den Tagen der griechischen Antike gar nicht anders zum Ausdruck gebracht werden konnte als allein durch Harmonie. Für die alten Griechen war das eine klare Sache: Wer vom Eros beseelt ist, der will Harmonie. Wer die Liebe im Herzen trägt, der will in sich ausbalancierte, stimmige, harmonische Verhältnisse – sowohl für sich selbst als auch in den Dingen, die er schafft; und in seinen Kunstwerken ganz besonders. Egal, ob du einen griechischen Tempel, ein Gedicht oder den Speerträger des Polykles nimmst, diese alte – durch und durch erotische – Kultur war besessen vom Drang nach Harmonie. Diese Menschen waren davon überzeugt, dass sie die hinreißende Schönheit des Vollkommenen und Göttlichen, nach der wir uns alle so sehr sehnen, nicht anders zur Darstellung bringen können als durch Harmonie. Denn wo Harmonie ist, da ist alles so komponiert und geordnet, dass es stimmig ist: dass es sich so zum anderen fügt, dass es passt. Wo das der Fall ist, strahlt ein Werk – ob nun eine Musik, eine Skulptur, ein Gedicht, ein Film oder ein Gemälde – dieses große Ja aus. Alles an ihm scheint mit allem einverstanden zu sein, jeder einzelne Aspekt scheint es mit dem anderen gut zu meinen – Sinnbild eines Lebens in Liebe, Einklang und Vollendung.

Natürlich galt das in der alten Welt vor allem für die Götter. Die olympischen Götter und Göttinnen der Griechen waren für sich die höchsten Verdichtungen harmonischen Lebens. Alles stand in einer solchen Gottheit in Einklang, auch das Widersprüchlichste: Apollon, der Gott der Heilkunst, war zugleich ein fürchterlicher Todesgott; Hermes, der Gott des Handels, war zugleich der Gott der Diebe. Oder, wie der Philosoph Heraklit es formulierte: „Der Gott ist Tag und Nacht, Winter und Sommer, Krieg und Frieden, Sattheit und Hunger."

Das Aufregende daran ist für mich, dass es genau diese innere Widersprüchlichkeit ist, dieses Miteinander der Gegensätze, das die vollkommene Schönheit ausmacht. Du kannst das an einem ganz trivialen Beispiel erkennen: Wenn du zwei Fotos vergleichst, wirst du immer dasjenige schöner finden, bei dem die Licht- und Schatten-Anteile klarer und gleichmäßiger verteilt sind. Schönheit – eine, die uns fesselt – entsteht immer da, wo Vieles, Unterschiedliches, Polares in ein stimmiges Gleichgewicht gebracht wird: Hell und Dunkel, Göttlichkeit und Menschlichkeit, Mann und Frau. Sie entsteht, wo Verbergen und Enthüllen die Waage halten. Sie lebt von der spannungsvollen und dabei doch stimmigen Harmonie des Sichtbaren und des Unsichtbaren.

Harmonie, um es noch mal anders zu sagen, ist nicht Friede, Freude, Eierkuchen, nicht die Nullspannung, die in der Thermodynamik „Wärmetod" heißt. Harmonie ist die höchst spannungsgeladene Einheit von Vielheit oder das stimmig verpackte Polare: das Miteinander des sich Widersprechenden, die *coincidentia oppositorum* des Nikolaus von Cues. Ein Gedanke, der letztlich auch auf Heraklit zurückgeht, der das Geheimnis der Harmonie auf den Begriff brachte, als er sagte: „Wenn sie sich anziehen, stoßen sie sich ab." Harmonie ist höchste Spannung, die das Auseinanderstrebende zu einem stimmigen Ganzen integriert. Und genau das ist es, was einen erotischen Menschen so hinreißt, dass er nicht anders kann als sagen: Boah, ist das schön!

Bei den schönen Nackten im Barockpark handelt es sich so gesehen um harmonische Gestalten – Gestalten, die Göttliches zeigen und zugleich hinter der menschlichen Nacktheit verbergen; Gestalten, die nackte Menschen darstellen und hinter ihnen den Zauber des Göttlichen verstecken. So oder so, wo immer uns Harmonie begegnet, ist sie ein Ausdruck dafür, wie das Leben idealerweise sein kann: integral, ganz menschlich und doch durchdrungen vom Göttlichen; in sich ausbalanciert, unterschiedliche Aspekte des Lebens zur Ganzheit einer blühenden Seele integriert. Die nackten Götter erinnern mich daran, was es heißt, ein reifes, erblühtes Leben zu führen – eine Seele zu sein, in der alles in stimmiger Harmonie angeordnet ist, so dass sie zu sich und der Welt Ja sagen kann, so dass sie verliebt sein kann ins Leben.

Nun fragst du vielleicht, was es bedeuten soll, dass du als Seele ausbalanciert und in Harmonie, d.h. im erotischen Sinne schön sein kannst. – Du bist ein komplexes Wesen. Es gibt in deiner Seele eine ganze Menge widerstrebender Impulse, Wünsche, Prägungen, die vordergründig nicht zueinander passen. Wie jeder andere Mensch auch versammelst du in deiner Seele eine Mannigfaltigkeit von inneren Stimmen; und die ganze Kunst des Lebens besteht nun darin, dieses vielfältige Konzert so ineinander klingen zu lassen, dass es als Ganzes harmoniert, als dieses Ganze, das du bist. Jede deiner inneren Stimmen soll darin vorkommen, jeder Aspekt deines Lebens darin erklingen. Denn wie sonst könntest du Ja zu dir sagen, wie sonst könntest du dich verlieben – in dich und die Welt?

Die ganze griechische Kultur stand unter dem Spruch, der am Apollon-Tempel zu Delphi angebracht war: *Erkenne dich selbst.* Die frühen griechischen Weisen haben Ernst damit gemacht und fragten sich, wer wir Menschen eigentlich sind. Sie fanden heraus, dass wir Leben sind, das darauf angelegt ist, mit sich im Reinen, in Harmonie und Stimmigkeit zu sein. In dieser Zeit fand im alten Griechenland nicht zufällig der Wechsel von der archaischen zur klassischen Kunst statt. In dieser Zeit begann der Kult der Harmonie, denn so sollte den Menschen der Idealzustand (griechisch: *areté*) vor Augen geführt werden, auf den das Leben immer schon angelegt ist. So sollte die erotische Leidenschaft in ihnen angestachelt werden, es den Götterbildern gleichzutun und in sich die schöne Harmonie eines blühenden Lebens zu verwirklichen. So wurde dem Eros im Herzen der Menschen ständig neue Nahrung gegeben, auf dass es ihnen gelinge, das Göttliche im Menschen zu sehen, zu feiern und zu verwirklichen.

„Aber wird Schönheit dann nicht zur bloßen Gefälligkeit?", fragst du, „wird sie dann nicht gerade doch zu etwas Machbarem, denn Harmonie und Balance des Körpers lassen sich durchaus mit Hilfe von Schönheitschirurgen und Kunstgriffen bewerkstelligen." – Wohl wahr, und hier bleibt mir nichts anderes, als darauf hinzuweisen, dass der erotische Sinn im Menschen eben nichts ist, was immer schon da ist und nur eingeschaltet zu werden braucht, sondern dass er gebildet, geschult, geschärft sein will: so dass der verliebte Blick eben nicht nur auf die schönen, harmonischen Körper und Erscheinungen starrt, sondern auch die schöne Seele zu erkennen vermag – die Seele, die ihre kontroversen Anteile in sich integriert hat; die gerungen hat mit sich selbst; die Licht und Schatten zu einem irisierenden Ganzen verknüpft hat. Schöne Seelen stecken nicht unbedingt (allerdings häufig dann doch) in schönen, harmonischen Körpern. Den gängigen Schönheitsidealen, denen in unserer pornographisierten Welt gehuldigt wird, müssen sie nicht entsprechen. Aber wo sie uns begegnen, da ist ein stilles Leuchten um sie, das dein erotisch geschulter Blick sogleich erkennt und liebt – eine Aura, die der Eros in dir einfach nur hinreißend findet.

Apollon küsst Dionysos

Das Chaos will anerkannt,

will gelebt sein,

ehe es sich in eine

neue Ordnung bringen lässt.

Hermann Hesse

Hey, dass du dich so für die alten Griechen begeistern würdest, hätte ich nicht erwartet. Aber deine Reaktion ermutigt mich, noch einen Schritt weiter zu gehen – um das Thema Schönheit und Erotik noch etwas mehr zu vertiefen und noch etwas klarer zu bekommen, was das für eine Schönheit ist, die dich als erotisch gestimmten Menschen so zu begeistern vermag, dass du angesichts ihrer hin und weg bist.

Dass das etwas mit Harmonie zu tun hat, siehst du sicher auch so. Nicht nur die alten Griechen, sondern auch die Künstler der Renaissance haben eine große Sache daraus gemacht, mittels des „Goldenen Schnitts" Proportion und Balance in ihre Werke zu bringen. Ich habe ein schönes Zitat gefunden, das dies bestätigt. Es stammt von Leon Battista Alberti, der sagte, die Schönheit sei „eine bestimmte gesetzmäßige Übereinstimmung aller Teile, was immer für einer Sache, die darin besteht, dass man weder hinzufügen noch hinwegnehmen oder verändern könnte, ohne sie weniger gefällig zu machen" – Harmonie, mit einem Wort. Wobei mir diese Formulierung und die Lehre vom „Goldenen Schnitt" etwas zu sehr an der Oberfläche bleiben. Denn der eigentliche, erotische Kitzel entzündet sich nicht so sehr an der Harmonie der Komposition, sondern an der Balance von Vordergrund und Hintergrund, von Fläche und Tiefe, von Zeigen und Verbergen. Und ich glaube, es war das Genie der alten Griechen, genau diese Spannung erzeugen und halten zu können.

Du fragst jetzt vielleicht, ob ich diese streng harmonisch, proportional aufgebauten Kunstwerke der Alten nicht oft steril und leblos fände; zu perfekt irgendwie. Ja, das geht mir manchmal so, aber dann handelt es sich eben nicht um große Kunst, sondern um manierte Kopien echter Werke. Die großen Werke haben etwas an sich, das sie unvergleichlich schön macht: Sie sind nicht nur harmonisch geordnet, sondern in ihnen spielt eine eigentümliche Harmonie von Ordnung und Chaos, von Struktur und Spontaneität, von Licht und Dunkel. Ich glaube, die eigentliche Größe dieser durch und durch erotischen alten Griechen lag darin, dass sie die höchste Form von Harmonie verwirklichen konnten – die Synthese von Harmonie und Chaos.

Man muss sich das mal klarmachen: Bei allem, was sie anfingen, versuchten sie harmonische Verhältnisse zu schaffen. Damit huldigten sie Apollon, den man nachgerade als Gott der Harmonie bezeichnen kann. Aber gleichzeitig verehrten sie dessen gerades Gegenstück, Dionysos, den Gott der Zerstörung, der Auflösung, den Zertrümmerer jeglicher harmonischen Ordnung. Dem Dionysos war der Rausch heilig, er liebte den Taumel und das Ungestaltete, Unfassbare. Dionysos ist so etwas wie die Personifikation des blanken Potenzials, des nackten Chaos. Deshalb stand er mit der Fruchtbarkeit, der Vegetation genauso in Verbindung wie mit dem Wein, mit der ausschweifenden Sexualität genauso wie mit dem rhythmischen, wilden Tanz. Von wegen Harmonie und Balance – wo immer Dionysos erscheint, tritt genau das Gegenteil ein.

Und nun stell dir vor, welche unglaubliche Weisheit die alten Griechen besaßen, dass sie diese rauschhafte, taumelnde Gottheit dem Apollon an die Seite stellten; dass sie nicht nur ihr wichtigstes Heiligtum – Delphi – beiden widmeten, sondern beider Wesen in ihrer Kultur zusammenfügten und eine Kunst und Lebensform schufen, die Balance zwischen geordneten Verhältnissen und chaotischem Durcheinander hielten. Besonders markant ist ihnen das im Theater gelungen. Dort wurde dieser Ausgleich sogar zum Programm erhoben, denn es war üblich, dass auf eine Trilogie von Tragödien – etwa die Orestie – zuletzt das Satyrspiel folgte, ein wilder

Reigen voller Lust, Geilheit, Chaos und Quatsch. Unser Karneval ist ein später, müder Nachfahre davon.

Auch in unseren Tänzen lebt etwas davon weiter; im griechischen Sirtaki sowieso, ebenso im Tango und in anderen lateinamerikanischen Tänzen: eine Mischung aus Form und Ordnung, Führung und Spontaneität, Regel und Chaos; vor allem aber äußerst erotisch.

Schönheit, an der sich Eros entzündet, eignet fast immer diese Mischung: fassbar und unfassbar, greifbar und ungreifbar, geordnet und chaotisch – aber eben eine Mischung, die diese Pole dann doch in sich zusammenzufassen vermag, Werk und Stimulanz des Eros zugleich. Werk, sofern er als Vermittler von Mensch und Gott auch die Kraft aufbringt, den Ausgleich zwischen diesen Polen zu schaffen; Stimulanz, weil es uns erregt, diesem Spiel des Lebens beizuwohnen und vorgeführt zu bekommen, wie es gelingen kann, die größten Extreme des Lebens – Leid und Lust, Tod und Leben, Ordnung und Chaos – doch zu einem in sich stimmigen Ganzen zu integrieren.

Ohne dich mit Philosophie langweilen zu wollen, sei mir doch gestattet zu erwähnen, dass der junge Nietzsche daraus eine große Sache gemacht hat – und dass die Gedanken, die ich gerade vorgetragen habe, größtenteils von seiner *Geburt der Tragödie aus dem Geiste der Musik* inspiriert sind. Dort hat Nietzsche die griechische Tragödie deshalb als die für ihn vollkommene Kunstform gefeiert, weil sich in ihr Dionysisches und Apollinisches in eine vollkommene Synthese fügen. Und ich würde ergänzen: weil in ihr beispielhaft deutlich wird, welcher Art die Schönheit ist, an der sich Eros entzündet. Diese Schönheit ist die Schönheit des Lebens selbst – die Schönheit des in sich stimmigen Lebens, das alle seine Anteile in Liebe bejaht, selbst da, wo sie unvereinbar scheinen. Das Leben besteht nun mal aus Ordnung und Chaos, und das ist wohl der Grund dafür, dass wir es so hinreißend schön finden, beides in stimmiger Ganzheit leben zu können – wie eben beispielhaft beim Tanz.

Die erotische Schönheit, die aus Dionysos und Apollon gemischt ist, inspiriert und verführt dich also nicht nur dazu, ein wohltemperiertes, geordnetes Wesen zu sein, sondern sie feuert dich auch dazu an, deine wilden und zügellosen Anteile zu leben. Sie verheißt dir eine Vollkommenheit, die gerade darin vollkommen ist, dass nichts in ihr ausgeschlossen wird, noch nicht einmal die Unvollkommenheit und Mangelhaftigkeit, noch nicht einmal das Dunkle, das Hässliche, das Triebhafte, das wir sonst aus unserem Bewusstsein ausblenden. All das lässt sich mit der erotischen Kraft der Liebe in der eigenen Seele bejahen und integrieren, und genau das macht ein volles, sattes, reifes, blühendes und üppiges Leben aus – ein Leben, bei dem Dionysos und Apollon sich die Hand reichen.

Noch etwas ist mir an dieser erotischen Schönheit wichtig: Sie ist so herrlich unmoralisch, dafür aber auch hinreißend menschlich, und darin zugleich wohltuend befreiend. Schau mal: Wenn eine Tragödie einen Menschen wie Ödipus darstellt, dann zeigt sie ihn in all seiner inneren Zerrissenheit, seinem inneren Ringen; sie zeigt ihn als eine tragische Figur, die zwischen Wissen und Unwissenheit schwebt, die nur das Gute will und in ihrer Verblendung doch das Böse schafft. Wie alle großen Mythen erzählt sie eine Geschichte von Trennung, Wiedervereinigung und Versöhnung. Sie zeigt die dunklen ebenso wie die hellen Seiten des Lebens. Mit moralischen Kriterien kannst du diesen Geschichten überhaupt nicht gerecht werden. Das greift schlicht ins Leere. Du kannst sie auch nicht ästhetisch uninteressiert genießen, dafür gehen sie dich viel zu sehr an; mit einem entflammten Herzen aber kannst du dich für sie begeistern und ihre eigentümliche Schönheit lieben, die gerade in diesem vollkommenen Ton von Licht und Dunkel, Glück und Leid, Gut und Böse schwingt. Genau darin wird deine Seele das entdecken, wonach auch sie sucht: den inneren Einklang von allem, was du bist.

Wo du mit den Augen der Seele und des Herzens diese Schönheit eines ganzen, integrierten Lebens wahrnimmst, da erinnert sie dich daran, worum es geht in unserem Leben: nicht darum, alles richtig zu machen; nicht darum, moralisch gut zu sein; nicht darum, deinen oder anderen

Ich-Mustern zu entsprechen; sondern darum, das Leben so zu nehmen und zu feiern, wie es ist – seine Facetten in einem Ganzen zu integrieren, Chaos und Ordnung zu verbinden. Kurz: zu tanzen. Und ist es nicht das, was du immer schon wolltest?

Von Playboys
und Playmates

Ich will doch nur spielen,
ich tu doch nichts ...

Annett Louisan

„Eros", schreibst du, „wird mir immer sympathischer. Was du von ihm erzählst, erinnert mich an meine Kids. Die wollen auch immerzu spielen. Und es gibt für sie nichts Schöneres als ein Spiel." Hey, das ist super. Das habe ich mir noch nie klargemacht, aber es trifft den Nagel auf den Kopf. So ist es: Eros ist ein Spieler – und Erotik ein spielerisches Geschehen.

So war es auch, als wir zwei uns begegneten. Weißt du noch? So ganze ohne Eros ging das nicht vonstatten. Da war eine gewisse Verliebtheit zwischen uns, eine leichte, freie, spielerische Verliebtheit, bei der klar war, dass keine feste Bindung daraus werden würde. Denn du warst liiert, und ich war liiert, und wir beide wussten, dass uns unsere Beziehungen wichtiger und heiliger waren als das erotische Knistern zwischen uns. Und so spielten wir ein wenig miteinander, spielten das Spiel von AufeinanderZugehen und Rückzug, von Enthüllung und Verbergen. Die Regeln waren dabei klar definiert, ebenso wie das Spielfeld. Aber ein paar schöne und fröhliche Spielzüge konnten wir unter diesen Bedingungen gleichwohl erproben. Das fühlte sich sehr lebendig an – vor allem aber sehr frei.

Frei – das ist das Stichwort. Erinnerst du dich an das, was ich über die ästhetische Erfahrung und ihren Bezug zur Schönheit gesagt habe? Ich hatte Kant erwähnt, der die Erfahrung von Schönheit als eine Erfahrung von Freiheit deutete: eine Erfahrung, die dich frei sein lässt von allen Nützlichkeitserwägungen, von allem Verstehen-Müssen, von allem Sichverhalten-Müssen. Die Erfahrung von Schönheit setzt, so Kant, eine große

Distanz zum Schönen voraus, für die er das Wort „interesselos" prägte. Die erotische Erfahrung von Schönheit schien mir jedoch das genaue Gegenteil zu sein: Wer verliebt ist, hat größtes Interesse an seiner oder seinem Schönen, möchte sie oder ihn bei sich haben. Dein Liebster ist dir absolut verbindlich, keine Spur von Freiheit. Dank deines Hinweises sehe ich jetzt klarer: Es ist schon richtig, dass ich als Verliebter an meine Geliebte gebunden bin, weil Verliebtheit ja gerade das Bewusstsein des Verbundenseins ist, aber in dieser Verbundenheit bin ich doch trotzdem vollkommen frei, der zu sein, der ich bin. Und genau das ist doch die Erfahrung des Spiels: Wenn ich Fußball spiele – oder egal was –, dann bin ich ohne Wenn und Aber auf die Spielregeln, das Spielfeld, die Mitspieler verpflichtet; dennoch habe ich dabei alle Freiheit, mein Spiel zu spielen, mich auf dem Platz zu entfalten, den Ball so zu treten, wie es zu mir passt. Spielen, würde ich sagen, bedeutet genau diese Balance, diese Harmonie von Freiheit und Verbindlichkeit. Und das entspricht wiederum dem Wesen des Eros.

Klar kannst du als Verliebte(r) nicht tun und lassen, was du willst. Die Freiheit des Eros bedeutet keine Willkür. Und du kämest wohl auch gar nicht auf die Idee, alles nach deinem Gusto einrichten zu wollen, wenn du verliebt bist. Vielmehr wirst du es bei allem darauf anlegen, dem oder der Liebsten etwas Gutes zu tun, aber eben doch so, dass du dabei ganz du selbst sein kannst. Dass das in einem erotischen Miteinander möglich ist, scheint mir einen der Hauptgründe für seinen Zauber auszumachen. Schiller kommt mir da in den Sinn: „Der Mensch ist nur da Mensch, wo er spielt." – Ich würde das variieren und sagen: Der Mensch ist nur da Mensch, wo Eros in ihm spielt; denn es ist Eros, durch den in ihm das Leben zu sich selbst kommen will. Ja, Eros ist ein Spieler und Erotik ein Spiel.

Aber – ich höre schon deinen Einwand – wie kommt es, dass Verliebte dann oft so wenig Spielerisches an sich haben? Wieso wirken sie häufig verbissen und verkrampft? Wie kommt es, dass sie keineswegs miteinander spielen, sondern viel eher miteinander kämpfen oder ringen?

Ich glaube, die Antwort ist klar: Es ist wie bei jedem anderen Spiel auch: Wenn ich nur spiele, weil ICH gewinnen will, dann wird es verkrampft. Will sagen: Sobald dein Ich in der Verliebtheit dominiert, legt es sich wie ein Schatten auf dein Herz. Das Herz ist das innere Kind in dir, das spielen will. Aber wo das Ich das Zepter schwingt, da darf es das nicht mehr. Da geht es nicht mehr darum, ein schönes Spiel zu spielen, das seinen ganzen Wert in sich selbst, in seinem Vollzug hat; sondern dann geht es darum, zu gewinnen und besitzen, zu haben und sich durchzusetzen – um all diese Scheiße, die das Leben schwer und mühsam macht, wo es doch leicht und spielerisch sein sollte. „Oh, ein Gott ist der Mensch, wo er spielt", möchte ich Hölderlin variieren, „ein Bettler, wo er nachdenkt." Ja, so ist es.

Also, lass uns spielen, meine Liebe! Daran kann nichts schlimm sein, solange die Regeln klar sind. Das ist natürlich wichtig, denn sonst ist jedes Spiel zum Scheitern verurteilt. Ebenso, wenn wir die Unschuld der Kinder in uns verlieren und stattdessen dem Ich das Feld überlassen. Das Ich kann nicht spielen, es ist der ultimative Spielverderber. Ebenso wie es der ultimative Eros-Verderber ist. Aber wenn wir von Herz zu Herz spielen, von Seele zu Seele, dann ist alles gut. Dann wird dieses Spiel schön sein. Schön, im erotischen Sinne: ihm wird diese hinreißende Leichtigkeit eignen, diese Schwebe zwischen Verbindlichkeit aus Verbundenheit und Freiheit aus Individualität. Du bist ganz du, und ich bin ganz ich – und gemeinsam spielen wir ein Spiel, das uns erfreut, das die Balance hält, das schön ist, das uns zum Leuchten bringt und eben deshalb auch unsere Partner, Freunde und Kinder entzücken wird.

Eros liebt das Spiel. Die Schönheit des Eros ist spielerisch. Ein gutes Spiel ist erotisch. Immer geht es um ein gutes Gleichgewicht des Lebens: von Freiheit und Verbindlichkeit, von Nähe und Ferne, von Licht und Schatten, von Mann und Frau, von Oberfläche und Tiefe, von Seele und Körper ... So gesehen spricht überhaupt nichts dagegen, zuweilen ein Playboy oder ein Playmate zu sein... ☺

Der Luxus der Kosmetik

Tu deinem Leib etwas Gutes, damit
deine Seele Lust hat, darin zu wohnen.

Teresa von Ávila

Ich könnte mich kaputtlachen! Dass du voll auf das Playmate-Motiv einsteigst, hätte ich nun wirklich nicht gedacht. Ein schönes Spiel, das du da mit mir spielst. Das gefällt mir. Das fühlt sich leicht und frei an. Und es leuchtet mir völlig ein, wenn du sagst, dass es dir total Spaß macht, dich schön zu machen und sexy zu stylen, solange du dir sicher sein kannst, damit nicht sogleich das „Balzgehabe der notgeilen Männer-Egos" auf dich zu lenken. Blöd nur, dass du dir dessen bei Lichte besehen niemals ganz sicher sein kannst.

Aber dein Gedanke ist stark: „Wenn das so ist, dann kann ich ja in einem reifen erotischen Verhältnis meinen Körper als Spielfigur verstehen: dann kann ich mit ihm spielen, vielleicht auch schauspielern, dann kann ich tanzen, dann kann ich mich schön machen, ohne mich dabei zum Objekt zu erniedrigen." Genauso würde ich es beschreiben. Wohl wissend, wie schwierig das ist, denn da wir nun beileibe nicht in einer erotischen Welt leben, sondern in einer pornographischen, wirst du nur selten Menschen finden, mit denen du ein solches erotisches Spiel spielen kannst, bei dem du deinen Körper, deinen Intellekt, dein Herz gleichermaßen aufs Spiel setzt. Dafür braucht es wohl jene kostbaren Freundschaften zwischen erotisch reifen Menschen, die sich aneinander freuen und miteinander spielen können, weil sie sich ihrer selbst bewusst sind; weil ihre Verliebtheit nicht von unbewussten Projektionen und Verstrickungen infiziert ist, von dem Haben-Wollen und Besitzen-Müssen des Ich. Schön, dass wir ein bisschen davon in unserer Freundschaft leben können. Schön, dass diese Freiheit und Leichtigkeit wirklich möglich ist.

Besonders gefällt mir deine These, dass du es total befreiend findest, das Thema „Sichschönmachen" unter der Rubrik „Spiel" zu verorten. „Klar", sagst du, „wo ich in der Liebe bin, da hört das ganze Konkurrenzgehabe auf. Da brauche ich keinen Zickenkrieg mehr, da muss ich nicht schön sein, aber da kann ich schön sein; genauer: da kann ich schön spielen." Genau, genau! Das ist es, was ich meine. Ich würde sogar noch ergänzen: Du musst nicht schön sein, weil du ohnehin schon schön bist – und kannst dir obendrein den Luxus leisten, dich auch noch schön zu machen. Ich meine das jetzt nicht irgendwie metaphorisch; ich meine es ganz im Ernst – und diese Meinung ist empirisch verifiziert: Wenn du in der Liebe bist, wirst du schön. Wenn du dich von der Liebe durchdringen lässt, wirst du schön. Ohne weiteres Zutun; weil Eros dich von innen heraus in Balance bringt, weil er dich Ja sagen lässt zu dir, weil er dich dazu bringt, nichts mehr wegdrücken zu müssen. Das Mit-dir-im-Einklang-Sein strahlt nach außen. Und jeder erotisch sensible Mensch wird dieses Leuchten an dir wahrnehmen und es hinreißend finden.

Was ich sagen will: In der Liebe musst du dich nicht schön machen, weil da kein Ich ist, das sich mit Schönheit schmücken müsste; aber du kannst dich schön machen, weil da ein Herz in dir schlägt und glüht, das sich mitteilen und andere erfreuen oder beglücken will; am meisten natürlich denjenigen, den es liebt! Und wenn du dir aus diesem Antrieb hier und da ein Wellness-Wochenende gönnst, dir schicke Klamotten kaufst und die Nägel lackierst (oder sonst was für schöne Dinge tust, von denen ich keine Ahnung habe), dann ist das einfach schön und liebenswert; ungezwungen und absichtslos, spielerisch und frei. Und es gibt mir genau dieses Gefühl.

Weißt du eigentlich, dass das Wort Kosmetik aus dem Griechischen stammt? Das allein verrät schon seine ursprüngliche erotische Bedeutung: sich eine schöne, harmonische Ordnung zu geben; sich einen Kosmos zu geben, wie die Griechen das nannten, wobei sie die Welt im Ganzen, eben den Kosmos, als die größte und umfassendste schöne, harmonische Ordnung erlebten, die es überhaupt nur gibt. Diese schöne Ordnung wollten die Damen im alten Griechenland weitergeben, spiegeln, wenn sie Kosmetik betrieben. Und genau darum sollte es dir und mir gehen, wenn wir als erotisch begeisterte Menschen Kosmetik betreiben: unserem Ja zu uns und zur Welt dadurch Ausdruck zu verleihen, dass wir uns schön machen, dass wir schöne Verhältnisse schaffen, wo es nur geht; dass wir Schönheit in unser eigenes Leben bringen und uns und unsere Umgebung schön einrichten: unsere Seele, unseren Körper, unsere Häuser, unsere Wohnungen, unsere Gärten, unsere Städte, unsere Gesellschaft ...

Deshalb finde ich es wunderbar, dass du immerzu auf der Suche nach Schönheit bist. Ich halte es genauso, denn ich brauche diese Schönheit um mich herum, um mich von ihr jedes Mal aufs Neue im Herzen berühren und in die Liebe schubsen zu lassen. Schönheit, sagt Platons Diotima, ist eine „geburtshelfende" Göttin. Exakt so erlebe ich es. Und darin übe ich mich. Ich achte immer genauer darauf, was meiner Seele guttut und mich hinzureißen vermag. Für nichts anderes gebe ich so bereitwillig Geld aus. Das können schöne Kunstwerke sein, aber auch ein einfacher Blumenstrauß.

Und dazu gehört dann eben auch, dass ich meinen Körper im Gleichgewicht und in der inneren Harmonie halte; dass ich auf seine Bedürfnisse achte, mich bewege und all das tue, was ich auf der leiblichen Ebene brauche, um mit mir im Einklang und im Reinen zu sein. Das Gleiche gilt für meine Seele und für meinen Geist. Denn ich weiß: In dem Maße, in dem ich in der Liebe bin, harmonisiert sich meine Seele mehr und mehr. Dann beginnt es in mir zu leuchten, und ich vermag die Menschen zu finden, die dasselbe Leuchten in sich tragen – solche wie dich.

Um das bewusst zu sehen, brauche ich aber eine gereifte erotische Sensibilität; ich muss meinen erotischen Blick geschult haben, muss selbst im Herzen sein, um die Schönheit des Herzens im anderen sehen zu können. Sonst werde ich bei der Wahrnehmung anderer eher den flachen Schönheitsidealen verfallen, die an mein Ego und meinen Schw... appellieren und die Schönheit einer stimmigen Seele gar nicht wahrnehmen können. Ist meine Seele aber von Liebe durchglüht, kann ich auch diejenigen schön finden, die ich, der ich doch auch dauernd unter dem Einfluss ästhetischer Schönheitsideale stehe, nach deren Maßgabe als hässlich bezeichnen müsste.

Klar, das sind Idealvorstellungen von reifer Liebe. Aber das heißt nicht, dass sie unrealistisch sind. Es gibt Menschen, die von einer so tiefen Liebe zum Leben durchdrungen sind, dass sie auch dem bettelnden Obdachlosen in liebevoller Zuwendung begegnen können; und nicht nur ihm, sondern allen, die ihrer Fürsorge bedürfen. Dahin möchte ich auch gerne kommen, obwohl ich weiß, dass ich kaum je fähig sein werde, jederzeit jeden Menschen als schön zu erkennen – auch wenn ich weiß oder ahne, dass jedem Menschen eine große Schönheit innewohnt.

Deshalb danke ich dir sehr dafür, dass du deine Schönheit in mein Leben strahlen lässt – dass du die erotische Energie in mir wachhältst und mir so die Kraft verleihst, meinen Weg in die Liebe fortzusetzen: immer tiefer einzutauchen in meine Seele und ins Leben – mir der Verbundenheit mit allem und jedem immer bewusster zu werden und darin ganz frei und spielerisch zu bleiben, in der Schwebe zwischen Chaos und Ordnung. Danke.

Das Leben ist ein Fest.
Eros im Alltag

An meine Ehefrau

> *Live is a ceremony in itself – worth being celebrated by a ceremony.*
>
> **Angaangaq**

Eros' Elternabend

*Wenn Sie sich nach wahrer
Leidenschaft sehnen, müssen Sie
ein hinreißender Liebhaber und eine
hingerissene Geliebte sein; sonst
sind da nur zwei Kumpel, die sich
entscheiden, miteinander ins Bett
zu gehen.*

David Deida

Seit Wochen schreibe ich nun sonderbare Briefe. Begonnen hat das alles mit dem Versuch, einer eigenartigen Erfahrung Herr zu werden, die mich letzten Sommer in der Toskana überraschte – eine Erfahrung, von der ich dir schon einiges erzählt habe, die zu deuten mir aber bislang nicht gelungen war. Und so begann ich ein fiktives Gespräch mit unserer D., in das ich später andere Freunde einbezogen habe. Daraus ist nun unversehens ein Buch entstanden, das mir jetzt endlich reif genug scheint, um es auch dir vorlegen zu können – dachte ich. Doch als ich es noch einmal las, wurde mir klar, dass noch manches darin fehlt und dass dein klarer Verstand und praktischer Sinn unzweifelhaft die Frage aufwerfen würden, wie ich diese Lebensform, die ich darin skizziere und die du so gut von mir kennst, anderen Menschen andienen möchte. Das heißt: wie man die „erotische Lebenskunst", wie ich sie nenne, ganz normalen Menschen vermitteln kann. Zumal ich ja selbst immer wieder sage, dass die Liebe – Eros – etwas ganz Normales ist und dass sie gerade nicht kraft unseres Willens herbeigezwungen werden kann. Ich bin mir sicher, dass du es etwas praktischer und weniger euphorisch haben möchtest. Deshalb habe ich beschlossen, den schon vorliegenden Briefen ein Kapitel hinzuzufügen: ein Kapitel an dich, meine Liebste – über die Kunst, erotisch zu leben, auch wenn man – wie wir – schon seit Jahren gemeinsam lebt, Kinder hat, den Alltag meistern und dabei durch so manches Tal und manche Krise gehen muss; kurz: wenn man ein einigermaßen normales Leben führt.

Das Erste, was mir dazu einfällt, ist wieder einmal eine alte Geschichte. Natürlich, auch sie steht bei Platon, auch sie wird in seinem *Symposium* von der weisen, sehr praktischen Apollonpriesterin Diotima erzählt. Es ist die Geschichte von der Zeugung des Eros. Und sie handelt davon, dass Eros am Tage der Geburt der Aphrodite – der goldglänzenden, unwiderstehlichen Schönheit – gezeugt wurde. Das, sagt Diotima, habe sich wie folgt zugetragen: Penia, die Mutter des Eros, deren Name „Bedürftigkeit" bedeutet, hatte den Wunsch gefasst, ein Kind zu empfangen; und zwar von einem gewissen Poros, der damals zu dem Festmahl geladen war, das die Götter anlässlich der Geburt der Aphrodite feierten. *Poros* heißt „Ausweg" oder auch „Durchlass" (unser Wort Pore kommt daher), und sein Charakter wird beschrieben als äußerst findig und schlau, einer, der nie um eine Lösung verlegen ist, der immer einen Ausweg findet, weil er sich auszudrücken weiß. Davon ist an diesem denkwürdigen Festabend aber nichts zu merken. Poros trinkt sich am Göttertisch einen Rausch an, den er später im Garten auszuschlafen gedenkt. Da findet ihn Penia, die sich zu ihm legt, um – wie Diotima dezent formuliert – „den Eros zu empfangen". Was soll die Geschichte?

Zunächst ist daran wichtig, dass Eros einen Vater und eine Mutter hat, will sagen: Er lebt aus der Polarität der Geschlechter. Nur wo Männliches und Weibliches zusammenkommen, kann die erotische Liebe entstehen. Aber was heißt hier „männlich" und „weiblich"? Es geht nicht um die Qualitäten von Männern und Frauen, oder zumindest nicht primär; es geht um so etwas wie Grundenergien des Lebens, die wegen ihres unterschiedlich ausgeprägten Auftretens bei den Geschlechtern als weiblich und männlich bezeichnet werden können: eine Qualität des Sich-Öffnens, des Sich-des-eigenen-Mangels-bewusst-Seins, der wachen Empfänglichkeit (*Penia*), eine Qualität des Gestalt-Gebens, der Kreativität, des Sich-ausdrücken-Könnens (*Poros*). Ersteres ist das mütterliche Erbe des Eros, Letzteres sein väterlicher Anteil. Wo beide Grundenergien zusammenfinden und zum Ausgleich kommen, da entsteht die Liebe. Sie sind wie die Scheiben eines Generators, zwischen denen ein Funken springt und die Energie des Lebens sich entzündet.

Das Charmante an der Geschichte der Diotima liegt für mich nun darin, dass in ihr die Rollen geradewegs vertauscht sind: Penia, die Mutter, verhält sich sehr kreativ, aktiv, findig; während Poros, der Vater, passiv, rein empfänglich ist. Damit soll offenbar gesagt sein: Man kann die männliche und die weibliche Grundenergie des Eros nicht einfach 1:1 auf Männer und Frauen übertragen. Es gibt männliche und weibliche Männer, ganz so, wie es männliche und weibliche Frauen gibt. Ein jeder Mensch trägt die entsprechenden Anteile je für sich in seiner Seele. Entscheidend ist nur eines: Die männliche und die weibliche Energie müssen zusammenkommen – sie müssen sich gegenseitig ausbalancieren, soll Eros geboren werden und die Liebe in unser Leben treten. Und zwar im Leben eines jeden Einzelnen; wobei wir dafür immer die Menschen unserer Umgebung brauchen. Ich brauche deine männlichen ebenso wie deine weiblichen Anteile, um meine eigene Seele so auszugleichen, dass Eros in ihr geboren werden kann; und du brauchst meine männlichen und meine weiblichen Anteile, damit er sich bei dir heimisch fühlen kann. Je besser dieses Spiel des wechselseitigen Sich-Ergänzens funktioniert, desto sicherer kannst du sein, dass es zwischen Menschen „funkt" und sie in ihr Herz und ihre Liebe finden.

Man könnte auch sagen: Der männliche Anteil der Kreativität und der weibliche Anteil der Empfänglichkeit sind die beiden Flügel des Eros. Nur wenn beide entwickelt und trainiert sind, wird Eros seinen Flug antreten können – nur dann werden wir auf seinen Flügeln zu einem guten, blühenden, vollen und vollkommenen Leben segeln können.

Aber, das darf ich nicht vergessen, dafür braucht es noch einen dritten Faktor: die Schönheit. Von ihr habe ich ja schon ausführlich geschrieben. Deshalb reicht hier ein kurzer Hinweis auf sie. Aber wichtig ist doch, dass Diotima sie „eine geburtshelfende Göttin" nennt; womit sie wohl sagen will, dass die Zeugung des Eros eines Klimas der Schönheit bedarf. Nur vor ihrem Goldgrund, wenn man so will, können Poros und Penia den Eros zeugen. Was so viel heißt wie: Wir sollten uns ein Ambiente der Schönheit schaffen, um dann in einer solchen Atmosphäre unsere männlichen und weiblichen Anteile zu verbinden. Wo uns das gelingt, da öffnet sich das Herz, und Eros zieht darin ein. Das ist eine Lebensaufgabe, die – wie ich glaube – nie aufhört. Es ist schön, dass wir uns vorgenommen haben, sie gemeinsam immer aufs Neue anzugehen und zu lösen. Auch wenn das, weiß Gott, nicht immer einfach ist. Aber mir scheint trotzdem, dass sich der Sinn und Zweck einer Ehe eigentlich nicht besser beschreiben lässt als als ein solcher lebenslanger Prozess der Verbindung des Männlichen und des Weiblichen in uns und zwischen uns.

Ohne Leere keine Fülle

Darum fang zuerst bei dir selbst an
und lass dich!

Meister Eckhart

Nun fragst du wahrscheinlich, was dieser alte Mythos von der Geburt des Eros mit deiner Frage zu tun hat, was du und ich tun können, um die erotische Lebensenergie immer neu zu wecken; auch da, wo die Mühen der Ebene wenig Gelegenheit zu erotischen Höhenflügen bieten; auch dann, wenn Eros nicht herbeigezwungen werden kann. Hm, ich glaube, die Geschichte von Diotima hat eine Menge damit zu tun, denn sie benennt deutlich die drei Ingredienzien, aus denen Eros gemischt ist: Schönheit, Empfänglichkeit, Kreativität. Und es scheint mir zuzutreffen, dass es deshalb vor allem zweierlei zu tun gibt: sich empfänglich halten für Schönheit; sich darum bemühen, Schönheit zu schaffen. Weil Ersteres laut Diotima das eher weibliche Geschäft ist, erlaube ich mir, damit anzufangen.

Was heißt Empfänglichkeit? Wohl nicht, sich auf den Rücken schmeißen und die Beine breit machen – eher, sich zurücklehnen und die Seele weit machen. Empfänglich bist du, wenn du dich öffnest, wenn du dich aufmachst, aufbrichst, aufmerkst. Empfänglich bist du, wenn du präsent bist – wirklich bei dir und deiner Umgebung; wenn du dich bewegen lässt, wenn du zulässt, dass das Leben dich etwas angeht, wenn du dich ansprechen, anregen, anstoßen lässt. Und vor allem, wenn du dich berühren lässt – auf allen Ebenen: körperlich, rational, emotional, geistig.

Sich körperlich berühren zu lassen, klingt dabei ziemlich einfach, ist es für viele Menschen aber keineswegs. In unserer coolen Welt ist die Fähigkeit, sich berühren zu lassen, weitgehend verloren gegangen. Sonst gäbe es keine Kuschelpartys oder Seminare, bei denen man für viel Geld lernt, wie es ist, berührt zu werden. Es ist in meinen Augen eine Tragödie, wenn Grundschullehrer(innen) ihre Schüler(innen) nicht mehr berühren dürfen – oder wenn man sich bei jeder Gelegenheit irgendwelche fiesen Plastikhandschuhe überziehen muss. Nein, sich berühren zu lassen ist alles andere als selbstverständlich.

Ich kenne das von mir selbst. Auch ich ertappe mich manchmal dabei, nicht berührt werden zu wollen. Und jedes Mal hat das seinen Grund darin, dass ich nicht präsent bin; dass ich von irgendeinem Thema getrieben bin, das mich von meiner Umgebung trennt. Du kennst das nur zu gut von mir; und von dir selbst, glaube ich, auch. Aber wir sind auch nur Kinder unserer Zeit, und mir scheint, dass wir in einer Welt leben, die es geradezu darauf angelegt sein lässt, Menschen unberührbar, unempfindlich zu machen. Allenthalben wird die Angst geschürt – die Angst vor Krankheiten, die Angst, missbraucht oder betrogen zu werden, die Angst vor Übergriffen. Diese Angst legt sich wie ein Stahlpanzer um unsere Herzen. Wir werden cool und abgeklärt, wir leben sicher, aber hinter hohen Mauern. Der Sinn für das Verbundensein mit unseren Mitmenschen geht so verloren, wir werden zu Elementarteilchen, die es verlernt haben, der elementarsten Form der Verbundenheit Ausdruck zu geben: uns zu berühren. Deshalb bin ich dafür, uns mehr zu berühren und berühren zu lassen; und dies vor allem unseren Kindern als etwas ganz Normales zu vermitteln. Wissen wir doch nur zu gut, dass Kinderseelen verkümmern, wenn Kinderkörper nicht berührt werden. Kurz: Wir brauchen alle mehr Zärtlichkeit und Berührung.

Aber was machen wir mit denen, die das nicht wollen oder können? Wie können wir sie zurückbringen zu den elementarsten Formen des Empfänglich-Seins, des Sich-berühren-Lassens? Sollen wir sie alle ins Tantra-Seminar schicken? Nichts gegen Tantra, aber ich glaube, das allein hilft nicht weiter. Ich glaube, wir müssen da ansetzen, wo die Menschen zunächst mal sind: im Kopf, in ihren Mustern, Morallehren, Vorstellungen. Wir müssen sie darin unterweisen, aus ihren ständig kreisenden Gedanken ins Hier und Jetzt zu kommen. Und dafür gibt es – den spirituellen

Meistern sei Dank – jede Menge gute Instrumente, Techniken, Tools. Wie du schätze ich Thich Nhat Hanh sehr. Seine Übungen der Achtsamkeit, die alle nur darauf angelegt sind, ganz ins Hier und Jetzt zu finden, die gedanklichen Muster wie Kleider abzulegen, um sich nackt für die Gegenwart des Seins empfänglich zu halten – finde ich gut und hilfreich; überhaupt alle diese Mediationsformen, bei denen es darum geht, innerlich leer und frei zu werden, ganz gleich ob sie nun Zen oder sonst wie heißen. Aber nicht um ihrer selbst willen, sondern als wunderbare Übung der Empfänglichkeit – als Schulung des inneren Sich-Leerens, Sich-Öffnens, Aufbrechens.

Natürlich kann das auch auf anderem Wege geschehen: beim Wandern, beim Sport oder bei deiner geliebten Handarbeit. Egal: Worauf es ankommt, ist diese innere Klarheit, diese innere Ruhe des Geistes, die es erlaubt, sich das Leben wirklich etwas angehen zu lassen. Alles, was den Geist sammelt, beruhigt, leert, ist gut, um dann offenen Herzens und reinen Sinnes in die Welt zu treten und sich von deren Schönheit ansprechen und anrühren zu lassen. Ich glaube, es gibt nichts anderes, was der erotischen Liebe und Kraft des Herzens so sehr den Weg bahnt wie dieses innere Leer-Werden und In-die-Präsenz-Kommen; außer vielleicht dem, was du so liebst: dem äußeren Leer-Werden, dem Reduzieren, dem Sich-Besinnen aufs Wesentliche, um sich von all dem zu trennen, was eigentlich kein Mensch braucht. Wirklich in die Fülle kommen – das habe ich von dir gelernt – bedeutet nicht zuletzt, die Fülle des Überflüssigen abzubauen und sich der Dauerbeschallung, dem Dauerkonsum, der Dauerverköstigung zu entziehen.

Aber noch einmal: Es ist, scheint mir, nicht damit getan, dass du dich leer machst und dann in vollkommener Ruhe auf deinem Kissen sitzt (oder wo auch immer). Die innere Leere ist nach meinem Verständnis nicht nur eine Freiheit *von* (Gedanken, Mustern, Konzepten), sondern vor allem eine Freiheit *dazu*, Schönheit wahrzunehmen, von Schönheit angerührt zu werden, sich der unendlichen Schönheit hinzugeben, die wir nur mit dem Herzen zu erkennen vermögen. Will sagen: Dem Abschalten des

Kopfes muss ein Hinschauen des Herzens entsprechen. Beides zusammen ergibt Hingabe, die vielleicht schönste Tugend des erotisch gestimmten Menschen. Wobei eben auch der Hingabe zwei Aspekte eignen: das, was du abgibst, und das, wohin du dich gibst. Das, was du abgibst, ist die Dominanz des Ego; das, dem du dich hingibst, ist die Schönheit des Lebens – in welcher Gestalt sie auch immer sich dir zuneigen mag.

So gesellt sich zur Empfänglichkeit die Hingabe und zur Hingabe die Demut. Denn die beiden ersten setzen die Bereitschaft voraus, sich zuzugestehen, unvollkommen zu sein. Diotima hätte gesagt: Sich einzugestehen, an etwas Mangel zu leiden, nach dem unser Herz sich sehnt, nach dem unsere Seele dürstet. Nur wenn wir diese Wahrhaftigkeit uns selbst gegenüber aufbringen, wird Eros Lust haben, in unseren Herzen zu wohnen. Also: Machen wir uns empfänglich für ihn – hören wir aufeinander, hören wir hin, lassen wir uns berühren, lassen wir uns angehen vom Leben, den Menschen, der Welt; lassen wir uns ansprechen von der Schönheit, die uns inspiriert, unser Leben zur Blüte zu bringen.

Wes das Herz voll ist,
des geht der Mund über

*Von der Beziehung zwischen Erotik
und Poesie kann man ohne Affektation
sagen, dass Erstere eine körperliche
Poetik ist und Letztere eine verbale
Erotik.*

Octavio Paz

Damit komme ich zur „männlichen", zur „väterlichen" Komponente des Eros – zur Kreativität, zum Schöpferischen, zum Gestaltgeben. Schau, warum schreibe ich dies alles? Ich schreibe es, weil ich meine Liebe zum Ausdruck bringen will. Ich will sie mitteilen, mit dir teilen. Denn wenn ich sie nicht ausdrücken könnte, würde sie in mir verkümmern. „Was soll ein Mensch tun, wenn er voll von etwas ist? Platzen?", fragt Alexis Sorbas. Nein, lautet seine Antwort, er muss sich ausdrücken; er muss tanzen. Nun weißt du, dass ich nicht gerade der große Tänzer bin, eher ein Mann des Wortes und der Sprache. Aber egal ob Tanz oder Wort, ob Musik oder Bild: Was wirklich wichtig ist, damit Liebe mein Herz erfüllt, ist, dass ich ihr Ausdruck verleihen, sie mitteilen kann. Eros, so geht es mir durch den Sinn, ist ein Dichter, Erotik ein poetisches Geschäft. Was auch erklärt, warum ich mich so nach Poesie sehne und warum es mich poetisch anwandelt, wenn ich mein Herz zur Sprache bringen, meine Seele zu Wort kommen lassen möchte.

Warum sonst gibt es so unendlich viele Liebeslieder? Warum sonst haben Petrarca und Shakespeare ihre Sonette geschrieben? Weil sie nicht an sich halten konnten. Weil die unfassbare Liebe ins Wort gefasst sein will, um zur Entfaltung zu kommen. Weil der Anspruch des Lebens an uns beantwortet sein will. Weil wir nicht nur die empfänglich Fragenden, sondern auch die schöpferisch Antwortenden sind. Und weil der Eros in dieser Polarität am besten gedeiht.

Es gibt aber auch eine Poesie des Körpers. Ich hatte eben schon davon gesprochen, als ich meine Eloge auf das Sich-berühren-Lassen vortrug. Denn natürlich korrespondiert dieser „weiblichen" Haltung die „männliche" Qualität des Berührens, des Anrührens: der Zärtlichkeit. Eine zärtliche Geste, eine von Herzen kommende Berührung ist wie ein Gedicht oder ein Lied. Sie will nichts und niemanden festhalten. Es ist einfach nur das zärtliche, poetische Annähern, bei dem ich den intimen Raum, die Seele des Gegenübers, achte und wertschätze und meiner Verbundenheit Ausdruck gebe.

Eine solche Umarmung kann viel bewirken. Sie kann heilen. Therapeuten wissen, dass durch gezielte Körperarbeit geistig-seelische Blockaden gelöst und dadurch auch körperliche Schmerzen und Symptome kuriert werden können. Auch Jesus heilte durch Handauflegen. Aus der schamanischen Welt wissen wir, dass Heilung oft durch Berührung geschieht. Der Schamane Angaangaq erzählte mir, dass seine Mutter in ihrer schamanischen Praxis nichts anderes tat, als Menschen in den Arm zu nehmen. Sie hat sie körperlich und ebenso seelisch berührt und dadurch geheilt. Eine beherzte Berührung kann die Seele, den Körper, den Geist des Menschen aus seiner Erstarrung lösen und wieder in den natürlichen Fluss bringen. Nur, dass wir uns dafür viel zu selten Zeit nehmen oder meinen, dass Berührungen nur innerhalb einer Partnerschaft stattfinden dürfen. Ich denke, wir sind uns einig, dass sie dafür schlicht zu kostbar sind. Und wenn es sich dabei auch nur um eine einfache, alltägliche Berührung handelt, eine Umarmung, mit der ich sage: So, wie du bist, bist du okay, so bist du gut. Das allein hat oft schon eine heilende Wirkung – die Seele tönt dann wieder voller. Wir sollten uns das nicht nehmen lassen.

Der „männliche" Aspekt des Eros ruft mich aber nicht allein zu Poesie und Zärtlichkeit, er ruft mich vor allem in die Verantwortung. Dem Anspruch und Zuspruch des Lebens an mich antworte ich, indem ich die

Verantwortung für dieses Leben übernehme. Denn nicht allein als Poet und Künstler kann ich auf den Zuspruch des Lebens antworten; so wichtig dies ist, denn Schönheit zu schaffen ist schließlich ein Akt der Liebe, der die Liebe befeuert. Doch mindestens ebenso wichtig ist, in meinem Tun und Handeln die Verantwortung meines Herzens zu bekunden. Beherzt zu agieren und meiner Verliebtheit ins Leben Taten folgen zu lassen. Die Liebe muss sich bewähren – nicht, um auf diese Weise Prüfungen zu bestehen und ihre Verlässlichkeit zu beweisen. Nein, nein, solche moralischen Modelle liegen mir fern. Ich meine: Meine Liebe muss sich insofern bewähren, als sie nur in der Tat und im Handeln sich selbst bekundet, ihre Wahrheit zeigt. Deshalb ist Eros, in Diotimas Worten, so ein findiger Geselle. Weil er immer neue Wege und Mittel ersinnt, um sich zu zeigen und darin seiner Verantwortung gegenüber dem Leben, das er zu sich selbst bringen will, zu genügen.

Mir scheint also, dass Diotima Recht hat, wenn sie neben der Empfänglichkeit das kreative Vermögen des Menschen zur zweiten erotischen Grundkraft erhebt. Nur fragt sich auch hier: Wie bringen wir das in unserem Alltag unter? Wo ist der Platz zwischen Kindern und Küche, Garten und Haushalt, Computer und Waschmaschine, an dem du dem „Luxus" der Kreativität nachgehen könntest? Ich kenne deine Antwort: „Den gibt es nicht; nicht in dieser Zeit; der Zeit der Kinder und der Mehrfachbelastungen." Und ich fürchte, du hast Recht. Unter diesen Voraussetzungen ist es nicht leicht, Liebesgedichte zu schreiben oder Liebeslieder zu komponieren. Aber vielleicht müssen wir ja auch gar nicht gleich so hoch greifen. Es gibt ja auch andere Möglichkeiten, Schönes zu schaffen und etwas schön zu machen; oder eben auch dich schön zu machen; oder es dir schön zu machen. Ob nun im Garten oder im Haus, ob mit einem Strauß Blumen oder ein bisschen Musik. Egal was: Hauptsache, du tust etwas, das du aus dem Herzen tust und womit du deinem Herzen Ausdruck verleihst. Dann kann Eros darin wohnen und sich langsam breitmachen. In der Liebe sein ist gar nicht so schwer.

Und dazu gehört eben auch das verantwortliche Handeln, das sich für das Leben einsetzt – auf welche Weise auch immer; wenn es denn nur beherzt, *con amore*, geschieht. Ja, ich glaube, dass wir unser Tagewerk in einer solchen Haltung *con amore* meistern können, ohne uns dabei gleich wer weiß was Großes vernehmen zu müssen. Wenn es uns umgekehrt nur gelingt, uns immer wieder kurze Auszeiten zu gönnen, in denen wir uns aufmachen und auf „empfänglich" schalten. Jedenfalls stelle ich fest, dass es zuweilen gelingt. Etwa, wenn wir am Wochenende viel im Freien waren und dann beherzter und couragierter in die Woche starten. Mir scheint, es braucht gar nicht so viel – auch wenn ich selbst mich immer nach mehr Zeit zum Schreiben sehne usw. –, um dem Zuspruch des Lebens zu antworten. Ich bin mir sicher, dass wir – je mehr wir uns wechselseitig darin unterstützen – viel Herzenskraft und Freude, viel Mut und Leidenschaft in unser tägliches Tun bekommen und uns so von Tag zu Tag mehr in das Leben verlieben, ja tiefer miteinander in der Liebe sind.

Klar: Wenn der Tag kommt, an dem die Kinder aus dem Haus sind und du wieder mehr Zeit für dich hast, dann würde ich mir und dir wünschen, dass du wieder zu musizieren beginnst; oder noch mal ein neues Instrument lernst; oder tanzen gehst; oder egal, was dir gerade einfällt, um deiner Liebe zum Leben – dieser Liebe, in der du mit mir bist – Ausdruck zu verleihen. Was es auch sein mag: Es wird dem Eros in dir Flügel wachsen lassen – so dass du immer mehr aus seiner Kraft leben kannst; so dass du dem Leben in seinen vielen Ansprüchen gewachsen bist und seinem Zuspruch verantwortlich, beherzt und kraftvoll antworten kannst – so dass dir und mir und uns das Leben zu einem Fest gerät.

Schenken und
sich beschenken lassen

*Geschenke, die man sich gibt, sind
Bilder Gottes, seiner Güte für uns.*

Albert Schweitzer

Was wäre ein Fest ohne Geschenke? Was wäre das Fest des Lebens, ohne
zu schenken und beschenkt zu werden? Schenken ist pure Erotik. Wenig
verrät so viel über den tristen Zustand unserer Kultur wie die Tatsache,
dass die Menschen die Fähigkeit verlernt haben, zu schenken und – schlimmer noch – sich beschenken zu lassen. „Wir schenken uns nichts!", sagen
die Leute und fühlen sich dabei erwachsen und reif. In Wahrheit sind sie
nicht erwachsen, sondern tot: der Liebe gestorben, dem Leben entwischt.
Denn der Niedergang der Schenkkultur ist in Wahrheit der Niedergang
des Eros. Dagegen müssen wir etwas unternehmen! Komm, lass uns
gemeinsam eine Lanze brechen für das Schenken!

Wenn du in der Liebe bist, weißt du dich beschenkt. Nicht nur durch
die Liebe oder deinen Liebsten. Nein, dein Herz weiß, dass es sich selbst
geschenkt ist; dass das Leben ein Geschenk ist, mit dem wir nur eines tun
können: es annehmen. Aber vielen Menschen fällt genau das schwer. Sie
wollen sich nicht beschenken lassen. Sie meinen, es würde sie erniedrigen,
ein Geschenk anzunehmen. Ihr Ich fühlt sich angegriffen, wenn sie sich
bedanken müssen. Sie können es nicht zulassen, dass etwas mit ihnen
geschieht, so sehr haben sie sich angewöhnt zu glauben, sie selbst müssten
immer aktiv sein und alles unter Kontrolle haben. Ihnen fehlen Empfänglichkeit und Demut. Ihnen fehlt die „weibliche" Seite des Eros, weshalb es
mir auch besonders schmerzlich ins Auge sticht, wenn Frauen sich nicht
mehr beschenken lassen.

Aber es ist ja nicht nur das. Wer sich nicht beschenken lassen möchte, sich einem Geschenk aber dennoch nicht entziehen kann, lässt in der Regel keine Möglichkeit aus, gnadenlos zurückzuschlagen: Man redet sich ein, dem Schenkenden verpflichtet zu sein – was man auf keinen Fall will –, und rächt sich an ihm, indem man ihm postwendend etwas zurückschenkt; statt sich einfach zu entspannen, ein Geschenk anzunehmen und sich daran zu freuen, und zwar ohne dabei sogleich in die zweckrationale Logik des *do ut des* („Ich gebe, damit du gibst") zu fallen. Diese Logik gehört in die Welt des Ego. Fast mechanisch fordert sie den Ausgleich zwischen Nehmen und Geben. Ein Beispiel: Er bringt ihr von der Reise ein Schmuckstück mit. Was passiert? Die Beschenkte sieht sich dann in der Schuld des Schenkenden. Um dieser Schuld zu entgehen, ziert sie sich, redet irgendetwas von: „Das wäre doch nicht nötig gewesen", und ruht nicht eher, bis dass sie eine Gegenleistung erbracht hat, um nicht länger in der Schuld dessen zu stehen, der sie beschenken wollte. Und so brüskiert sie ihn, der doch aus Liebe und gefühlter Nähe etwas gibt. Ein solches Geziere und Getue finde ich sehr traurig, denn dadurch wird eine zarte Geste der Liebe überschattet und zunichte gemacht. Der zärtliche, warmherzige Akt des Schenkens gefriert an einer solch kühlen Oberfläche.

Deswegen bin ich so glücklich darüber, dass wir nie aufgehört haben, uns gegenseitig zu beschenken. Ich bin mir sicher, dass das einer der Gründe dafür ist, warum auch in Zeiten hoher Belastung und wechselseitiger Entfernung das Feuer des Eros zwischen uns doch nie ganz ausgegangen ist. Es wäre schön, wenn es uns gelänge, diese Kunst des Schenkens und des Sich-beschenken-Lassens unter die Menschen zu bringen – so dass sie mit Freude geben und mit Heiterkeit empfangen und sich darin gegenseitig beglücken können.

Eine mir besonders kostbare Form unseres erotischen Spiels von Schenken und Beschenkt-Werden möchte ich bei dieser Gelegenheit nicht unerwähnt lassen: das Gespräch, das Hin und Her von Zuhören und Sagen. Beides sind außerordentlich erotische Qualitäten, die ich immer wieder im Gegenüber mit dir erfahren habe und die keineswegs selbstverständlich sind. Denn egal, wo du hinhörst: Überall haben die Leute Antworten, überall haben sie Positionen, die sie vertreten und an den Mann bringen wollen. Menschen, die zuhören und fragen, sind eher selten. Denn es könnte ja passieren, dass andere ihnen wirklich etwas zu sagen haben – etwas, womit sie dich beschenken wollen, das du aber nicht hören willst, weil es dich nicht in deinem So-Sein bestätigt, sondern dich stattdessen in Frage stellt. Das erotische Spiel von Fragen und Zuhören setzt voraus, dich gehen lassen zu können; deine Meinungen gut sein lassen zu können und dich einzulassen auf das, was andere sagen und sind. Dieses Sich-Einlassen ist eine schöne Variante auf das große Thema von Empfänglichkeit und Hingabe. Ich glaube, wir können uns gar nicht oft genug darin üben – bis zu dem Punkt, an dem das Geben und Nehmen des Gesprächs, das Schenken und Sich-beschenken-Lassen mit Fragen und Antworten zum Liebesspiel wird. Das ist dann fast so etwas wie Sex mit Worten, denn es liegt eine große Zärtlichkeit darin. Auch ein guter Flirt ist letztlich immer ein Erfragen, ein Erkunden, ein tastendes, schwebendes Spiel. Das ist etwas sehr Kostbares, und ich genieße es, das immer wieder mit dir hinzubekommen. Doch ich sehe auch, dass viele Paare diese Kunst verlernt haben. Komm, lass uns das Glas auf das Flirten erheben!

Deshalb ist es gut, wenn wir unseren Seelen in regelmäßigen Abständen bewusst solche Zeiten gönnen, die sich dann langsam, aber sicher ausdehnen – Zeiten fürs Flirten, fürs tiefe Gespräch und zärtliche Zuhören. Wir brauchen solch kleine Zeremonien, kleine Feiertage im Leben, kleine Fluchten aus dem von Kindern, Töpfen und Wäsche beherrschten Alltag – das ist nach meiner Erfahrung mit dir eine gute Praxis erotischer Lebenskunst. Und je mehr wir die Welt mit den Augen und Sinnen der Liebe wahrnehmen und gestalten, desto mehr werden wir dann irgendwann das ganze Leben als ein Fest feiern. Denn es sind gerade die besondere Achtsamkeit und der bewusste Blick eines Liebenden auf die Welt, die einen Festtag vom Alltag unterscheiden.

Ein Hoch auf den ehelichen Sex

Durch alle Stufen der Menschheit gehst du mit mir von der ausgelassensten Sinnlichkeit bis zur geistigsten Geistigkeit und nur in dir sah ich wahren Stolz und wahre weibliche Demut.

Friedrich Schlegel

Eines der schönsten Geschenke, mit denen wir uns wechselseitig beglücken können – ich denke, da sind wir uns einig –, ist Sex. Und zwar gerade dieser, sagen wir etwas entdramatisierte eheliche Sex, der zwar (offen gestanden: etwas zu) selten stattfindet, dafür aber doch eine Tiefe der Verbundenheit hat, die es bei meinen früheren Beziehungen, Abenteuern oder Affären nicht gab. Im Ernst, ich finde unseren ehelichen Sex richtig gut, denn ich erlebe darin so eine angenehme, spielerische Entspanntheit, die etwas mit dem zu tun hat, was ich erotische Reife nenne: Sex als ein Fest, bei dem menschliche Körper sich in großer Freiheit aneinander erfreuen. Mmmh.

Früher war Sex bei mir anders. Da kochte in mir das Begehren; da empfand ich zwar Liebe und Zärtlichkeit, doch gab es auch einen Anteil in mir, der über Sex seine Besitzansprüche auf meine Freundin reklamieren wollte. Ja, da erhob der Wille zur Macht in mir seine Stimme – den ich auch sonst in sehr vielen Beziehungen als treibende Kraft beobachte: wenig Eros, aber viel Wille zur Macht. Nicht schön. Da wird Sex zum Schlachtfeld – *Love Is A Battlefield* (Pat Benatar). Davon gibt es wirklich mehr als genug in unserer Welt. Und je mehr wir Liebe und Sex infolge der großen Pornographisierung voneinander trennen, desto mehr verwischt die Grenze zwischen Liebesspiel und Vergewaltigung.

Sex, wie ich ihn mir im Zuge einer gereiften Erotik, einer fortgeschrittenen erotischen Lebenskunst vorstelle, sieht ganz anders aus. Erotischer Sex ist freier Sex: Sex, bei dem die Aspekte von Macht und Unterwerfung, Ohnmacht und Beherrschung komplett zurücktreten. Stattdessen verleihen wir im Bett unserer innigen seelischen Verbundenheit körperlichen Ausdruck – in hoher Bewusstheit, in Freude und Gelassenheit. Da sind wir uns nahe, da tauchen wir ein in eine kräftigende und heilende Intimität unserer Körper. Ja, wir lassen uns dabei auf jeder Ebene berühren: seelisch, körperlich, spirituell. Das schmeckt nach Freiheit, Glück, Leben, Heiterkeit. Da feierst du mit mir ein verspieltes, sinnliches Fest. Alles entwickelt sich von alleine, dein Körper spricht mit meinem – und die beiden verstehen sich blind. Wir treffen uns voller Absichtslosigkeit im Hier und Jetzt. Da ist kein Wille, der irgendwelche Ziele verfolgt und ihnen hinterherjagt, sondern nur dieser spontane, spielerische Ausdruck des innigsten Verbundenheitsgefühls. Erregung und tiefe Entspannung sind keine Gegensätze mehr, wir können uns in die Erregung hinein entspannen. Wir fließen in einem großen Fluss und lassen uns von ihm tragen... ☺

Aber halt, stopp. Ich muss mich sortieren. Bevor ich jetzt in Phantasien abtauche, will ich noch etwas sagen. Nämlich was ich daraus über Erotik und eine erotische Lebenskunst lerne: Freier, reifer Sex ist ein kreatives, kraftvolles Spiel. Wie bei jedem Spiel gibt es auch hier gewisse Regeln, die Mutter Natur vorgesehen hat. Aber innerhalb des gegebenen Spielraumes ist fast alles möglich. Wie spielende Kinder sind wir in einem absichtslosen, achtsamen, bewussten Miteinander, in dem wir ganz spontan den unmittelbaren Eingebungen, Gefühlen und Zärtlichkeiten folgen – ohne Urteile, ohne Druck, ohne die Frage, was nun moralisch oder unmoralisch wäre.

Natürlich setzt das ein hohes Maß an Vertrauen voraus. Deshalb bin ich dafür, Sexualität für intime Räume zu reservieren, in denen solche Vertrautheit wachsen kann bzw. besteht. Intimität und Sex gedeihen einfach am besten in einem verlässlichen, vertrauten Raum; da ist es gut, wenn es Absprachen oder unausgesprochene, aber klare Vereinbarungen gibt, in denen ein Paar sich frei und leicht entfalten kann. Deshalb meine ich, dass das Ich vollkommen recht hat, wenn es sagt: Ich will Verlässlichkeit. Ich will Stabilität. Ich brauche den geschützten Raum der Partnerschaft, in dem ich mit dir das Fest der Sexualität feiern möchte. Das geht nicht mit jedem, jederzeit und einfach mal gerade so nach einer Party.

Ich will damit nicht sagen, dass es außerhalb einer Paarbeziehung, auch nicht außerhalb unserer Ehe, keine sexuelle Attraktivität geben dürfte. Nein, so einfach geht's nicht. Klar gibt es Frauen, die mich anmachen. Klar gibt es Männer, die dich anziehen ... Natürlich kommt es vor, davon habe ich oben schon gesprochen, dass du dich in einen anderen verliebst oder ich mich in eine andere verliebe. Nur: Jetzt, wo wir erfahrener und gereifter sind, wissen wir, dass Verliebtheit (3. Dimension) nicht unbedingt Sex (1. Dimension) als Ausdrucksform braucht. Es gibt so eine feine, sublime Sexualität, die sich in harmlosen Berührungen ausdrückt – vielleicht als Impuls, ihn in den Arm zu nehmen oder ihr die Hand zu halten. Das ist ein Ausdruck der Verbundenheit. Das können wir tun, ohne damit schon in den fragilen Raum der Sexualität einzutreten. Das kannst du, das kann ich tun, ohne damit unseren intimen Raum zu verletzen oder unserer Ehe zu schaden. Da ist keine Konkurrenz. Im Gegenteil: Vielleicht ist das eine Kraftquelle, die uns stärkt und kräftigt. Umso besser. Und dann können wir uns wieder in unseren Intimraum zurückziehen und unser großes, heiteres Fest der Sexualität feiern – wenn denn die Kinder endlich mal schlafen... ☺

Ganze Frauen,
ganze Männer

Gott will den Mann als Mann und
die Frau als Frau; und will, dass jeder
von ihnen Mensch sei.

Paracelsus

Ich bin so glücklich darüber, dass wir uns an diesem Punkt einig sind: Bei einem guten Fest wollen wir Männer und Frauen sehen – kraftvolle und beherzte Männer, schöne und leuchtende Frauen –, die gut gekleidet sind und gut riechen. Im Ernst, das finden wir wichtig. Wir wollen Männer, die wirklich Männer sind, und Frauen, die wirklich Frauen sind.

Nur darüber, was das eigentlich bedeutet, müssen wir uns immer wieder verständigen. Denn es ist mir ein Anliegen, in deinen Augen wirklich Mann zu sein; so wie ich mir wünsche, das weibliche Wesen in dir erstrahlen zu sehen – damit wir immer mutiger und geübter darin werden, uns gegenseitig dabei zu unterstützen, auch unsere Geschlechtlichkeit als ein Fest zu feiern.

David Deida, von dem ich zu diesem Thema viel gelernt habe, hat den mir sehr einleuchtenden Gedanken formuliert, die Essenz des Weiblichen zeige sich immer dann, wenn eine Frau „leuchtet". Das Bild hat etwas, zumindest deckt es sich mit meiner Erfahrung. Es gibt dieses Leuchten von euch Frauen; es ist – bedauerlich genug – allerdings ziemlich selten. Doch wo eine Frau leuchtet – du wirst es mir nachsehen –, da ist sie im Auge eines Mannes unwiderstehlich; da ist sie schön; da umgibt sie eine Aura der Blüte und Ganzheit, der Reife und Pracht. Meist sind es entweder junge Mädchen oder reife und gestandene Frauen, bei denen ich dieses Leuchten finde. Bei jungen Mädchen wohl einfach deshalb, weil sich an deren Oberfläche die starren Ich-Muster noch nicht so sehr ausgeprägt haben;

und bei reiferen und gestandenen Frauen habe ich herausgefunden, wissen wir beide, was dahintersteckt: Liebe, Herz, Eros!

Klar, Eros und vor allem die voll entfaltete weibliche Komponente in ihm, die Empfänglichkeit, die Hingabe, die Fähigkeit, sich beschenken zu lassen und sich berühren zu lassen. Frauen leuchten nach meiner Beobachtung immer dann, wenn sie in der Liebe sind. Es ist das Herz, das aus ihnen strahlt, ihr innerer Seelenraum ist vom Licht der Liebe durchdrungen, das von dort nach außen quillt. Sie schämen sich ihrer Schönheit nicht. Sie tragen sie in die Welt, nicht nur in ihren Kleidern und ihrem Schmuck, sondern auch in ihren Taten und ihrem ganzen Verhalten. Auch ihre „männlichen" Anteile sind ausgeprägt und entwickelt. Sie geben ihrem Herzen Ausdruck und erzeugen eine Welt der Schönheit um sich. Aber ihre eigentümliche, weibliche Energiequelle scheint mir doch in ihrer Gabe zu liegen, sich dem Zuspruch und Anspruch des Lebens wirklich hingeben zu können. Ich weiß von dir und anderen Frauen, die es als Befreiung erleben, sich tatsächlich ganz in diese Weiblichkeit fallen zu lassen: die es sich erlauben, nicht alles selbst machen und organisieren zu müssen; die es sich zugestehen, beschenkt zu werden; die es als äußerst entspannend erleben, nichts werden zu müssen, sondern einfach satt und glücklich sein zu dürfen.

Leider sehe ich aber auch, dass in unserer Umgebung viele Frauen genau diese Fähigkeit verloren haben, und schlimmer noch, verlieren wollen. Sie wollen sich nicht angehen lassen, sie wollen stattdessen alles kontrollieren und in den Griff bekommen. Aber damit betrügen sie sich um ihre Weiblichkeit und um ihr Leuchten. Stattdessen hasten sie durchs Leben, werden grau und bitter. Sie schlüpfen – oft gezwungenermaßen – in die Rolle von Männern, organisieren und managen, wo sie nur können, und machen dies meist nicht einmal schlecht. Nur glücklich werden sie nicht dabei. Eher neigen sie (zunehmend) zu Depressionen oder werden zu Burn-out-Patientinnen. Und am Ende erscheinen sie als farblose Zwitterwesen, die weder männlich noch weiblich sind. Schrecklich, aber häufig.

Und die Männer? Leuchten die auch? Das will ich doch hoffen, auch wenn nach meinem Eindruck die leuchtenden Männer ähnlich seltene Exemplare ihrer Spezies sind. Oh, wie ich hoffe, in deinen Augen dennoch zu leuchten! Wenigstens von Zeit zu Zeit. Und deshalb wäre für mich schon viel gewonnen, wenn du meiner Theorie über die Ursache männlichen Leuchtens folgen könntest. Wie bei den Frauen, will es mir scheinen, ist es bei näherem Hinsehen das Herz, das die eigentliche Lichtquelle eines strahlenden Mannes ist. Beherzt soll er sein – beherzt in seinem Auftreten und entschlossen in seinem Handeln. Der Weg des wahren Mannes, sagt Deida, ist der Weg seiner Bestimmung. Er muss wissen, was seine Lebensaufgabe ist, und ihr konsequent folgen. Er muss bereit sein, dafür alles andere zurückzulassen. Oder in meinen Worten: Er muss seine Seele entdecken, ihrer besonderen Stimmung Ausdruck verleihen und sie ins Werk zu setzen vermögen, wenn er im vollen Sinne Mann sein und zur Blüte seines Geschlechts gelangen möchte.

Allerdings steht es um uns Männer derzeit nicht viel besser als um euch Frauen. Denn wenn ich mich umschaue in der Welt, sehe ich zwar viele Bubis und Bürschchen, aber keine Männer. Ich sehe Pubertierende in Nadelstreifenanzügen, große Jungs, die in der Business-Welt Cowboy und Indianer spielen. Ich sehe unreife Männer, die nur um sich selbst kreisen und dabei weit hinter dem zurückbleiben, was Männer eigentlich sein könnten. Zumindest dann, wenn man Richard Rohr folgt, der vier Archetypen des Männlichen unterscheidet, die voll zu entfalten – zu initiieren, wie er es nennt – die eigentliche männliche Reife ausmacht: den Krieger, der seine Emotionen beherrschen gelernt hat und seine Aggression beherzt in den Dienst des Lebens und nicht seines Ich zu stellen weiß; den Liebhaber, der nicht um seiner Lust willen Frauen verführt, sondern sich offenherzig und hingebungsvoll ins Leben in all seinen Gestalten verliebt; den Weisen, der sein Wissen nicht um seiner Macht willen missbraucht, sondern mit der Weisheit des Herzens zum Wohle des Lebens einsetzt; und den König, der beherzt und weise zugleich ist und darin zur Meisterschaft des Lebens gelangt. Aber wo sind sie, fragst du, die Könige? Ich weiß es nicht. Ich weiß nur, dass es ein langer Weg ist, ein solcher zu werden; und dass ich ihn gehen möchte, um das Feuer der Liebe in deinem und meinem Herzen lebendig zu halten.

Natürlich wird mir auch das nur gelingen, wenn ich als Mann meine weiblichen Anteile entfalte: wenn ich mich empfänglich mache für das, was das Leben mir bietet – wenn ich in Demut und Offenheit hinhöre, mein Herz ent-schließe, um dann entschlossen, verantwortungsvoll und beherzt auf das zu antworten, was das Leben an mich heranträgt. Wahrscheinlich verhindert gerade das Fehlen dieses weiblichen Anteils in vielen Männern, dass sie reifen und erwachsen werden. Sie verleugnen ihre eigene Bedürftigkeit und sind auf diesem Auge blind für die Wirklichkeit der Liebe. Ihnen fehlen Demut und Empfänglichkeit. Ohne starke weibliche Anteile kann ich kein Mann sein – und doch ist es für mich unabweisbar, dass ich mich als Mann immer dann am kraftvollsten und energiereichsten erlebe, wenn ich den männlichen Anteil des Eros in mir feiere: wenn ich schaffe, kreativ bin, beherzt für das gehe und stehe, dem meine Leidenschaft, Sehnsucht und Liebe gilt. Und – offen gestanden – deine Reaktion auf mich bestätigt mich darin. Denn dass du mich am liebsten in meiner Kraft und Beherztheit siehst, wirst du nicht bestreiten.

Reshad Feild, der englische Sufi-Mystiker, hat einmal einen Gedanken über die Essenz der Geschlechter formuliert, der zwar anstößig ist, sich aber irgendwie in mir festgesetzt hat. Er sagt: Der Unterschied zwischen Männern und Frauen besteht darin, dass Frauen vollkommen sind und Männer vollkommen werden. Frauen, so Feild, wollen in ihrer Vollkommenheit erkannt werden – von sich genauso wie von anderen. Sie müssen dafür gar nicht viel tun, außer ihrem Sein als Frau zuzustimmen und darin einzuwilligen. Männer hingegen arbeiten immer daran, sich ihr Mann-Sein zu erwerben. Sie sind die *Wesen des Werdens*, wohingegen Frauen die *Wesen des Seins* sind. Das eine ist nicht leichter oder besser als das andere. Es ist nur verschieden. Das ist vielleicht etwas überpointiert, aber blöd ist es nicht; es scheint mir eine Variation auf das alte Thema der Diotima zu sein: Empfänglichkeit, sich öffnen, hingeben an das, was ist;

und Kreativität, gestalten, entfalten dessen, was als Potenzial noch in uns schlummert.

Es gefällt mir, dich als dein Mann in deinem Frau-Sein unterstützen, zu deinem Frau-Sein ermutigen zu dürfen; und von dir in meinem Mann-Werden immer neu gefordert, angestoßen, korrigiert, kritisiert, ermutigt, ermuntert, gestärkt zu werden. Und wieder und wieder sehe ich, wie gut es uns – und anderen Paaren – damit geht, dieses bewusste Mann- und Frau-Sein zu entwickeln; wie gut es tut, die Polaritäten der Geschlechter gerade nicht anzunähern und aufzuweichen, sondern sie klar und bestimmt auseinandertreten zu lassen und so die Spannung aufzubauen, die Eros braucht, um lebendig sein. Ganz Mann sein, ganz Frau sein – immer neu darauf achten, dass wir als Paar das Gleichgewicht und die Spannung halten: So wird das Leben zum Fest, zu einem kraftvollen Tanz. So wird die Quelle nicht versiegen, aus der uns die erotische Energie zufließt, die wir brauchen, um uns wieder und wieder ins Leben zu verlieben.

Das große Mobile

Nur wer Meister der Harmonie ist,
versteht das Leben, und wem sie fehlt,
der ist töricht, trotz allen Wissens, das
er erworben hat.

Hazrat Inayat Khan

Vielleicht machst du an diesem Punkt einen Einwand. Vielleicht denkst du dir: Irgendetwas passt hier nicht zusammen. Einerseits plädierst du für klare Geschlechteridentitäten, andererseits sagst du, dass Männer und Frauen gleichermaßen in möglichst hohem Maße ihre jeweiligen männlichen und weiblichen Anteile entfalten müssen, wenn sie denn zu erotisch reifen Menschen werden wollen. Wie soll das gehen? Brauche ich denn überhaupt noch einen Mann an meiner Seite, wenn ich meine männlichen Anteile komplett integriert habe? Und brauchst du mich an deiner Seite, wenn du deine weiblichen Anteile entfaltet hast? Können sich solche integrierten Wesen überhaupt noch ineinander – und ins Leben – verlieben?

Kein schlechter Einwand. Die Frage ist wohl, ob es einen solchen Zustand überhaupt geben kann; ob es möglich ist, dass ein Mensch alle Anteile in sich zu einem völligen Gleichgewicht bringt, so dass er in sich das Weibliche und das Männliche vollkommen entfaltet. Mir scheint es doch eher so zu sein, dass unsere Seelen geschlechtlich gepolt – dass sie entweder auf „weiblich" oder auf „männlich" gestimmt sind. Jedenfalls glaube ich nicht, dass uns „das Weibliche" oder „das Männliche" allein durch Erziehung und soziale Einflüsse eingeprägt wurde. Und wenn das so ist, dann sind wir entweder auf „männlich" oder „weiblich" gestimmt; dann entwickeln wir unsere männlichen oder weiblichen Anteile unter einem – und nur einem – dieser beiden Vorzeichen. Und dann kann es auch kein erstrebenswertes Ziel sein, möglichst geschlechtsneutral oder innerlich geschlechtlich ausgewogen zu sein. So wichtig es ist, als Mann die weiblichen und als Frau die männlichen Anteile zu entwickeln, so wenig glücklich wird es dich machen, wenn deine und meine Seele am Ende jeweils zu 50 Prozent weiblich und zu 50 Prozent männlich wäre. Dann käme es zu einer Nullspannung, zum „Wärmetod"; es flösse zwischen uns keine Energie mehr. Dann wären wir in der Nacht der Liebe, in der alle Katzen grau sind. Keine schöne Vorstellung.

Nein, ich denke, dass die Geschlechterpolarität auch bei erotisch weit entwickelten Menschen nicht aufhört, auch nicht bei weitgehender Integration der gegengeschlechtlichen Anteile. Und ich finde das, offen gestanden, auch ganz gut so. Genau wie du. Gott sei Dank!

Was man nach meiner Erfahrung allerdings sagen kann, ist, dass Menschen, die hinter ihrem jeweiligen Geschlechtsvorzeichen sowohl männliche als auch weibliche Qualitäten in sich entwickelt haben, innerlich und in ihren Beziehungen freier sind. Sie sind nicht mehr so sehr aufeinander angewiesen; sie hängen nicht voneinander ab, weil sich ihre Verbundenheit nicht aus dem Hunger ihrer Ichs nach dem anderen Geschlecht, nach den ihnen fehlenden Anteilen, herleitet, sondern aus der tiefen Verbundenheit ihrer Seelen.

So jedenfalls deute ich unsere Ehe, die ihre Kraft nun wahrlich nicht daraus bezieht, dass ich der Supermann bin und du das Vollweib bist. Das nun gerade nicht. Es ist doch eher so, dass du viele „männliche" Anteile in dir integriert hast und ich ebenso meine „weiblichen" Aspekte nicht verleugne. Das führt dazu, dass unsere Ehe nicht durch sexuelle Hochspannung gehalten wird oder in einem Zustand dauernder sexueller Erregung vibriert – dafür aber gibt sie Raum, unsere tragende Verbundenheit in der Tiefe unserer Seelen zu entdecken. Will sagen: Die Tatsache, dass wir jeweils zu einem hohen Maße die andersgeschlechtlichen Anteile in der eigenen Seele entwickelt haben, vermindert zwar das sexuelle Begehren zwischen uns, ermöglicht aber gleichzeitig eine erotische Hinwendung zur Welt und lässt uns einander somit als in Freiheit verbundene Menschen begegnen – immer noch als Mann und Frau, darauf bestehe ich, immer doch in einer wohltemperierten Spannung der Geschlechter, die dafür sorgt, dass auch das Sexuelle und damit die fundamentale körperliche Dimension der Verbundenheit nicht flöten geht; aber das eben doch entspannter und gelassener.

Und so ist unsere Ehe auch nicht von der Angst befeuert, den sexuellen Gegenpol zu verlieren und niemanden mehr zu haben, mit dem sich die Geschlechterspannung zum Ausgleich bringen lässt. Damit geht dem Sex zwar eine gewisse Intensität verloren, dafür aber bekommt er eine spielerische, leichte Tönung. Wenn wir zusammen im Bett sind, ist dies mehr eine Feier unserer Verbundenheit, die sich dann endlich einmal wieder körperlich ausdrücken kann. Ganz frei, ganz heiter. Keiner ist das Überdruck-Ventil des anderen, sondern wir begegnen uns als in sich ausbalancierte Wesen, die nun in körperlicher Resonanz schwingen. Das ist ein Fest. Life ist good.

So können wir uns aneinander freuen und aneinander wachsen; einfach weil wir an nichts so gut wachsen können wie an dem, was anders ist als wir selbst. Dann vertieft das nicht nur unser beider Beziehung, sondern ebenso meine und deine seelische Schönheit. Auf diese Weise bildet sich unsere Gemeinschaft, die von einer innigen Liebe getragen ist, immer neu. Wir können aus freien Stücken immer aufs Neue Ja zueinander sagen – und ebenso zu den Menschen unserer Umgebung, den Kindern, den Freunden, den Verwandten, den Nachbarn, ja, am Ende zur ganzen Welt.

Natürlich ist das ein anderes Ja als das, mit dem wir damals zusammen vor den Traualtar traten. Dieses Ja war zu einem Gutteil das Ja von Ich zu Ich, die sich entschieden hatten, füreinander da zu sein und sich kraft ihres Willens aufeinander zu verpflichten. Das war damals gut und richtig, und dieses Bündnis besteht weiterhin fort. Aber das, was uns verbindet, hat sich mit den Jahren vertieft. Es ist jetzt nicht mehr so sehr unser Bedürfnis nach Stabilität und verbindlicher Dauer; sondern die gewachsene und erfahrene Verbundenheit unserer Seelen. Wir sind nicht deshalb auch nach 15 Jahren noch ein Paar, weil wir Angst davor haben, sonst allein zu sein oder einander zu verlieren, sondern weil es unserem Verbundensein entspricht, an einem gemeinsamen Ort, in geteilter Intimität auf eine uns beglückende und erfüllende Weise zu leben. Wir sind gemeinsam in der Liebe, auch wenn diese Liebe sich ebenso im Laufe der Jahre gewandelt hat. In ihr ist immer noch derselbe Eros mächtig, der erst unsere Körper füreinander entflammte und dann unsere Ichs aneinanderband. Doch sind wir heute in unserer Erotik reifer und freier. Jeder übernimmt die Verantwortung für sich und für unser gemeinsames Wir. Und mir scheint, dass wir auf diese Weise unseren Kindern einen guten, liebevollen Raum geben, in dem sie aufwachsen können.

Wenn du erlaubst, möchte ich diese Beobachtung noch einmal auf eine andere Ebene bringen. Wie du weißt, beschäftige ich mich schon seit langem mit der Erforschung der Funktionsweise lebendiger Systeme. Daraus ist bekannt, dass das Miteinander von Menschen nach einfachen Prinzipien funktioniert: Wo immer Menschen in Beziehungen zueinander stehen – sei es in einer Familie, einer Firma, oder in welchem „Wir" auch immer –, ist das von ihnen gebildete System darauf ausgerichtet, mit sich selbst in einem fließenden Gleichgewicht zu sein. Es will ausbalanciert sein und richtet seine Bestandteile nach diesem Maßstab zueinander aus. Meistens gelingt das, aber die Zustände, in die das System dadurch versetzt wird, können recht unterschiedlich sein. Es gibt Gleichgewichts- oder Balancezustände, die zu einem hohen Preis erkauft werden; etwa dann, wenn ein „Mitglied" des Systems gewaltsam die anderen in einen stabilen Zustand zwingt, oder wenn in einer Familie die Mutter extrem viel Energie in das System investiert, um den zentrifugalen Kräften entgegenzuwirken. Solche Zustände sind ungesund und kraftraubend, aber für das System vordergründig doch besser als das komplette Chaos. Und deshalb sind sie oft so hartnäckig. Wie viele Ehen „funktionieren" nach diesem Prinzip! Und viele Menschen werden in diesen Ehen krank und energielos! Sie verpulvern sich in dem Bemühen, mit der ganzen Kraft ihres Ich die auseinanderdriftenden anderen Ichs zusammenzuhalten, zusammenzukleben. Und das nur, um am Ende doch zu scheitern – krank, geschieden, depressiv. Das kann also nicht das Ziel sein. Gleichgewicht und Balance um jeden Preis sind nicht erstrebenswert. Was dann?

Die Antwort lautet: Harmonie. Und damit ist in etwa das gemeint, was ich gerade rühmend an unserer Ehe dargestellt habe: der Zustand, in dem sich die einzelnen Systemmitglieder frei und kraftvoll entfalten und ihre Energie reibungslos dem Gesamtsystem zur Verfügung stellen können. So jedenfalls ließe sich das perfekte System – oder auch die perfekte Ehe – beschreiben. Ein schönes Bild dafür ist das Mobile, bei dem ganz viele Gewichte so aufeinander abgestimmt sind, dass sie sich immer wieder ausbalancieren: Gewicht und Gegengewicht, im leichten Spiel innigst verbunden.

Erste Voraussetzung dafür ist, dass die Partner (oder Systemmitglieder) mit sich selbst im Reinen sind. Systemtheoretisch gesprochen: Das innere Subsystem, das ich selbst bin, muss in sich ausbalanciert sein, um sich auch im äußeren Beziehungssystem harmonisch einbringen zu können. Dafür müssen die Partner aber möglichst viele Facetten ihrer Seele ins Bewusstsein gebracht und mit einer liebevollen Bejahung angenommen haben; und ebenso müssen sie sich ihrer vier Bewusstseinsdimensionen bewusst sein und diese gleichermaßen wertschätzend annehmen: das Ich genauso wie den Körper mit seinen Bedürfnissen, den eigenen Willen genauso wie das sexuelle Begehren; und ebenso sollten sie die Polarität ihrer männlichen und weiblichen Anteile in sich integriert und liebevoll angenommen haben. Denn in dem Maße, in dem ich mir selbst durchsichtig werde, wird es mir möglich sein, die innere Harmonie und Balance herzustellen, die meine Seele mit sich und dem ihr übergeordneten Systemkontext (Partnerschaft, Familie) in Einklang sein lässt. Ja, je mehr mir das gelingt, desto stärker werde ich diese innere harmonische Schwingung auch auf andere Menschen ausstrahlen können.

Wo das der Fall ist, wäre dann auch die zweite Voraussetzung für ein wahrhaft harmonisches Miteinander erfüllt: dass du und ich als Partner oder Mitglieder eines Systems unsere Ich-Oberfläche durchbrochen haben und in unserem Seelenraum heimisch geworden sind. Geschieht das nicht, könnten wir unmöglich mit uns im Reinen sein. Denn um mit uns im Reinen zu sein, müssen wir uns – jeder für sich und miteinander – mit dem liebenden Blick des Sowohl-als-auch anschauen und unsere inneren wie äußeren Widersprüche aushalten können. Das können wir aber nicht aus dem Ich, sondern nur, wenn wir dank des Eros unsere Ich-Oberfläche durchbrochen haben und in die Liebe gefallen sind.

Womit dann auch die dritte Voraussetzung erfüllt wäre: nämlich dass wir in der Liebe sind; weil wir, ohne in die Liebe „gefallen" zu sein, auch nicht im Seelenraum sein können.

Sind diese drei Voraussetzungen erfüllt – je mit sich im Einklang sein, im Seelenraum sein, in der Liebe sein –, dann können wir und alle Partner sich so begegnen, dass wir innerlich frei und gleichzeitig miteinander verbunden sind, so, wie wir wirklich sind. Nun können wir miteinander ein Gleichgewicht finden, das nicht unter hohem Energieaufwand von einem Ich erzwungen werden muss; sondern das sich ganz von allein einstellt, sofern wir uns wirklich auf die uns verbindende seelische Verbundenheit einlassen. So entsteht Harmonie, die mehr ist als einfach nur Gleichgewicht. Jeder einzelne Teil ist ganz bei sich und kann sich zur Blüte entfalten, dass seine volle Energie dem Ganzen zufließt; und dies, ohne dass da irgendwelche energetischen Blockaden bestünden oder ein Teil sich überproportional für das Gleichgewicht des Ganzen abstrampeln müsste. Wenn wir so miteinander verbunden sind, dann fangen alle Drähte unserer Seele an zu glühen. Dann sind wir eingeflochten in eine Interdependenz, in ein lebendiges, fließendes Zusammenspiel. Dann ist das Miteinander ein Fest und ein Tanz im großen Ballsaal des Lebens.

Zwei Seelen,
eine Leidenschaft

> *If the willingness is there, love can continue to grow – and not only will the couple's love for each other increase, but they themselves will grow within it as they continue to participate as equals in the openended adventure of their ongoing life together.*
>
> Cynthia Bourgeault

Nietzsche hat einmal gesagt: „Die meisten Ehen scheitern nicht aus Mangel an Liebe, sondern aus Mangel an Freundschaft." Wenn ich mich in unserem Bekanntenkreis umschaue, dann kann ich nur sagen: Er hat Recht. Selbst wenn ich mir unsere Ehe anschaue, komme ich zu diesem Ergebnis. Nicht, weil sie gescheitert wäre, nein, im Gegenteil: Mir scheint, sie funktioniert deshalb recht gut, weil wir nicht nur einen erotischen Reifungsprozess durchlaufen (und manchmal auch durchlitten) haben, sondern auch einfach gute Freunde geworden sind. Und das will einiges heißen. Es wäre ein dummes romantisches Missverständnis, wenn wir uns einreden ließen, unsere Ehe wäre keine richtige Ehe mehr, wenn sie „nur" noch auf Freundschaft beruhe. Da muss man erst mal hinkommen. Und außerdem basieren solche abwertenden Aussagen zumeist auf einem sehr oberflächlichen Verständnis von Freundschaft.

Darf ich dir also verraten, was ich meine, wenn ich unsere Ehe zu einem Gutteil als Freundschaft deute? Darf ich das auch dann, wenn ich dafür ein bisschen philosophisch ausholen muss? Nur ein bisschen? Nun gut, ich erspare dir die komplette Geschichte des Konzeptes Freundschaft und erwähne nur diejenige Deutung, die mir bislang am meisten eingeleuchtet hat. Zufällig ist es auch die älteste, nämlich die des Aristoteles. Das Schöne ist, man kann sie schnell auf den Punkt bringen. Er sagt: Freundschaft entsteht immer aus einer geteilten Leidenschaft oder Begeisterung für ein gemeinsames Drittes. Das, so meint er, unterscheidet Freunde von Liebenden. Liebende begeistern sich füreinander; Freunde begeistern sich jeweils für etwas, was sie in dieser Begeisterung verbindet.

Beispiel Sportsfreunde: Ihre Freundschaft gründet in der gemeinsamen Begeisterung für, sagen wir, Wasserball. Das schweißt sie zusammen. Ihr Eros, so könnte man sagen, geht in die gleiche Richtung. Ihre Erotik ist synchronisiert. Sie lieben nicht einander, aber sie lieben gleichermaßen Wasserball. Und solange das anhält, hält ihre Freundschaft. Kehrt sich einer vom Wasserball ab und wendet sich dem Springreiten zu, ist auch die Freundschaft vorbei. So einfach ist das. Ähnlich steht es um Geschäftsfreunde. Okay, die sind nicht so sehr durch ein gemeinsames Objekt ihrer Begeisterung verbunden, sondern durch ein gemeinsames Objekt ihres Interesses. Sie wollen beide ordentlich Schotter verdienen. Solange dieser Vorsatz sie verbindet, sind sie Freunde. Ist der Schotter da, entzweien sie sich und treffen sich häufig vor Gericht wieder. Und kommt statt des Schotters die Insolvenz, lassen sie das vermutlich direkt durch ihre Anwälte klären ...

Freundschaften, die durch geteilte Begeisterung oder geteiltes Interesse gestiftet sind, haben offenbar keine lange Haltbarkeit. Deshalb stellte Aristoteles ihnen eine dritte Art der Freundschaft an die Seite. Ach was, *darüber* hat er sie gestellt – als die eigentliche und wahre Freundschaft. Diese Freundschaft hat auch ein „gemeinsames Drittes", aber dieses gemeinsame Dritte ist nachhaltiger und tiefer. Es ist „das Gute". Was heißt das? Echte, wahre Freunde oder Freundinnen sind darin verbunden, dass sie beide ihre – erotische – Leidenschaft darauf wenden, dass Gutes entstehe, und zwar überall: im Leben ihrer Freunde, in ihrem eigenen Leben, im Leben in der Welt. Das wiederum heißt aus meiner Sicht: Sie haben etwas gemeinsam, was sie von anderen Menschen unterscheidet. Sie sind erotisch reife Menschen – die ins Leben verliebt sind und deshalb überall das Gute und Schöne wollen; die tief in ihren Seelenraum vorgedrungen sind und darin die tiefe Verbundenheit von und mit allem erfühlen und erfahren; denen Eros das Herz öffnet, so dass sie in ihrer erotischen Liebe zum Leben verbunden sind – auch und gerade dann, wenn sie dabei nicht ineinander verliebt sind.

Dorthin zu kommen ist wie gesagt gar nicht leicht. Aber wenn es gelingt, dann stiftet dies eine Verbindung, die der unmittelbaren erotischen Verliebtheit kaum nachsteht; denn auch die Freundschaft ist vom Eros beseelt und getragen. Das gibt ihr Kraft und Haltbarkeit. Und ich glaube, meine Liebste, das ist das Geheimnis unserer Ehe – zumindest ein Teil davon.

Wie blass nehmen sich neben einer solchen Freundschaft die oberflächlichen Spielarten der Freundschaft aus, von denen ich zuvor sprach. Nicht, dass ich sie schlecht reden wollte. Sie sind völlig okay, aber eben zweidimensional, denn sie spielen auf der Ebene des Ich. Unsere tiefe Freundschaft dagegen ereignet sich in der dritten Dimension. Sie verbindet unsere Seelen. Das gibt ihr einfach mehr Tiefe und Qualität.

Und Offenheit – denn diese von unserer geteilten Leidenschaft für das Gute getragene Freundschaft ist nicht nur auf unsere Ehe beschränkt. Es ist durchaus erlaubt, dass da jemand auftaucht, der in unserem Bund der Dritte ist – oder die Vierte, Fünfte ... Denn wenn dir jemand begegnet, der genau wie du das Leben liebt, wirst du dich ihm nahe fühlen. Du erkennst in ihm eine verwandte Seele und fühlst dich eng mit ihm verbunden. Es spielt auf dieser Ebene dann keinerlei Rolle mehr, ob es sich um einen Mann oder eine Frau handelt. Und es ist so gut wie sicher, dass dein Freund oder deine Freundin auch mein Freund oder meine Freundin werden wird. Und umgekehrt.

Welche eine wunderschöne Form der Gemeinschaft doch entstehen kann, wenn wir mit anderen die gleiche Leidenschaft zum Leben teilen! Wir finden einen Kreis von Geistesverwandten. Wir werden uns treffen, wir inspirieren uns, wir machen uns Mut. Wir tauschen uns aus, wir haben einen gemeinsamen Ort, wo wir zusammen das Leben als ein Fest feiern können. Manchmal wünsche ich mir, dass wir uns eines Tages von einer solchen Gemeinschaft umgeben wissen – einer Gemeinschaft, die getragen ist von einer gemeinsamen Liebe zum Leben; die uns sowohl den nötigen Raum der Intimität einer Paarbeziehung gewährt, als auch Räume und Zeiten kennt, in denen gemeinsam gearbeitet, gefeiert, gelebt wird. Noch sind solche Lebensformen selten. Aber die Sehnsucht nach ihnen wächst exponentiell, denn auch die Vereinzelung der Menschen nimmt stetig zu.

Vielleicht wirst du sagen, dies sei doch eine gar zu romantische Vorstellung davon, wie eine erotische Lebenskunst im Leben manifest werden kann. Doch wenn wir uns etwas nicht einmal vorstellen können, wie soll es dann Wirklichkeit werden?

Erotik und Ethik

Lasst uns mitarbeiten auf dieser Welt,

dass Strukturen geschaffen werden,

in denen Leben nicht zerstört wird,

sondern erhalten und gepflegt wird.

Liebe lässt keine Zerstörung zu.

Karoline Mayer

Nun, meine Liebste, da ist ein Thema, das uns noch eine Weile beschäftigen wird. Es ist das Thema „Kritik". Wir beide neigen dazu, kritisch zu sein. Das ist gut so, aber auch tückisch. Denn wie jeder Mensch müssen auch wir uns davor hüten, dabei in die „Urteilsfalle" zu tappen. Ich bin mir sicher, dass es kaum einen besseren Indikator dafür gibt, wie tief ein Mensch in die Liebe gefallen ist, als sein Unvermögen, Urteile zu treffen. Oder anders gesagt: Je tiefer du mit dem Licht deines Herzens und deiner Liebe den Innenraum deiner eigenen Seele durchleuchtest – je bewusster du dir deiner eigenen Schatten und blinden Flecken wirst –, desto weniger wirst du andere Menschen be- oder verurteilen. Es wird dir auch immer schwerer fallen, dich zu entrüsten. Vielleicht befremdet oder bekümmert dich etwas, aber du empörst dich nicht mehr moralisch. Das ist ein Quantensprung der seelischen Entwicklung. Denn in dem Maße, in dem du deine Mitmenschen urteilslos betrachten kannst, in dem Maße kannst du auch zu dir selbst Ja sagen. Das führt zu echter Selbstliebe und hat nichts mit Narzissmus zu tun.

Das Schöne daran ist: Wenn die altgedienten Entrüstungsmechanismen nicht mehr so greifen wie früher, dann wird das Leben gelassener; und zwar ohne dabei langweiliger oder farbloser zu werden. Das ist kein Paradoxon. Das Leben wird gelassener, weil du mehr in der Gegenwart bist, präsenter und wacher; irgendwie auch näher an den Dingen und Menschen. Denn urteilsfrei heißt nicht interesselos; wir dürfen den Zustand erotischer Urteilsfreiheit nicht mit der ästhetischen Wahrnehmung verwechseln, bei der sich das Ich den Rest der Welt von Hals hält, um ihn in Ruhe genießen zu können. Wenn wir in der Liebe sind und die Welt mit dem Herzen anschauen, halten wir sie uns mitnichten vom Leib. Im Gegenteil, wir sind mitten drin, aber wir fällen keine Werturteile. Wir sagen nicht: Das ist gut, das ist böse. Vielleicht sagen wir: Das ist gut und das ist schlecht – etwa dann, wenn es um die Qualität von etwas geht, zum Beispiel des Essens im Restaurant. Klar darfst du sagen: „Das Essen ist schlecht", wenn es schlecht ist. Klar darfst du sagen: „Der Kaffee ist Plörre", wenn er Plörre ist. Aber – und das macht den Unterschied – du regst dich darüber nicht mehr auf. „Der Kaffee ist Plörre, aber das Leben ist trotzdem schön. Scheiß drauf. Nächstes Mal gehen wir in eine bessere Bar." Das ist es, was ich meine: Die Entrüstung geht flöten. Was schlecht ist, regt dich nicht mehr auf. Maximal sagst du dir: „Was für eine Tragödie! So einen schlechten Kaffee anzubieten, ohne es zu merken!" Jedenfalls könnte ich mir eine liebende Seele vorstellen, die so etwas sagt, weil sie verbunden bleibt und darunter leidet, dass nicht alles so gut und schön ist, wie ihr Herz es gern hätte. Und trotzdem ist ein größeres Maß an Gelassenheit da. Es ist die Entspanntheit der liebenden Seele.

Ich glaube, diese Entspanntheit ist auch ganz wichtig für das, was ich an unserer Ehe inzwischen richtig gut finde, auch wenn es mir nun wirklich nicht in die Wiege gelegt war: die Streitkultur. Ich erlebe es als ganz wichtig, dass wir auch – oder gerade – als Liebende miteinander streiten; ohne einander runterzuputzen oder fertigzumachen, sondern voller Respekt füreinander, aber eben auch für die Sache, über die wir womöglich verschiedener Meinung sind. Klar, es gibt unterschiedliche Perspektiven, und es ist nie auszuschließen, dass meine die verkehrte oder unzureichende ist. Da ist es wunderbar, dich als Kritikerin und Streitende an meiner Seite zu haben. Denn deine Kritik kann ich gut annehmen, weil ich doch weiß, dass sie von Liebe grundiert und getragen ist. So kann ich auch meine Fragen und Zweifel anbringen, weil ich doch weiß, dass selbst ein handfester Streit nicht so leicht dazu führen wird, unsere Ehe auszuhebeln. Denn irgendwann kommt immer der Punkt, wo wir unsere Meinungen – die wir so gerne haben – in die Liebe fallen lassen. Dann begegnen sich unsere einander so verbundenen Seelen und können die Meinungsverschiedenheit einfach zulassen, annehmen und aushalten. Mit dieser Gelassenheit kämpft und streitet die liebende Seele, ohne sich mit ihrem Kampf und Streit zu identifizieren.

Aber Gelassenheit bedeutet nicht *anything goes*. Es heißt nicht, dass mir alles egal ist. Ganz im Gegenteil. Wer in der Liebe ist, spielt nicht mehr das alte Ich-Spiel von Gut und Böse. Du bist jenseits von Gut und Böse, wenn du in der Liebe bist. Aber du bist nicht jenseits von Tun und Lassen. Wenn du dich in einen Menschen verliebst, wird dieser Mensch für dich maßgeblich. Weitest du dies nun auf eine „erotische Lebenskunst" aus und verliebst dich ins ganze Leben, wird das ganze Leben für dich maßgeblich. Beispiel: Wenn du leidenschaftlich in die Natur verliebt bist, dann wirst du sie nicht zerstören. Es ist dir vielmehr ein Anliegen, dass alles Leben, das dich umgibt, sich entfalten und zur Blüte bringen darf. Willst du also nach Maßgabe deines liebenden Herzens *verantwortlich* auf den Anspruch des Lebens *antworten*, wirst du alles daran setzen, ein naturgemäßes und lebendiges Leben zu führen – ein Leben, das den Gesetzmäßigkeiten, den Rhythmen und Kreisläufen des Lebens folgt. Was in der Konsequenz heißt, dass du gar nicht mehr anders kannst, als dich ökologisch nachhaltig zu verhalten. An diesem Punkt bekommt die erotische Lebenskunst ihren politischen Drive.

Aber dieser Drive speist sich aus einer ganz anderen Kraft als dem ganzen Schrott, den wir von unseren Politikern hören. Denn hinter ihm steckt weder der Wille zur Macht noch das Klammern an eine Ideologie, sondern die blanke Liebe zum Leben, die uns beherzt die Stimme heben und die Ärmel hochkrempeln lässt, wo das Leben mit Füßen getreten und gedemütigt wird. Und dem wohnt, wie ich weiter oben schon sagte, eine große Verbindlichkeit inne, wenn es sein muss, auch die Kraft zum entschlossenen und beherzten *Nein aus Liebe*.

Lass mich noch einmal kurz bei diesem Stichwort bleiben: Nein aus Liebe. Es ist wichtig, dass wir uns klarmachen, dass es so etwas gibt. Und es ist wichtig, dass dieses Nein aus Liebe nur vom Herzen und nicht vom Ich ausgesprochen werden kann. Denn wenn ich mit liebendem Herzen durch die Welt gehe und sehe, dass die Ordnung des Lebens verletzt und alles ins Ungleichgewicht gestürzt wird, dann werde ich einschreiten, weil mein Herz dagegen aufbegehrt. Es begehrt auf, weil das Gleichgewicht des Lebens, die Stimmigkeit, um die es ihm immer geht, gestört und befleckt wurde; weil das System der glühenden Drähte, in dem es sich mit allem verbunden weiß, gestört und bedroht wird. Es kann gar nicht anders, als dieses entschiedene Nein aus Liebe auszusprechen. Das ist der Schrei eines gebrochenen oder wenigstens doch verletzten Herzens, das schwer darunter leidet, seine Verbundenheit nicht ausdrücken und manifestieren zu dürfen.

Aber woran erkennst du, dass dieses Nein wirklich aus Liebe und nicht aus Angst geboren ist – dass es aus dem Herzen und nicht aus dem Ich stammt? Daran, dass das Nein aus Liebe niemals irgendetwas vernichten möchte. Alles, worum es ihm geht, ist, das Gleichgewicht wiederherzustellen und das in Unordnung Geratene wieder neu zu integrieren. Beispiel Nelson Mandela: Der wollte seine Peiniger nicht aus der Welt schaffen, als er es nach einem halben Leben hinter Gittern endlich gekonnt hätte. Aber nein, er wollte versöhnen, das Zerrüttete in Liebe heilen. Oder der Dalai Lama: Der will auch nicht die Chinesen ins Gelbe Meer jagen, sondern ein friedliches Miteinander seines Volkes und der Besatzer möglich machen, damit jeder seine Eigenheiten leben kann. Dafür kämpft er unermüdlich ... seinen Kampf aus Liebe. So gesehen kann Eros also durchaus ein Krieger oder ein Kämpfer sein – ein „Krieger des Lichts", wie Paulo Coelho es nennen würde. Denn er wird nicht davor zurückschrecken, immer dann sein Schwert zu erheben, wo ihn sein bedingungsloses Ja zum Leben nötigt, ein Nein aus Liebe um des Lebens willen auszusprechen.

Trotzdem schlummert hier ein riesiges Arsenal möglicher Missverständnisse. Wie oft schon meinten Menschen, um des Lebens willen andere töten und vernichten zu dürfen – wobei dann das Schlachten keineswegs aus Liebe zum Leben, sondern aus purer Ideologie, Selbstsucht oder Angst veranstaltet wurde. Oder es führten Aggressionen aus dem Bauch das Schwert, was nichts, aber auch gar nichts mit der Entschlossenheit und Klarheit des Herzens zu tun hat, die Menschen gegebenenfalls auf den Kampfplatz führen. Denn wenn wir aus dem Herzen handeln und der heilige Zorn uns packt, dann ist das eben gerade nicht eine Aufwallung unterdrückter Aggressionen. Es ist auch nicht das willentliche Handeln nach Maßgabe moralischer Gebote oder ideologischer Gefolgschaft. Nein, das Herz handelt aus einer unmissverständlich klaren Bewusstheit von Verbundenheit. Es handelt schlicht, klar, undramatisch; das Herz macht nicht viel Aufhebens um sich. Sein Handeln ist beherzt, das hat viel mit Entschlossenheit und Entschiedenheit zu tun und ist etwas ganz anderes als das dumpfe Handeln aus Instinkt (Dimension 1) oder Gefolgschaft (Dimension 2).

Es ist wichtig, diese Unterscheidung im Bewusstsein zu halten, weil wir sonst in eine Falle tappen: die Falle, zu glauben, wir müssten nur unseren Kopf ausschalten, um richtig zu handeln. Das stimmt aber nicht. Es geht nicht darum, den Kopf aus-, sondern darum, das Herz einzuschalten. Das Herz und nicht den Bauch. Das Herz zu übergehen und sein Wissen um die Verbundenheit auszublenden, ist eine Gefahr vor allem für solche Menschen, die ihre aggressiven Gefühle unterdrückt halten. Wenn dann genug Wut angestaut ist, agieren sie unreflektiert und impulsiv aus dem Bauch heraus. Man nennt so etwas auch Amoklauf. Das hat mit dem beherzten Kampf des Eros genauso wenig zu tun wie all die Kriege und Scharmützel, die aus der Angst des Ich gespeist wurden. Dem allen steht das erotische Nein aus Liebe entgegen, weil ihm immer das erotische Ja zum Leben innewohnt.

Selbst wo er kämpfen muss, feiert Eros das Leben als ein Fest. Daran halte ich fest. Aber das heißt nicht, dass bei diesem Fest alle Händchen halten und „Piep, Piep, Piep – wir haben uns alle lieb" spielen. Nein, das Fest des Lebens ist auch Kampf; aber es wird zum guten Kampf, wenn wir ihn mit unschuldigem Herzen und reinen Händen austragen. Wenn nicht wir diejenigen sind, die kämpfen wollen, sondern das Leben selbst durch uns hindurch die Hand erhebt. Es geht dabei nicht um mich oder dich, sondern um dasjenige, das in und durch uns zu sich selbst kommen will: das göttliche Leben oder der lebendige Gott – gleichviel.

Aus genau diesem Grund hat ein erotisches Leben, ein Leben aus und in der Liebe, auch so gar nichts mit Aufopferung oder dergleichen zu tun. Es ist ein fürchterliches Missverständnis, dass man uns unter der Fuchtel der Moral eingeredet hat, ein gutes Leben sei ein aufopferungsvolles Leben. Welch eine Scheiße! Denn wie kannst du in der Liebe sein, wenn du gleichzeitig dich selbst zerfleischst? Okay, es mag Fälle des Entweder-oder geben, wo man sich entscheiden muss, ob man seine eigene Haut rettet oder die von jemandem, den man liebt. Aber das ist ein Extremfall und nicht das, wovon ich rede. Ich meine die alte, faule Opfermoral, die uns einreden will, wenn wir uns selbst nur lange genug klein machten und erniedrigten, aufopferten und demütigten, dann würde uns das Himmelreich oder sonst was Schönes winken. Das ist es, wovon ich sage: Scheiße! Das ist falsch, das ist pervers. Das ist ein perfider Handel, bei dem wir am Ende doch wieder etwas fürs Ich gewinnen wollen. Und das hat mit Liebe nichts zu tun.

Das gilt auch für die Selbstlosigkeit: Wenn du nie an dich denkst, sondern immer nur an die anderen, bist du genauso wenig in der Liebe, wie wenn du immer nur an dich denkst. Vernachlässigst du dich selbst, folgst du vermutlich der altbewährten Logik: Ich tue etwas, weil ich gut sein will; wobei der Nachsatz meist unausgesprochen bleibt: damit ich später dafür belohnt werde. Das sind uralte Muster, die sitzen ganz tief in der Seele. Solange du noch den Vorsatz hast, ein moralisch guter Mensch zu sein, bist du nicht in der Liebe. Denn wenn du in der Liebe bist, stellt sich die Frage, ob dein Handeln gut oder schlecht ist, nicht mehr. Hier muss noch mal Augustinus zitiert werden: „Liebe, und tue was du willst." In diesem Satz steckt die gesamte Ethik der erotischen Lebenskunst.

Fazit: Es wäre ein großes Missverständnis zu glauben, dass die erotische Lebenshaltung ein Individualitätstrip wäre, bei dem es nur darum ginge, die eigene Glückseligkeit zu steigern und zu pflegen. Das Gegenteil ist der Fall. In der erotischen Lebenskunst geht es um eine Lebenshaltung, die ihre Motivation aus der gefühlten Verbundenheit der Herzen bezieht. Daraus entspringt ein kraftvolles, ethisches, soziales, ökologisches, dem globalen Gemeinwohl dienendes Handeln. Es unterscheidet sich von dem, was wir sonst unter Ethik verstehen, dadurch, dass es nicht an einer Moral oder Ideologie Maß nimmt, sondern am Anspruch, den das Leben direkt an uns stellt und dem wir verantwortlich antworten wollen – beherzt, entschlossen, kraftvoll.

Offen und weit

*Seinem innersten Wesen nach ist
der Mensch ein Geschöpf, das nicht
nur arbeitet und denkt, sondern das
auch singt, tanzt, betet, Geschichten
erzählt und feiert. Der Mensch ist
ein Homo festivus.*

Harvey Cox

Ich habe gerade noch mal gelesen, was ich dir gestern geschrieben habe. Dabei bin ich an einem Punkt hängen geblieben, den ich noch einmal unterstreichen möchte: die Entspanntheit. Das ist mir ganz wichtig: In der Liebe zu sein bedeutet keinen Stress. Wenn es anfängt, stressig zu werden, sind wir schon rausgepurzelt. Wenn „erotische Lebenskunst" sich so anhört, als könnte das anstrengend werden, dann ist etwas schiefgelaufen. – Warum? – Weil ich glaube – ganz im Ernst – das du nichts dafür machen musst, außer dich ansprechen zu lassen, hinreißen zu lassen, mitnehmen zu lassen und zu vertrauen, zu vertrauen, zu vertrauen; dich fallen zu lassen – naja, und es dabei von Zeit zu Zeit zuzulassen, von mir geschubst zu werden... ☺

Im Ernst. Erotische Lebenskunst heißt für mich: das Maß halten. Und zwar das Maß deiner eigenen Seele. Sie weiß genau, was wann in welcher Dosis dran ist. Und wenn zu manchen Phasen des Lebens nichts dran ist, weil andere Dinge (Kinder z.B.) wichtiger sind, dann ist das völlig okay. Apropros: Eigentlich sind unsere Kinder so ziemlich die besten Lehrer und Lehrerinnen in Sachen erotischer Lebenskunst. Denn wo, wenn nicht bei ihnen, lernen wir, was es heißt, unser Ego aufzugeben und uns dem Anspruch des Lebens auszuliefern – und die Racker dabei trotzdem (oder gerade deshalb) zu lieben ...

Okay, das ist nun gerade nicht sehr entspannend, aber das war auch nicht der Punkt. Der Punkt ist: Du musst nicht neben den Kindern und dem Geschäft und dem Mann und all dem anderen anstrengenden Zeug auch noch Kurse in erotischer Lebenskunst belegen! Du musst nicht auf Retreats fahren und teures Geld dafür investieren! Du musst dir auch keinen Guru oder Lehrer suchen! Nicht mal eine Klangschale und Räucherstäbchen brauchst du. Denn das Leben besorgt die Sache ganz von allein. Wenn du nur darauf vertraust und es wirklich, wirklich an dich herankommen lässt. Deshalb gönnt dein Mann sich zuzeiten den Luxus, dich freundlich, aber bestimmt daran zu erinnern.

Und dafür ist es vielleicht nicht ganz blöd (das sage ausgerechnet ich), dann doch eine schöne alte religiöse Tradition aufzugreifen. Das dritte Gebot (oder auch vierte, je nachdem, wie man zählt): Du sollst den Feiertag heiligen; Sabbat halten. Einen Ruhetag einlegen, der der Pflege der Seele, dem Ausstieg aus der Oberflächendynamik des Ich, dem Nutzlosen, Schönen dient – dem Leben *con amore*. Klar wurde mir das neulich bei einem Seminar über jüdische Spiritualität. Mein Freund Daniel Kempin hat mir zu dieser Einsicht verholfen: Ein Tag in der Woche im Zeichen der Liebe.

Ich glaube, das wäre eine gute Sache – für uns alle, die wir von Termin zu Termin hetzen: sich eine bewusste Auszeit gönnen, in der wir uns darin üben, das Leben so zu nehmen, wie es ist – mit wachem Blick und intensiver Zuwendung durch die Welt zu gehen. Nicht wie sonst, mit dem rationalen, analytischen Blick, der bei allem fragt, was es ihm nützt; sondern mit den Augen des Herzens, das das Leben gutheißen und deswegen auch gut sein lassen kann. Und meine Erfahrung ist, dass immer dann, wenn uns das gelingt, das Leben glatter läuft. Alles fällt mir leichter, wenn ich aus dem Herzen heraus agiere. Dann wird das Leben zum Fest. Denn den Festtag unterscheidet ja gerade vom Alltag, dass er nicht anstrengend ist, sondern uns beflügelt und befreit.

Zu dieser feierlichen Stimmung gehört auch, dass wir es uns gestatten, das zu tun oder zu konsumieren, was uns Freude bereitet, was uns leicht eingeht. Beispiel Kino: Ich finde es großartig, dass du dich nicht scheust, offen zu bekennen, am liebsten englische Komödien oder Jane-Austen-Verfilmungen anzuschauen. Erst habe ich darüber gespöttelt. Inzwischen weiß ich, wie recht du damit hast. Und wie gut es mir und dir tut, sechs Abende in Folge die BBC-Verfilmung von „Stolz und Vorurteil" anzuschauen. Warum? Weil dort nicht die Schwere und Düsternis des Lebens aufgeführt wird, sondern die Schönheit und Tiefe der Liebe; weil wir dort in eine heitere, optimistische Grundstimmung versetzt werden, die uns beseelt und ins Herz führt. Nicht viel anders ist es übrigens auch mit der Popmusik: Ein guter Song trifft möglicherweise mitten ins Herz – viel schneller, als das die sogenannte anspruchsvolle Literatur und Musik zu leisten vermag.

Der Schamane Galsan Tschinag aus der Mongolei hat einmal erklärt, dass nach seinem Verständnis die eigentliche Aufgabe eines Schamanen – gerade auch in seiner Funktion als Heiler – darin liegt, den Menschen den Ernst zu nehmen und sie in Heiterkeit zu versetzen; ja, sie zum Lachen zu bringen. Gerade uns Westlern, meint er, falle das besonders schwer. Uns fehle der Humor, mit dem die Verkrustungen unserer Vorstellungen, Meinungen und Positionen – auch die Fixierungen unserer Gefühle – aufgebrochen werden können. Es würde uns guttun, wenn wir wieder in unseren natürlichen Fluss und die Gegenwärtigkeit des Lebens fänden. Etwas Ähnliches meint auch Angaangaq, wenn er davon spricht, dass es für uns Menschen des Westens notwendig ist, das Eis in unseren Herzen zu schmelzen, damit wir zu der Weisheit finden, die uns weitgehend abhanden gekommen ist: die Weisheit des Eros, die Weisheit des Herzens.

Diesen Hütern des alten Wissens habe ich weiß Gott viel zu verdanken. Sie haben mich gelehrt, weit und offen zu werden. Sie haben mich ermutigt, die Arme zu öffnen und die Welt zu umarmen; sie in Empfang zu nehmen, in sie hineinzuspüren und zu schauen, was jetzt gerade geboten ist. Und schließlich zu reagieren: von ganzem Herzen, vielleicht mit Tränen, aber ganz sicher auch mit einem herzlichen Lachen.

Ja zum Leben,
Ja zum Tod

*True love expresses the sacred promise
that love is stronger than death.*

Cynthia Bourgeault

Liebste, je älter wir werden, desto häufiger winkt der Tod in unser Leben. Da war nicht nur der Tod von D., der uns beide erschüttert hat – war sie doch nicht nur meine frühere Partnerin, sondern zuletzt auch deine beste Freundin. Nein, auch andere Freunde sind gestorben. Nun auch noch deine Mutter – kaum ein Monat, in dem uns nicht eine neue traurige Nachricht aus unserem Bekanntenkreis erreicht. Und das wird nicht weniger werden. Der Boden, auf dem wir uns bewegen, ist dünn. Und unter ihm lauern Leid und Schmerz, Angst und Schrecken. Tod. Immer und überall.

Und dennoch ist das Leben schön. Es ist liebenswert. Auch in seinen dunklen Seiten. Wir können es nicht feiern, ohne diese dunklen Seiten im Bewusstsein zu halten. Wir müssen sie integrieren, ernst nehmen, umarmen. Sonst wären wir schlechte Liebhaber und Liebhaberinnen. Gerade erst habe ich Richard Rohr sagen hören, dass genau das ein kraftvolles Ritual von einer schwachen Zeremonie unterscheidet: dass es die Schattenseiten des Lebens sichtbar macht, erträgt und einschließt. Wahrscheinlich liegt darin auch der große Zauber und die ungeheure Kraft, die von den alten Initiationsriten ausgeht, die den jungen Männern schonungslos Wunden zugefügt haben, um sie so hinter die Oberfläche blicken zu lassen – in den Grund und Abgrund der Seele, wo Schrecken und Schönheit, Chaos und Ordnung, Grauen und Freude nebeneinander wohnen und Apollon und Dionysos einander die Hand reichen.

Was ich damit sagen will: Wenn du in der Liebe bist, wirst du vor Trauer und Schmerz nicht davonrennen. Du wirst diese göttliche Tragödie annehmen und mitspielen können. Denn du weißt: Das Leben ist nun einmal unvollkommen, widersprüchlich, aus Freude und Leid gemischt. All das sind Realitäten des Lebens, die zu ignorieren bedeuten würde, das Leben gerade nicht als Fest zu feiern.

Aber das wird dir und mir eben nur dann gelingen, wenn wir wirklich in der Liebe sind, wenn wir uns immer wieder in die Liebe fallen lassen und darin wechselseitig unterstützen. Sobald wir eine Ideologie oder ein Programm daraus machen, geht das Ganze hundertprozentig in die Hose. Denn unser Ich mit seinem Intellekt wird nie dahinkommen, sich an den Tragödien des Lebens zu freuen. Es wird nie mit Alexis Sorbas seine Freude daran haben, wenn alles, was es mühsam aufgebaut hat, in einem Augenblick „wunderschön zusammenkracht". Diese Freude kommt nur aus der Seele beziehungsweise aus dem Herzen, das sich ins Leben verliebt hat. Es scheut die Tragödie nicht, weil es weiß, dass Licht und Dunkel zusammengehören – *sowohl als auch*. Ohne diese Weisheit werden wir nie dahinkommen, das Leben entspannt als Fest zu feiern.

Dann ist auch das Ich kein Problem mehr. Es hilft uns zwar nicht, wo es um Tod und Tragödie geht, aber es ist uns im Alltag so oft von großem Nutzen. Das Ich ist okay, genauso wie Sex okay ist und Erleuchtung ebenso. All das ist liebenswert. All das ist Leben. Und all das können wir gutheißen und umarmen, wenn wir in der Liebe sind. Warum? Weil für den Blick der Liebe alles Bedeutung hat; auch die Schattenseiten, auch der Tod. Als D. starb, war es allein die Liebe, die uns daran nicht verzweifeln ließ. Denn im Herzen wussten wir, dass selbst das Unfassbare noch in einer größeren Ordnung aufgehoben ist – selbst wenn wir das mit unserem Verstand nicht kapieren konnten. Als ich meinen Job verlor, da war es ebenso die Liebe, die mich nicht in Zorn und Bitterkeit verkümmern, sondern hinter aller Verletztheit ahnen ließ, dass auch das seinen Sinn und seine Bedeutung haben würde. Trauer und Zorn, Bitterkeit und Kummer waren da, kein Thema, aber sie erdrückten mich nicht, weil ich im Herzen ahnte: Es ist okay. Auch diesem Abschied wohnt ein Zauber inne. Alles auf dem Weg. Selbst da noch, wo der Weg zu Ende geht.

Gehört es nicht zu einem guten Fest dazu, dass es irgendwann zu Ende ist? Und könnten wir ein gutes Fest feiern, ohne dabei zu wissen, dass irgendwann Schluss ist? Solange wir uns vor diesem Ende fürchten, wird ein Missklang darüber liegen, eine atmosphärische Trübung, wie du sie bei fast allen Festen beobachten kannst, die landauf, landab gefeiert werden. Und solange es Feste von Egos sind, wird sich daran auch nichts ändern – weil Egos eben nicht anders können als den Tod, d.h. ihre Auflösung, zu fürchten, und ihn deshalb, wo sie nur können, von sich fernhalten. Diese Furcht können wir nur auflösen, wenn wir uns in die Liebe fallen lassen. Darum noch einmal, Liebste: Lass uns dies immer wieder neu wagen! Mit allen Risiken, die das mit sich bringt. Aber auch mit allen Chancen. Denn davon bin ich überzeugt: Nur wer ganz Ja zum Leben sagt, kann dereinst auch ganz Ja zum Sterben sagen. Sterben ist ein Teil des Lebens. Erblüht und verblüht – das ist kein Unterschied mehr. Wäre es nicht schön, wenn wir dereinst auf dem Sterbebett sagen können: „Ich habe gelebt und ich habe geliebt. Ich habe aus dem Vollen geschöpft und die Geschenke des Lebens angenommen. Ich habe in Schönheit geschwelgt und bin dem Leiden nicht ausgewichen. Ich habe nichts ausgeblendet, nichts unterdrückt, aber auch nichts dominieren lassen. Sondern ich habe versucht, die Welt und die Menschen mit dem Herzen zu sehen und mit der Seele zu umarmen. Ja, ich habe geweint und gelacht, das Leben gefeiert und mitgespielt – da, wo es eine Komödie war, und da, wo es eine Tragödie war."

Vielleicht gipfelt die Weisheit der erotischen Lebenskunst genau darin, hier keinen Unterschied mehr zu machen. So könnte man wenigstens den Schluss meines „Evangeliums des Eros" – Platons *Symposium* – deuten, wo erzählt wird, dass ganz zuletzt, als schon alle Gäste im Rausche schlummern, Sokrates mit Aristophanes und Agathon die Frage diskutiert, ob ein guter Tragödienschreiber auch ein guter Komödienschreiber sein müsse. Die beiden Repräsentanten der Zunft fechten tapfer für ihre Profession. Doch die Antwort, die Sokrates – der Meister des Eros – gibt, klingt anders: Wer von Liebe beseelt ist, weiß, dass das Leben immer gleichzeitig Tragödie und Komödie ist – und eine göttliche allemal.

Wer von Eros beseelt ist, den umweht jene Magie der Heiterkeit, die aus der Freiheit erwächst, die Wahrheit und Schönheit des Lebens vielleicht nicht in allem, aber doch in vielem zu sehen – so dass er oder sie ein tiefes Vertrauen in den Sinn des Leben fassen kann; Vertrauen auch darin, dass das Leben tiefer und größer und weiter ist als das, was wir in unserer befristeten irdischen Existenz auf Erden je erfahren können.

Alles ist heilig.
Erotische Spiritualität

An meine Eltern

> *Wo Eros und Religion sich trennen,*
> *wird er gemein und sie erkaltet.*
>
> **Walter Schubart**

Confessiones

Unruhig ist unser Herz, bis dass es ruht in dir.

Augustinus

Vor mir liegt ein Manuskript: Ich habe darin mein Innerstes nach außen gekehrt. Ich habe mein Bestes gegeben – die Einsichten, die mir geschenkt wurden, die Lehren, die ich empfangen durfte, die Erfahrungen, die ich in Seminaren und Kursen machte. Und nun bin ich davor, all das öffentlich zu machen. Doch da wird mir klar, dass das noch immer nicht geht, dass ein wichtiger Teil noch fehlt: der Teil, der euch am meisten interessieren wird – und der euch am meisten beunruhigt; der Teil über Religion und Spiritualität. Denn ich weiß, dass es euch verunsichern wird, wenn euer Sohn ein Buch über erotische Lebenskunst veröffentlicht; ich weiß, dass in euch ein gewisses Unbehagen Raum greifen wird, das tief gefühlt aus den Wurzeln eures Lebens aufsteigt: aus eurem Glauben an Gott, eurem Selbstverständnis als Christen. Und ich verstehe das; denn in christlichen Ohren muss es befremdlich, ja anstößig klingen, wenn jemand mit einer erotischen Lebenskunst auftritt oder gar von erotischer Spiritualität redet. Deshalb werde ich weiterschreiben. Deshalb werde ich nun zu euch darüber reden, warum ich davon überzeugt bin, dass ein erotisches Leben – ein Leben, dass dem Motto folgt: „Verliebe dich ins Leben" – nicht nur ein gutes Leben ist, sondern auch ein im eigentlichen Sinne spirituelles Leben.

Und, um das Ganze auf die Spitze zu treiben, möchte ich darüber schreiben, warum ich glaube, dass eure Religion auch meine Religion ist; warum ich davon überzeugt bin, dass das Christentum die erotische Religion par excellence ist – oder sein könnte; denn die (in meinen Augen traurige) Wahrheit ist, dass die Theologen über Jahrhunderte hinweg den

Eros aus den Kirchen und Hörsälen verbannt haben; dass das real existierende Christentum in Gestalt der großen Kirchen einer schlechten Auslegung des für sie so zentralen Konzeptes „Liebe" aufgesessen ist; und dass genau darin der Grund und die Wurzeln der ganzen Katastrophen liegen, die sich unlängst in den Kirchen zugetragen und sie weiter geschwächt und in die Kritik gebracht haben. Ja, ich würde sogar so weit gehen zu sagen: Solange die christlichen Kirchen nicht die Wirklichkeit und Kraft des Eros anerkennen und in ihre Theologie und Spiritualität zurückholen – sie als integralen Teil der Verkündigung Jesu akzeptieren –, wird es für sie im 21. Jahrhundert schwer werden. Wenn es ihnen jedoch gelingt, die Heiligkeit des Eros zu würdigen und solcherart den Weg in ihr eigenes und aller Menschen Herz zu finden, dann wird dieser Religion eine leuchtende Zukunft beschieden sein. Ich denke, dafür zu streiten, ist den Schweiß der Tapferen wert. Und genau das will ich jetzt tun.

Wie komme ich also darauf, dass das Christentum eine erotische Religion ist – eine Religion, die mit der erotischen Lebenskunst, die ich hier skizziere, kompatibel ist? Die Antwort ist einfach: weil das Christentum die Religion der Liebe ist. Ich hoffe, dass wir uns darauf verständigen können. Wenn nicht, dann wird's schwierig für mich. Aber schaut, alle Spitzensätze des Neuen Testaments handeln von der Liebe. Hier meine Favoriten:

Im 1. Johannesbrief heißt es: „Gott ist die Liebe" und „wer in der Liebe bleibt, der bleibt in Gott und Gott ihm" (1. Joh 4.16). Klarer geht es nicht, außer vielleicht bei Jesus selbst. Gefragt nach dem höchsten Gebot, sagt der Meister: „Du sollst den Herrn, deinen Gott, lieben von ganzem Herzen, von ganzer Seele und von ganzem Gemüt. Dies ist das höchste und größte Gebot. Das andere aber ist dem gleich: Du sollst deinen Nächsten lieben wie dich selbst." (Mt 32. 37-39) Und noch ein Wort gehört hierhin. Paulus: „Nun aber bleiben Glauben, Liebe, Hoffnung, diese drei: Aber die Liebe ist die größte unter ihnen." (1. Kor 13.13)

Die Liebe ist größer als Glaube und Hoffnung, die Liebe ist die Summe des Gesetzes, die Liebe ist Gott. Wer wollte, wenn man das hört, bestreiten, dass das Christentum tatsächlich die oder wenigstens doch eine Religion der Liebe ist? In der Dogmatik wird Gott als Liebe gefeiert, in der Ethik wird die Liebe zum Wert aller Werte, in der Spiritualität überragt sie an Bedeutung alles Konfessionelle. Das zumindest kommt heraus, wenn man die Kernaussagen des Neuen Testamentes zusammen liest. Nur kommt es leider nicht heraus, wenn man die real existierende Kirche in Gegenwart und Vergangenheit betrachtet. Gleichviel: Rumi – auch wenn er kein Christ, sondern Muslim war – hat in meinen Augen die christliche Botschaft auf den Punkt gebracht: „Liebe, nur Liebe, wir haben sonst kein Werk." Oder Lessing, der die Summe des Christentums dem alten Johannes in den Mund legte: „Kinderchen, liebt euch!" C'est ça – und mehr bedarf es nicht.

Lasst es mich noch einmal andersherum sagen: Was war der Inhalt der Verkündigung Jesu? „Kehret um, das Reich Gottes ist nahe!" Ahnt ihr, wie ich das übersetze? – „Mach dich auf, fall in die Liebe – denn *in der Liebe sein* heißt *im Reich Gottes sein.*" Wie sollte es auch anders sein, wenn Gott die Liebe ist; und wenn Jesus antritt, um uns den Weg zu seinem Vater zu weisen? Sein Vater ist die Liebe, und der Weg zu ihm ist ebenfalls die Liebe. So wie er selbst die Inkarnation dieser Liebe ist, die menschgewordene Liebe, geboren von der Jungfrau Maria, als Kind in der Krippe im Stall zu Bethlehem. Deswegen kann ich mich guten Gewissens und reinen Herzens zu diesem Jesus bekennen. Ich glaube, dass er die vollkommenste Manifestation eben der Liebe ist, von der gesagt ist, Gott sei sie; und dass sein Ruf, ihm nachzufolgen, nichts anderes sagen will als: Folgt mir in der Liebe und in die Liebe! Auf dass sich die Inkarnation Gottes auch in euch ereigne! Damit ihr vollkommen seid, so wie euer Vater vollkommen ist! Damit ihr Liebe seid – Liebe und nichts als Liebe! Damit ihr erfüllt, was das höchste Gebot ist: Gott lieben, den Nächsten lieben, sich selbst lieben – denn all dies wird geschehen, sobald ein Mensch in der Liebe (= im Reich Gottes) ist. Dazu bedarf es tatsächlich nur einer kleinen Umkehr. Jesus sagt: Denkt anders! – *Metanoeite.* Das heißt nicht, wie die Moralisten übersetzen: „Tut Buße!" Es bedeutet eher: „Kehrt um!" Vor allem aber heißt es: Denkt um, ändert euren Sinn! Schaltet um von Ego auf Eros! Lasst euch in die Liebe fallen! Dort ist das Gottesreich.

Genau deshalb glaube ich, dass dieser Jesus tatsächlich der Christus ist – wenn Christus bedeutet, dass Mensch und Gott ineinander verschränkt, voneinander durchdrungen sind; wenn Christus genau die Qualität bezeichnet, von der die Alten längst vor Jesu Erscheinen schon wussten, als sie sagten: Alles ist heilig, die Welt ist heilig, die Erde ist heilig. Alles ist durchdrungen von Gott. Gott ist das hen kai pan – das Eine und Ganze.

Wenn das stimmt – und wenn ich an etwas glaube, dann daran, dass das stimmt –, ist damit gesagt, dass Jesus genau deshalb der Christus ist, weil Gott in ihm Mensch geworden ist; weil die Inkarnation Gottes in ihm in Fleisch und Blut stattgefunden hat; weil in ihm diese unendlich gütige Intelligenz allen Lebens, die wir Gott nennen, ein menschliches Gesicht bekommen hat – in einem menschlichen Körper, einem menschlichen Ich, einer menschlichen Seele; weil sich in ihm die Liebe, die Gott ist, vermenschlicht und deshalb unweigerlich eine körperliche, eine Ich-orientierte und eine seelische Erscheinungsform hat. Und genau das ist es, was ich Eros nenne. Kurz: Die Liebe – von der gesagt ist, Gott sei sie – inkarniert sich im Menschen als Eros. So wie Jesus – vom dem gesagt ist, er sei Gottes Sohn – als Mensch sterblich, verletzbar und körperlich war. Wenn auch das stimmt, dann ist der Weg der Nachfolge Jesu, d.h. der Weg ins Reich Gottes, ob es uns nun passt oder nicht, ein erotischer Weg – und das Christentum eine erotische Religion. Das muss man sich mal klarmachen!

Was aber selten geschieht. Viel zu selten. Vor allem in den Kirchen. Ausgerechnet. Die erotische Seite des Christentums findet dort nicht statt, im Gegenteil. Eros wurde von den christlichen Theologen schon früh denunziert und verdammt und Jesu Botschaft dadurch zur Unkenntlichkeit verzerrt. Ich finde, das ist ein Jammer.

Der Sündenfall

*Wir haben die Religion vom Leben
getrennt, indem wir die Liebe in Agape
und Eros aufgespalten haben. Agape
als die religiöse Form der Liebe,
Eros als die weltliche. Das Göttliche
vollzieht sich jedoch in allem, was ist.*

Willigis Jäger

Wie war das doch noch mit der Vertreibung aus dem Paradies? Sie aßen vom Baum der Erkenntnis und lernten das Gute vom Bösen zu unterscheiden. Will sagen, die eigentliche Sünde des Menschen – die Erbsünde, meinetwegen – liegt im moralischen Urteil: gut oder böse. Das Paradies hingegen – Nietzsche würde sich freuen – ist jenseits von Gut und Böse.

So, und nun kommt Jesus, verkündet das Reich Gottes, macht es sichtbar auf Erden, offenbart die unendliche Liebe Gottes (von dem es heißt, dass Er die Liebe ist) in menschlicher Gestalt. Und was passiert? Die Theologen der alten Kirche gehen hin und wiederholen das Ur-Teil. Sie setzen Gut gegen Böse: die gute Liebe namens *Caritas* gegen die böse Liebe namens *Sexus* oder *Eros*. Und sie teilen nicht nur die Liebe in Gut und Böse, sie gehen noch einen Schritt weiter und jagen die „böse" Liebe aus dem Tempel der Theologie und Liturgie: Eros wird verteufelt, Sexualität wird dämonisiert; und zurück bleibt eine blutarme, moralisch aufgeheizte Tugend namens *Caritas*, auf die nun der fromme Christenmensch verpflichtet wird. Jetzt funktioniert das Spiel nämlich so: Sei fromm und übe die Caritas, dann erwirbst du dir das Ticket für das Gottesreich im Jenseits. Was aber, wenn es das gar nicht ist, was Jesus sagen wollte? Was, wenn er ganz im Gegenteil gelehrt hätte: Lass dich in die Liebe fallen: zu Gott, Mensch, Welt und dir. Und wenn du das tust, dann steht das Reich

Gottes dir offen, und die Herrlichkeit Gottes wird in dir erstrahlen. Was für ein Unterschied!

Zur Ehrenrettung der alten Theologen darf ich freilich nicht verschweigen, dass ihr „Sündenfall" eine Vorgeschichte hat; und zwar ausgerechnet in Platons *Symposium*. Dort gibt es nämlich einen Redner, er heißt Pausanias, der ganz wie die späteren Theologen einen moralisch guten von einem moralisch bösen Eros unterscheidet. Die Versuchung zur Moralisierung des Eros ist also offenbar alt – so alt etwa, wie die Ausbildung des Ich-Bewusstseins, mit der die Idee in die Welt kam, der Mensch könne – qua Ich – für seine Liebe und seine erotische Leidenschaft verantwortlich gemacht werden.

Nur war man sich im 5. Jahrhundert v. Chr. noch der Fragwürdigkeit dieser Entwicklung bewusst. Also lässt Platon seinen Sokrates vehementen Einspruch gegen Pausanias erheben, indem er mit aller Entschiedenheit darauf besteht, dass es nur einen einzigen Eros gibt und dass jede Zweiteilung in einen guten, himmlischen und einen bösen, irdischen Eros im vollsten Sinne des Wortes Sünde ist.

Als aber die christliche Theologie der Spätantike erneut dem Eros mit der Moral zu Leibe rückte, fand sich kein vergleichbar kraftvoller Apologet mehr. Eine andere Macht hatte inzwischen die Welt erobert: Rom. Und Rom atmete den Geist der Moral. Die Römer hatten ein stark ausgeprägtes Pflichtempfinden und klare Vorstellungen darüber, was in einer *civitas romana* moralisch legitim und was verwerflich war. Eben diesen römischen Geist – der sich immerhin eine Welt erobert hatte – erbte später nach und nach die römische Kirche. Und mit dem imperialen Gestus übernahm sie auch, nolens volens, das Denken in den Kategorien von Pflicht, Gehorsam, Lohn, Strafe – kurz, das ganze Repertoire des moralischen Kodex. Damit fiel ihr zugleich ein probates Mittel der Machtausübung in die Hände, denn was ist besser geeignet, Menschen zu lenken, als ein solides System von Gesetz, Pflicht und Belohnung? Wer sich in die Position bringt, einen moralischen Regelkanon aufstellen zu können, gewinnt Macht über die Menschen, weil er nun festlegt, was gut und was böse ist; er hat die Autorität, Werte zu setzen. Die Erfolgsgeschichte der römischen Kirche lässt sich zumindest teilweise dadurch erklären, dass es ihr relativ früh gelungen ist, genau diese Autorität für sich in Anspruch zu nehmen und durchzusetzen.

Auch wenn die christliche Moral längst erodiert und an ihre Stelle eine säkulare Moral getreten ist, hat diese Entwicklung entscheidende Weichen für die europäische Geistesgeschichte gestellt. Denn die Genealogie der Moral unter christlichem Vorzeichen führte – on the long run – dazu, dass die Menschen von einer gigantischen Angst ergriffen wurden: der Angst, den moralischen Geboten ihrer Religion nicht Genüge zu leisten. Mit dieser Angst verfestigte sich ihre Fokussierung auf das Ich. Denn dem Ich wurde nun die ganze Verantwortung aufgeladen, vor Gott und dessen Geboten bestehen zu können. Die kirchlichen Strategien zur teilweisen Beschwichtigung der Angst durch Sonntagspflicht, Beichte und Ablasswesen konnten zu Beginn der Neuzeit nicht mehr verhindern, dass dieses gigantische Angstpotenzial sich zuletzt in die Reformation ergoss und dort mit einer gewaltigen Eruption die etablierten Strukturen der Kirche sprengte. Luthers Frage „Wie bekomme ich einen gnädigen Gott?" war längst zu einem kollektiven Thema geworden, das den Befreiungsschlag erzwang.

Nur: Der Trend zur Verkrustung des Ich wurde dadurch nicht gestoppt, sondern beschleunigt. Nun sah sich der einzelne Mensch Gott direkt gegenüber. Durch Glauben und Gnade konnte er zwar das Seelenheil erwerben, aber es lag noch mehr an seinem Ich als einst in katholischen Zeiten, als die Kirche noch ein bisschen für Entlastung sorgte. So setzte sich, inspiriert vom Protestantismus, vollends die Idee durch, dass der Mensch ein autonomes Subjekt ist, das nicht nur für sein Tun und Lassen zur Rechenschaft gezogen werden, sondern darüber hinaus aus eigenen Stücken für sein Seelenheil eintreten kann und muss. Vor allem die Calvinisten zogen diese Konsequenz, und so ist es kein Wunder, dass sie vermittelt über die Vordenker des Liberalismus wie Adam Smith oder Jeremy Bentham zu den Wegbereitern der modernen Welt einer freien

Marktwirtschaft wurden, die essentiell von dem Gedanken lebt, wir seien partikulare Individuen, deren Lebenssinn darin besteht, trotz des allgegenwärtigen „Krieges aller gegen aller" (Thomas Hobbes) je für sich Wohlstand, Glück und Zufriedenheit zu erwirtschaften. Damit war die Stunde des Ego angebrochen.

Dass diese Entwicklung nicht spurlos an dem christlichen Zentralkonzept „Liebe" vorbeigehen konnte, liegt, wie mir scheint, auf der Hand. Denn für die erotische Dimension des Eros war längst schon kein Sinn mehr vorhanden, als die Moral in der Neuzeit die Überhand gewann; kommt Eros doch aus einer vormoralischen Welt – einer Welt des Seelenbewusstseins und nicht des Ich-Bewusstseins: Griechenland. Die Griechen tickten völlig anders als die Römer. Sie verstanden sich selbst keineswegs als autonome Subjekte, die eigenmächtig über ihr Tun und Lassen entscheiden und dementsprechend moralisch zur Rechenschaft gezogen sowie nach Gut und Böse be- und verurteilt werden konnten. Sie erlebten sich nicht in dem Sinne als Individuen, wie wir das heute tun, weil sie sich sehr viel stärker als Spielfiguren im großen Spiel des Lebens verstanden. Sie sahen sich als Spielball der Götter. Das erklärt auch, weshalb sie die Erfahrung des Erotischen so präzise erfassten: Weil sie wussten, dass die Erfahrung des Eros und das Sich-Verlieben nicht kraft des eigenen Willens herbeigeführt werden kann.

Dies alles rufe ich mir und euch ins Bewusstsein, weil es mir so wichtig scheint zu verstehen, wieso und wodurch der Eros in der christlichen Welt des Abendlands in Vergessenheit geriet. – Wieso die christliche Theologie, die sich doch eigentlich dem Konzept Liebe verpflichtet wissen müsste, ausgerechnet die vitale, dynamische, kraftvolle Komponente der erotischen Liebe aus ihrem zentralen Konzept ausblendete und dem Christenmenschen damit sein größtes und unerschöpfliches spirituelles Energiereservoir verschüttete. Schlicht dadurch nämlich, dass man sich dafür entschied, die christlichen Kernsätze *Gott ist die Liebe*, *Du sollst Gott den Herrn lieben und den Nächsten wie dich selbst*, *Am größten aber ist die Liebe* ausschließlich moralisch zu deuten. Weil so aus dem christlichen

Konzept der Liebe und der christlichen Spiritualität sämtliche erotischen Komponenten gelöscht wurden; die sexuellen Aspekte sowieso, aber auch die erotischen.

So geriet der zarte kleine Eros-Knabe unter die mächtigen Räder der aufstrebenden Kirche – und wurde entstellt und verjagt. Nietzsche hat Recht, wenn er beklagt, es sei „dem Christentum gelungen, aus Eros und Aphrodite – großen idealfähigen Mächten – höllische Kobolde und Truggeister zu schaffen, durch die Martern, welche es in dem Gewissen der Gläubigen bei allen geschlechtlichen Erregungen entstehen ließ." Und er lag auch nicht falsch, als er hinzufügte: „Ist es nicht schrecklich, notwendige und regelmäßige Empfindungen zu einer Quelle des inneren Elends zu machen und dergestalt das innere Elend bei jedem Menschen notwendig und regelmäßig machen zu wollen!"

Die Antwort liegt für mich auf der Hand. Ja, es ist schrecklich. Und das gleiche Prädikat müsste wohl auf die christliche Theologie Anwendung finden, wenn es nicht immer auch eine subversive Unterströmung oder Gegenströmung in ihr gegeben hätte, die sich gegen die Moralisierung bzw. Ent-Erotisierung der Liebe wehrte und dafür eintrat, Eros als Wirklichkeit Gottes im menschlichen Gewand die Ehre zu erweisen. Einer dieser „Contras" war Origines, der bedeutende Kirchenvater aus Ägypten. Er meinte, Gott sei Eros. Und in eine ähnliche Kerbe haute später Gregor von Nyssa, einer der Kappadokischen Väter, der sagte, die Liebe, die von Jesus als die Mitte der christlichen Ethik proklamiert wird, sei ein *erotikon pathos*, eine erotische Leidenschaft. Berufen konnten sich diese Verfechter des Erotischen darauf, dass die Heilige Schrift in ihrem Kanon immerhin einen durch und durch erotischen Text zu bieten hatte: das althebräische Hohelied der Liebe – ein rauschendes Poem auf die Freuden der sinnlichen Liebe. Eine Kostprobe:

> *„Siehe, meine Freundin, du bist schön!*
> *Siehe, schön bist du! Deine Augen sind Taubenaugen hinter deinem*
> *Schleier.*

Dein Haar ist wie eine Herde Ziegen,
die herabsteigen vom Gebirge Gilead.
Deine beiden Brüste sind wie junge Zwillinge von Gazellen,
die unter den Lilien weiden. Du bist wunderbar schön, meine Freundin,
und kein Makel ist an dir.
Du hast mir das Herz genommen, meine Schwester, liebe Braut, du hast
mir das Herz genommen mit einem einzigen Blick deiner Augen, mit
einer einzigen Kette an deinem Hals." (Hohelied 4,1-5-7-9)

Man kann sich ausrechnen, dass es für diejenigen, die mit Ignatius von Antiochien den Eros „kreuzigen" wollten, ein Angang war, dass so etwas in der Bibel stand. Doch die besten unter den Theologen zu fast allen Zeiten nahmen solche Zeilen als Ansporn, die von der Moral verurteilte erotische Komponente der Liebe in die christliche Spiritualität hinüberzuretten. Sie deuteten die erotischen Gesänge im Hohelied als Metaphern für die leidenschaftliche, glühende, erotische Liebe des Menschen zu Gott. So fand Eros sein Auskommen in Gestalt der christlichen Liebesmystik, die vor allem im Mittelalter viele Männer und Frauen in erotisch-mystische Ekstasen führte: Bernhard von Clairvaux, Wilhelm von Saint-Thierry, Franz von Assisi, Mechthild von Magdeburg, Gertrud von Helfta, Juliana von Norwich, Katharina von Siena, Teresa von Ávila, Johannes vom Kreuz – um nur einige wenige zu nennen. Nur, die solcherart ins Christliche gerettete Erotik blieb trotz aller Leidenschaftlichkeit und Sinnlichkeit kastriert. Denn die sexuelle Komponente, die für die alten Griechen noch integraler Bestandteil erotischer Lebenskunst war, blieb auf der Strecke. Dafür war das Übergewicht der christlichen Moral dann eben doch zu groß: *Sancte, ardente, caste* – heilig, brennend, keusch – wollte man sein. Erotisch, aber nicht sexuell. Und so war es ein flügellahmer Eros, den die christliche Mystik zuließ. Die sexuell-sinnliche Kraft, die der erotischen Liebe innewohnt, blieb außen vor.

Der Mainstream hielt sich hartnäckig an das Dogma vom Sündenfall – jahrhundertlang: gute Liebe, böse Liebe; himmlische Liebe, irdische Liebe. Ein berühmtes Dokument davon ist ein Bild von Tizian, das in der

Galleria Borghese in Rom hängt: Die himmlische Liebe wird als bekleidete Frau mit zugeknöpftem Ausschnitt in tugendhafter Haltung dargestellt, während sich die irdische Liebe neben ihr nackt und lasziv räkelt. In diesem Bild wird das ganze Dilemma der christlichen Theologie sinnfällig: Die Wirklichkeit der Liebe, die ein einheitliches und ganzheitliches Phänomen ist, ist zweigeteilt. Hier die Heilige, da die Hure – ein bis heute bei Männern verbreitetes Modell, diese geistige Spaltung der Liebe auf real existierende Frauen zu projizieren und dadurch diesen theologischen Irrweg in ihre Lebenswelt zu übersetzen: Die Frau, die ihr Herz entflammt, ist per se eine Hure, die zu lieben ein moralisches Vergehen wäre; diejenige hingegen, die ihr Herz nicht entflammt, verdient zwar Zuwendung, doch kann dies nur noch eine blutarme moralische Haltung sein, die niemanden glücklich macht, dafür aber jede Menge Leid und Depression in die Schlafzimmer trägt. Und nicht nur dorthin, denn mir scheint, dass das Drama der Aufspaltung der Liebe für unsere gesamte Kultur ein Unheil ist: Erst die Dämonisierung des Erotischen und die Verdammung der sexuellen Liebe haben der um sich greifenden Pornographisierung der Welt den Weg geebnet.

Agape –
die Kaskade der Liebe

Die Flöte des Unendlichen
wird ohne Ende gespielt,
und ihr Ton ist Liebe.
Wenn die Liebe aller Grenzen entsagt,
erreicht sie die Wahrheit.

Kabir

Nun mag es sein, dass ihr als theologisch gebildete Menschen einen Einwand erhebt. Es könnte sein, dass ihr mich daran erinnert, dass im neuen Testament, wo es um die Liebe geht, nun gerade nicht von *Eros* die Rede ist, sondern ausschließlich von *Agape* – und dass *Agape* mit dem lateinischen Begriff *Caritas* übersetzt werden kann; dass so gesehen also gar keine Rede davon sein kann, dass die Liebe, von der im Evangelium so viel die Rede ist, als erotische Liebe verstanden werden müsse.

Der Einwand ist nicht schlecht, aber er verfängt nicht wirklich. Denn es ist mitnichten so, dass *Agape* nichts mit *Eros* zu tun hätte. Im Gegenteil. Wenn ihr euch das Hohelied des Alten Testaments in seiner schon zu Jesu Zeiten gängigen griechischen Übersetzung (der Septuaginta) anschaut, werdet ihr überrascht feststellen, dass dort, wo man in Kenntnis des klassischen Griechisch *Eros* erwarten dürfte, *Agape* findet. Etwa im 8. Kapitel, wo es heißt:

„Denn stark wie der Tod ist die Liebe [Agape],
begierig wie das Totenreich die Leidenschaft,
ihre Flammen sind Feuerflammen,
sind wie Blitze.
Selbst Wassermassen vermögen nicht,

die Liebe [Agape] zu löschen,
und Flüsse ertränken sie nicht."

Oder:

„Er hat mich ins Weinhaus geführt,
dessen Schild über mir heißt ‚Liebe' [Agape].
O stärkt mich mit Obstkuchen,
bettet mich unter Apfelbäumen,
denn krank vor Liebe bin ich!" (Hohelied 2, 4+5)

Also, wenn die Liebe, die hier besungen wird, nicht exakt das ist, was zu Platons Zeiten *Eros* hieß, dann weiß ich auch nicht. Jedenfalls wäre *Caritas* hier auf keinen Fall eine angemessene Übersetzung. Oder hat man je davon gehört, jemand sei krank vor Barmherzigkeit oder Solidarität gewesen? Wohl eher nicht. Es geht hier eindeutig um die leidenschaftlich-erotische Liebe. Dass sie von den alten Übersetzern des hebräischen Textes mit dem griechischen *Agape* wiedergegeben wurde, sollte uns zu denken geben. Zumindest ist dies ein starker Hinweis darauf, dass die Liebe, von der im Neuen Testament die Rede ist, keineswegs ein moralisches Konzept darstellt, sondern nur dann richtig verstanden wird, wenn wir sie als Erscheinungsform, Variante oder Spielart des Eros deuten.

In eine ähnliche Richtung weist auch ein anderer bedeutender Textzeuge aus der Entstehungszeit des Neuen Testaments: der Philosoph Plotin. Seine Verwendung von *Agape* und *Eros* kommt zwar der Sichtweise der frühkirchlichen Theologen nahe, denn ganz wie diese unterscheidet Plotin *Agape* ausdrücklich von *Eros* – allerdings, und das ist für mich das Entscheidende, als zwei Aspekte des gleichen Geschehens der einen leidenschaftlichen göttlichen Liebe, deren Wesen sich allein von der erotischen Erscheinungsform der Liebe her erschließen lässt.

Das muss ich kurz erklären: Plotin hatte die Vorstellung, der Kosmos als Ganzes sei von einer ewigen Kreisbewegung der Liebe grundiert, bei der es eine absteigende und eine aufsteigende Richtung gibt. Die absteigende Richtung ist bezeichnet durch die *Agape*, die sich wie eine Kaskade von Gott ausgehend in seine Schöpfung ergießt – bis hin in die materielle Welt. Dort aber erreicht sie, wenn man so will, ihren Umkehrpunkt und steigt nun, als erotische Liebe, wieder auf zu ihrem Ursprung – zu Gott –, bis dass sie sich zuletzt in ihm wieder vereint. Dieser Aufstieg erinnert sehr an die aus Platons Deutung des Eros bekannte „Ausfahrt auf das weite Meer des Schönen": Es ist die vom Eros angetriebene Hinwendung aller Kreaturen zum einen, umfassenden Gott.

Warum erzähle ich das? Nun, weil daran deutlich wird, dass wir *Agape* – so wie der Begriff im Neuen Testament verwendet wird – nur dann richtig zu fassen bekommen, wenn wir sie als „Fortsetzung des Eros in anderer Gestalt" deuten: als der ganz zu sich gekommene, vollkommen bewusste, von allen Schatten und Begehrlichkeiten bereinigte Eros, dessen Energie sich aus sich selbst verströmt, ohne dabei noch eines bestimmten, schönen Gegenübers zu bedürfen. *Eros* und *Agape*, so könnte man sagen, sind zwei Erscheinungsformen derselben alles integrierenden und alles durchdringenden (transzendierenden) Energie, die in unserem Herzen ebenso mächtig ist wie im Kosmos als Ganzes; und die zu entfalten uns zu leidenschaftlich-erotisch liebenden Menschen und dereinst – oder in mystischen Ekstasen – zu ganz sich in *Agape* verströmenden Seligen im Reiche Gottes verwandelt.

Das ist es, was mir so wichtig erscheint: *Agape* ist die Erscheinungsform des Eros in der vierten Dimension. So wie Sexualität die Erscheinungsform des Eros in der ersten Dimension ist. *Agape* ist das Liebe-Sein Gottes: das Liebe-Sein, das unser Bewusstsein dann durchdringt, wenn der Eros uns über unser Ich hinweg und durch unsere Seele hindurch in die unmittelbare, mystische Präsenz und Einheit mit dem Göttlichen getragen hat; wenn wir mit Gott eins gewordene, von seiner Wirklichkeit erfüllte Wesen sind; wenn das Reich Gottes in uns aufgegangen ist. Da ist die duale Struktur des Eros aufgehoben in ein Sich-Verströmen, das kein Gegenüber mehr braucht, weil es in ihm kein *ich liebe dich*, *ich liebe die Welt* oder auch kein *ich bin verliebt ins Leben* mehr gibt. Sondern da ist nur noch reine, strömende, leidenschaftlich sich verschenkende Liebe.

Wenn das zutrifft, dann sind wir gut beraten, für die Agape dasjenige zentrale Charakteristikum geltend zu machen, das auch den Eros auszeichnet – nämlich die Nicht-Machbarkeit bzw. den Geschenk-Charakter. Agape, als nichtduale Fortsetzung des Eros verstanden, entzieht sich wie dieser unserem Machen-Können und Wollen. Sie ist – theologisch gesprochen – eine Gnade, für die wir uns empfänglich halten, die wir aber nicht erzwingen können. Sie ist, ganz wie Eros, ein Widerfahrnis – und zwar eines, das sich dann einstellt, wenn wir in die Liebe gefallen und in der Liebe heimisch geworden sind.

Und das ist nun wiederum der Grund dafür, dass das lateinische *Caritas* eine verzerrende Übersetzung des griechischen *Agape* ist. Denn *Caritas* atmet den römischen Geist der Moral und macht so aus dem Widerfahrnis der erotischen Agape eine Leistung des wollenden Ich. So rückt die Liebe in den Verantwortungsbereich des wollenden Subjekts. So können Menschen dafür zur Rechenschaft gezogen werden, wenn sie gegen das Liebesgebot verstoßen; denn es zu erfüllen heißt nun: *vorsätzlich* mildtätig, solidarisch oder barmherzig zu sein und eine entsprechende innere Haltung auszuprägen, um sich durch ein solcherart moralisch integres Verhalten den persönlichen Platz im Himmel zu verdienen. Mit Konzepten wie Barmherzigkeit und Solidarität funktioniert das, denn ein ihnen gemäßes Handeln kann vom Ich im Kopf generiert und kraft seines Willens in die Praxis übersetzt werden; wogegen ja auch überhaupt nichts einzuwenden ist. Barmherzige und mildtätige Akte sind etwas Wunderschönes – nur fehlt ihnen die Kraft und Verbindlichkeit der Herzensenergie. Ihnen fehlen Eros und Agape, und damit dasjenige, was uns Menschen zuallererst zu wirklichen Menschen und Teilhabern an der Wirklichkeit Gottes macht. Jedenfalls scheint mir Jesus – von dem wir ja glauben, dass die Wirklichkeit Gottes in ihm auf besondere Weise inkarniert ist – im Evangelium nirgends als ein moralisch motivierter Akteur aufzutreten, wohl aber als durch und durch erotischer Mensch: als leidenschaftlich liebender Mensch, in dessen Tun und Lassen sich die göttliche Agape in Fleisch und Blut erotisch manifestiert.

Der erotische Jesus

Sehnsucht ist das Los des Geistes, der
einmal Gottes Schönheit erkannt hat.

Basilius, der Große

Für Platon war die Sache klar: Eros ist der Mittler zwischen Mensch und Gott. Auch für Christen ist die Sache klar: Jesus ist der Mittler zwischen Mensch und Gott. Wie nun, wenn Jesus und Eros am Ende zusammengehören; wenn Jesus als der Christus die Inkarnation der Agape Gottes in Gestalt des Eros ist? Wenn wir an ihm beispielhaft erkennen können, was es bedeutet, die Liebe (Agape), die Gott ist, in Fleisch und Blut Wirklichkeit werden zu lassen? Schauen wir mal!

Für mein Verständnis der Gestalt Jesu ist ein Satz aus dem 1. Johannesbrief maßgeblich: „Darin ist erschienen die Liebe Gottes unter uns, dass Gott seinen eingeborenen Sohn gesandt hat in die Welt, damit wir durch ihn leben sollen." (1. Joh 4.9) Jesus, so verstehe ich diesen Satz, ist die inkarnierte Liebe Gottes. In ihm tritt – um in meinem Bild zu bleiben – die Dimension des Seins Gottes (4. Dimension) in den drei Dimensionen des Menschseins in Erscheinung. Gott wird Mensch: das weihnachtliche Geschehen – das Wunder der Heiligung des Irdischen und Fleischlichen, an dem und in dem sich die Liebe (die Gott ist) bewährt. Das ist die eigentliche Bedeutung von Weihnachten, und deshalb ist Weihnachten zu Recht das Fest der Liebe. Es ist das Fest, an dem wir feiern, dass Gott, der die Liebe ist, unter den Menschen sichtbar wird.

Jesus ist so gesehen der Prototyp des Menschen, in dem das in uns allen angelegte Potenzial der Liebe (die Gott ist) zur vollen Entfaltung kommt. In ihm wird die göttliche Agape erfahrbar, sichtbar, spürbar; und zwar als menschlicher Eros. Jesus ist also ein Erotiker reinsten Wassers, den die glühende Leidenschaft seines Herzens zu den Kranken und Aussätzigen, den Prostituierten und Zöllnern, den Gebrechlichen und Marginalisierten, aber auch zu den Schriftgelehrten und Weisen des Volkes trieb. Nicht weil er ein moralisches Gebot erfüllen und nach dessen Maßgabe ein guter Mensch sein wollte, sondern weil er gar nicht anders konnte, so mächtig brannte das Feuer der Liebe (Eros) in ihm. Er war getrieben von der Sehnsucht danach, seiner dem Herzen bewussten Verbundenheit mit allen Menschen Ausdruck zu verleihen. Deshalb machte er keine Unterschiede, sondern begegnete allen in einer unendlich liebevollen Zuwendung. Deshalb übertrat er Grenzen und riss Zäune von Konventionen ein. Seine Liebe machte vor nichts und niemandem Halt. Er integrierte alle, er stiftete Verbundenheit – und er missachtete alle Dogmen und Gepflogenheiten, die dem Bezeugen dieser Verbundenheit im Wege standen. Das verschaffte ihm Feinde – und zwar überall dort, wo er es mit stark ausgeprägten Egos zu tun hatte. Denn das Ich hasst den Wandel. Das Ich hasst Menschen, die gegen Konventionen verstoßen. Dem Ich ist Eros zutiefst suspekt. Weshalb es nicht davor zurückschreckt, den Eros zu kreuzigen (ganz so wie es Ignatius von Antiochien forderte ...).

Und Jesus? Auch er schreckte vor nichts zurück – zumindest dann nicht, wenn er seinem Herzen folgte. Und das tat er immer. Deshalb können wir so viel von ihm lernen. Er ist für mich das Ur- und Vorbild eines ins Leben verliebten Menschen. Wenn wir Jesu Appell *Folge mir nach!* beim Wort nehmen, dann ist das die Aufforderung zu einer erotischen Spiritualität; denn ihm nachfolgen bedeutet nichts anderes, als in die Liebe zu fallen – tiefer und immer tiefer. So tief, dass selbst der Tod uns nicht mehr schreckt, weil wir den Geschmack der Unsterblichkeit auf unseren Lippen haben; so tief, dass wir dem Schmerz nicht mehr ausweichen müssen, weil wir uns in einem Ozean der Liebe geborgen wissen; so tief, dass auch wir unser Kreuz tragen können, weil unser Herz ein klares Ja zum Leben sagt.

So wie auch Jesus Ja sagt: zu den Kranken, den Aussätzigen, den gesellschaftlich Ausgestoßenen. Er geht auf sie zu, er begegnet ihnen in der Unmittelbarkeit des liebenden Herzens. Darin gründet die Klarheit und Prägnanz seines Tuns, die Beherztheit seines Eingreifens. Jesus hält sich nicht mit Konzepten und Theorien auf, sondern folgt dem Impuls seines Herzens. Er fühlt die Verbundenheit und verleiht ihr Ausdruck. Und indem er dies tut, heilt er. Fast immer ist es die Pointe der Heilungsgeschichten, dass Jesus die kranken Menschen durch seine Zuwendung aus der Isolation befreit und genau dadurch heilt. Auch die medizinische Forschung bestätigt inzwischen, dass physische wie psychische Leiden dadurch behoben werden können, dass ihre Ursprünge zu Bewusstsein gebracht und dort mit der Kraft des Herzens bejaht werden.

Die unbedingte Präsenz im Herzen und das klare Bewusstsein der Verbundenheit Jesu stehen wohl auch im Hintergrund derjenigen Geschichte, die für mich das klarste und schönste Bild des *erotischen Jesus* im Evangelium zeichnet: die Geschichte von der Salbung in Bethanien (Mt 26.6-11). Jesus ist zu Gast im Hause seines Freundes Simon. Da tritt eine Frau zu ihm, die Jesus offenbar in großer Liebe zugetan ist, und gießt kostbares Öl auf sein Haupt. Die Jünger sind erbost und mäkeln, das Geld für das teure Öl hätte besser den Armen gegeben werden können. Doch was sagt Jesus? „Was betrübt ihr die Frau? Sie hat ein gut' Werk an mir getan. Denn Arme habt ihr allezeit bei euch. Mich aber habt ihr nicht alle Zeit."

Man kann diese Szene beschreiben als den Triumph der Liebe über die Moral. Die Jünger sind moralisch. Sie wollen gute Menschen sein und das teure Geld lieber den Armen geben als in eine Wellness-Behandlung ihres Meisters investieren. Der aber sieht das anders, denn er sieht mit den Augen des Herzens. Er ist in der Liebe – in der Liebe, die erotisch ist. Was sich daran zeigt, dass er ganz bei der Sache ist. Ganz im Hier und Jetzt, bei der Frau, die ihm in Liebe zugewandt ist. Er weiß: Jetzt ist diese konkrete Frau wichtig und nicht die abstrakten Armen der Jünger. Jetzt zählt die Verbundenheit zwischen ihm und dieser Frau – und diese Verbundenheit ist konkret, körperlich, sinnlich. Sie ist nicht sexuell, sondern erotisch: Körper, Geist und Seele sind in diesem zärtlichen Ausdruck der

Verbundenheit integriert. Jesus ist präsent, ganz bei der Geliebten. Und aus dieser Zuwendung erwächst ein erotischer Handlungsimpuls, der viel stärker ist als die abstrakte Moral der Jünger.

Das verrät eine weitere Jesus-Geschichte – eine, die auf den ersten Blick so gar nicht erotisch daherkommt, bei näherer Betrachtung aber ebenso das Gesicht des erotischen Jesus zeigt: die Vertreibung der Händler aus dem Tempel: „Und Jesus ging in den Tempel und fing an, die Verkäufer und Käufer im Tempel herauszutreiben; und die Tische der Geldwechsler und die Stände der Taubenhändler stieß er um und ließ nicht zu, dass jemand etwas durch den Tempel trage." (Mk 11.15-17)

Wenn das nicht beherzt ist! So beherzt, wie nur ein in erotischer Liebe glühendes Herz handeln kann. Wieder ist Jesu Liebesleidenschaft konkret. Er sieht etwas, das nicht geht. Und weit gefehlt, dass er freundlich mit den Händlern diskutieren würde, wird er in seinem heiligen Zorn handgreiflich. So sieht das *Nein aus Liebe* aus, das einen erotischen Menschen beflügeln kann. Eros ist nicht rosaroter Friede-Freude-Eierkuchen. Er ist das unbedingte Ja zum Leben – zu Gott –, dem ein unbedingtes Nein zu allem Lebensfeindlichen entspricht.

Diese subversive Komponente in Jesus von Nazareth verrät die ungeheure erotische Kraft dieses Menschen. In seinem Herzen brennt ein leidenschaftliches Feuer, das sich in einer grenzenlosen, unbedingten Hingabe manifestiert. Es manifestiert sich in seiner heilenden Zuwendung ebenso wie in seinem heiligen Zorn auf die Händler im Tempel. Und es findet seinen stärksten und kraftvollsten Ausdruck in seinem Sterben. Denn die Passion Jesu zeigt, wie weit das Verliebtsein ins Leben gehen kann: dass das liebende Herz selbst dort noch an seiner leidenschaftlichen Liebe zum Leben festhält, wo einem Menschen größtes Leid und unvorstellbare Schmerzen zugefügt werden.

Nur so jedenfalls kann ich mir einen Reim auf diese Geschichte machen: dass die Passion Jesu deshalb ein heiliges Geschehen ist, weil in ihr sichtbar wird, dass die Liebe (die Gott ist) auch vor den dunkelsten und fürchterlichsten Seiten des Lebens nicht Halt macht; dass sie selbst da noch wirksam ist, wo wir nur Grauen und Schrecken sehen können; dass sie selbst da noch das Leben bejaht, wo es geschunden und vergewaltigt wird – ja, wo es stirbt. Liebe ist stärker als der Tod, das ist in meinen Augen die Botschaft. Und weil die Liebe stärker ist als der Tod, kennt sie auch keine Angst: „Furcht ist nicht in der Liebe." (1. Joh 4.17)

Gott liebt das Leben; und sein Sohn ist selbst da noch in die Menschen verliebt, wo sie ihn umbringen: „Vater, vergib ihnen; denn sie wissen nicht, was sie tun!" (Lk 23.34) – darin spricht sich der ungebrochene Eros Jesu aus, der selbst seine Mörder nicht verurteilt, sondern die Tragik ihrer Verblendung liebend erkennt. Und gleichzeitig vollendet sich darin die erotische Liebe Jesu zum Leben: Wo die eigenen Mörder von seiner Liebe umfasst sind und seine Verbundenheit selbst mit ihnen ins Bewusstsein kommt, da ist noch der letzte Draht seiner Seele zum Glühen gebracht und die Verbundenheit mit allem realisiert. Darin vollendet sich die Mensch (= Eros) gewordene Liebe Gottes und wird (wieder) zur ewigen Agape. Nun ist da nur noch die unterschiedslose Einheit von Vater und Sohn in der vierten Dimension des Bewusstseins, von der Jesus immer schon wusste, auch wenn er sie in seiner irdisch-inkarnierten, menschlichen Existenz nicht dauerhaft zu leben vermochte: „Ich und der Vater sind eins." (Joh 10.30) Nun, am Kreuz von Golgatha, ist dieses Wissen vollkommen realisiert – und der Sohn wird wieder Vater, der Vater wieder Sohn: Einheit, Auferstehung, Ostern. Das ist der Schritt, mit dem die Inkarnation endet und die göttliche Liebe, die an Weihnachten Mensch geworden war, wieder in die reine Sphäre des Gottesreiches aufgehoben wird. Nun ist Jesus zum Christus geworden – wahrer Mensch und wahrer Gott, ununterscheidbar.

Natürlich könnte man noch viel mehr über Jesus sagen. Und wie viel ist schon über Jesus gesagt worden! Ich möchte es hier nicht zu weit treiben. Alles, worum es mir geht, ist, euch zu erklären, was mir an diesem Mann aus Nazareth wichtig ist – wie ich sein Handeln und seine Lehren verstehe; und warum ich glaube, dass wir Menschen wirklich gut beraten sind, ihn zu unserem spirituellen Führer zu machen: Weil er, wie wohl kein anderer, zu erkennen gegeben hat, was ein von Liebe erfülltes Leben ist; wie ein Leben aussieht, das – vollständig vom Eros durchdrungen – ganz zu sich selbst gekommen ist, so sehr von ihm erleuchtet, dass keine dunklen Flecken oder Schatten in der Seele zurückbleiben. Weil ihm zu folgen tatsächlich bedeutet, unser beschränktes Ich ebenso zurückzulassen wie dessen Furcht vor Leid und Tod. Und weil der Weg in die Liebe, den er weist, tatsächlich der Weg ins Gottesreich ist, in das einzutreten nichts anderes bedeutet, als unsere Unsterblichkeit zu realisieren.

Was braucht es mehr? Mir jedenfalls reicht ein solcher Jesus. Er muss für mich nicht von der Jungfrau Maria geboren sein; er muss für mich nicht das Opferlamm zur Vergebung der Sünden sein. Es reicht mir, dass in ihm Gott Mensch geworden ist. Und es reicht mir zu ahnen, dass seinem Vorbild zu folgen am Ende dahin führen kann, mein menschliches Dasein so zur Blüte zu bringen, dass es als schöne, harmonische und glückliche Erscheinung des Göttlichen die Menschen erfreut. Und war es nicht genau das, was er von uns wollte? – „Ein neues Gebot gebe ich euch, dass ihr euch untereinander liebt, wie ich euch geliebt habe, damit auch ihr einander lieb habt. Daran wird jedermann erkennen, dass ihr meine Jünger seid, wenn ihr Liebe untereinander habt." (Joh 13.34)

Im mystischen Minnebett

Eia, Herr, liebe mich innig,

und liebe mich häufig und lange!

Denn je inniger du mich liebst,

desto reiner werde ich.

Je öfter du mich liebst,

desto schöner werde ich.

Je länger du mich liebst,

desto heiliger werde ich hier auf Erden.

Mechthild von Magdeburg

Meine Deutung der Gestalt Jesu kennt ihr nun. Und vielleicht versteht ihr vor diesem Hintergrund auch, warum es mich für gewöhnlich nicht in die Sonntagsgottesdienste christlicher Kirchen zieht: weil dort so wenig von dem Geist spürbar ist, der mir das eigentliche Herz und Zentrum der christlichen Religion zu sein scheint – der Geist der leidenschaftlichen, umfassenden, erotischen Liebe; weil mein Herz dort keine Nahrung findet; weil ich dort überzeugt werden soll, wo ich doch berührt werden möchte. Kurz: weil dort so wenig Eros waltet.

Vor allem die evangelische Spiritualität lässt mich in dieser Hinsicht oft verzweifeln. Ich möchte damit nicht sagen, dass evangelische Gottesdienste schlecht oder falsch wären. Ich weiß, dass dort teilweise Großartiges geschieht – dass Menschen sich dort getröstet und beheimatet fühlen. Nichts von alledem möchte ich schlechtreden. Es ist gewiss wichtig, dass die Kirchen die Menschen auch in ihrer Ich-Struktur treffen und ansprechen. Und wer sich in seinem Leben innerhalb der Ich-Struktur eingerichtet hat, wird dankbar und glücklich die Angebote der Kirchen annehmen, die dem Ich Halt, Stabilität und Hoffnung geben. Nur, mir reicht das nicht. In mir dürstet eine Seele nach Anspruch. In mir schlägt ein Herz, das sich verlieben, das sich hingeben und öffnen, sich ausdrücken und feiern möchte. Und das sich in dieser Hinsicht von den Kirchen immer wieder allein gelassen fühlt.

Natürlich, es gibt Ausnahmen. Allen voran Taizé. Ihr wisst, dass ich dort meine spirituelle Initiation empfangen habe und dass mich die Taizé-Spiritualität bis heute prägt. Als junger Mann hätte ich das so noch nicht gesagt, heute aber scheue ich mich nicht davor, Taizé gerade deshalb zu rühmen, weil dort eine durch und durch erotische Spiritualität gelebt wird: eine Spiritualität, die mein Herz öffnet und mich in die Liebe fallen lässt – tief in die Liebe fallen lässt. Sicher tragen dazu die wundervollen Lieder bei, die dort gesungen werden; und auch die Einfachheit des dort gepflegten Lebensstils. Taizé ist für mich eine Chiffre für eine ganzheitliche, dabei aber doch herzzentrierte und kraftvolle Erscheinungsform des Christentums. Mehr davon in unseren Kirchen würde mir Freude bereiten.

Aber wie weit sind wir davon entfernt! Statt Stille und kontemplativer Praxis muss ich mir zumeist moralinsaure Predigten anhören. Was gibt es Unerotischeres als Predigten! Nein, dafür könnt ihr mich nicht begeistern. Selbst die Kirchentage bleiben mir zu sehr an der Oberfläche: viel geistige Nahrung, viel gutes Gefühl, aber wirklich in die Tiefe führen sie mich nicht. Deshalb habe ich mich dort – anders als in Taizé – nie ins Leben verlieben können.

Ich könnte auch sagen: Mir fehlt dort der „Sinn und Geschmack für das Unendliche" (Friedrich Schleiermacher); mir fehlt die Sinnlichkeit und die Seelenfülle; mir fehlt die Mystik. Ja, genau, die Mystik. Denn eine erotische Spiritualität scheint mir immer eine mystische Spiritualität zu sein – eine Spiritualität, die es darauf anlegt, die Präsenz Gottes unmittelbar zu erfahren. Christlich verstanden: eine Spiritualität, die es mir erlaubt, die leidenschaftliche Liebe zum Leben in mir zu entfachen und darin zum Jünger Jesu zu werden.

Deshalb ist es wohl kein Wunder, dass sich in der christlichen Tradition stets die Mystiker der Erotik des Christentums (oder der Erotik des Betens, wie ich es einmal genannt habe) bewusst waren. Besonders die mittelalterliche Mystik wagte es, eine erotische Spielart des Christentums zu entwickeln. Ihre große Zeit war das 12. Jahrhundert. Fast aus dem Nichts verbreitete sich in kürzester Zeit in ganz Europa eine leidenschaftliche Spiritualität, die sich nicht scheute, ihre Hinwendung zu Gott in einer durch und durch erotisch-sexuellen Sprache zu beschreiben. Vor allem die Frauen stachen in diesem Genre hervor: Mechthild von Magdeburg habe ich schon erwähnt, die niederländische Begine Hadewijch wäre eine weitere Protagonistin dieser Bewegung.

Bemerkenswert scheint mir, dass diese unerwartete Renaissance des alten Eros zwei unterschiedliche Richtungen nahm, die zeitgleich in räumlicher Nähe, nämlich in der Mitte und im Süden Frankreichs, auf der Bühne des europäischen Geistes auftauchten: einerseits die Troubadour-Lyrik des weltlichen Minnesangs mit ihrem Zentrum in der Provence und zum anderen die Brautmystik der Zisterzienser-Spiritualität, die vom Burgund aus Europa überrollte. Was dieses wunderliche Geschwisterpaar verbindet, ist ihr beiderseitiges Bemühen, den alten Eros unter dem Vorzeichen der christlichen Moral neu zu Ehren zu bringen. Denn so sehr auch die Kirche das Erotische zu verbannen versuchte, Klein-Eros ließ sich nicht unterkriegen; einfach weil sich die Menschen immer wieder verliebten und Eros deshalb eine unhintergehbare Kraft des Lebens bleibt.

Die Spielarten, in denen er sich zu Wort meldete, waren allerdings höchst unterschiedlich: Im Kloster wurde eine mystisch-asketische Variante geübt, am aristokratischen Hof eine poetisch-asketische. Was beide dabei verbindet, ist ihr verzweifelter Versuch, für den Eros eine Art Reservat zu finden, in dem er trotz aller moralischen Vorbehalte und Verdikte bleiben konnte.

Die Antwort der Minnesänger war genial: Sie suchten sich als Objekt ihrer erotisch-feurigen Avancen grundsätzlich eine unerreichbare Frau. Zu ihren Spielregeln gehörte also von Anfang an, dass all ihr leidenschaftliches Werben nie zur Erfüllung kommen durfte. Eros durfte seinen männlichen Anteil zwar voll auskosten: Er durfte singen, dichten, gegen Drachen kämpfen und Aventüren bestehen, aber er durfte sich unter keinen Umständen hingeben. Die Angebetete blieb auf Distanz, und ein flüchtiger Kuss auf die Stirn des Verehrers war das Höchste, was ihm je zuteil werden konnte. Diese seltsam ausgebremste Erotik führte wohl zu einer exaltierten Sehnsucht, die wahrlich hinreißende poetische und lyrische Werke gebar. Die ganze europäische Gattung des Liebesromans hat später daraus geschöpft. Aber wirklich zu sich und zur Blüte konnte das Leben darin nicht kommen.

Die Strategie der Mystiker funktionierte ähnlich. Auch sie mussten peinlich darauf achten, dass ihre erotische Gottesminne nicht in moralisch fragwürdige Regionen führte. Auch sie mussten deshalb einem Eros frönen, der per se nicht zur Erfüllung finden konnte – nun aber nicht als eine unerfüllbare irdische Liebe zur entrückten Herrin, sondern eine unweigerlich fleischlos asexuelle Liebe zum transzendenten Gott. Auch ihm wurden die schönsten erotischen Gedichte gewidmet. So kam Eros zwar zur Sprache, doch zum Leben kam er nicht. Im Gegenteil: Die frommen Protagonistinnen und Protagonisten der Brautmystik haben den Eros so sehr spiritualisiert, dass er zuletzt die Bodenhaftung verlor und wieder aus der christlichen Spiritualität schwand – und verschwunden blieb. Alle seine späteren, zaghaften Versuche einer Rückkehr ins europäische Geistesleben fanden in der säkularen Kultur statt: so war es in der Renaissance, so war es in Barock und Rokoko, so war es in der Romantik. Und immer fanden sich in Windeseile kirchliche Eiferer, die dem Eros mit Feuer und Schwert zu Leibe rückten. Mit dem Erfolg, dass er nur noch in Literatur und Kunst überleben durfte – als Beatrice, Madonna Laura, Romeo und Julia, Werther und Lotte, Hyperion und Diotima, Jack und Rose ...

Aber ich schweife ab. Was ich eigentlich sagen – und beklagen – wollte, ist, dass es seit den Tagen der Brautmystik des Mittelalters so gut wie keine Erotik mehr in den christlichen Kirchen gab; und dass ich vermute, der Grund dafür könnte darin liegen, dass spätestens seit der

Reformation der Sinn für das Mystische abhandengekommen oder marginalisiert wurde. Es fällt auf, dass das Schwinden der erotischen Anteile mit dem Schwinden des kontemplativen Gebetes zusammenfällt; und dass erst heute, unter Einfluss östlicher Meditationsformen und christlicher Brückenbauer wie Roger Schütz, Thomas Merton oder Hugo Lassalle, mit der Wiederentdeckung des stillen, kontemplativen Gebets der erotische Sinn ins Christentum zurückkehrt. Bei näherem Hinsehen ist das nicht überraschend; denn wenn ihr gelesen habt, was ich über die Eltern des Eros geschrieben habe, dann erinnert ihr euch vielleicht daran, dass die empfängliche, offene Hingabe eine seiner beiden Grundvoraussetzungen ist. Und eben das ist es ja, was der kontemplative Weg lehrt: sich hinzugeben und offen zu halten für den Anspruch Gottes; in die Stille zu gehen und leer zu werden, um sich von Gottes Liebe erfüllen zu lassen. So gesehen scheint es fast in der Natur des Eros zu liegen, dass er überall dort in die christliche Spiritualität zurückkehrt, wo geschwiegen und Kontemplation geübt wird.

Gewiss ist auch die Kontemplation noch immer ein recht sinnenferner spiritueller Weg; und von einer echten erotischen Spiritualität, wie sie mir vorschwebt, bleibt sie noch ein Stück entfernt. Aber gleichzeitig ist sie doch ein integraler Bestandteil davon. Denn mir scheinen Kontemplation und Meditation wichtige Übungen dafür zu sein, sich überall vom Leben berühren und bewegen lassen zu können; sich überall inspirieren und zu beherztem Handeln motivieren lassen zu können; überall in die Liebe zu fallen und so das Leben zu einem einzigen Gottesdienst geraten zu lassen – einem Gottesdienst, der darin besteht, bei allem Tun und Lassen das Leben zu feiern und sich dieses unglaublich schönen Geschenkes bewusst zu sein, und das in allen Dimensionen unseres Lebens.

Ach, ihr ahnt nicht, wie sehr ich mir eine solche umfassende, körperliche, sinnliche, herzliche, geistreiche christliche Spiritualität wünsche; eine Spiritualität voller Poesie und Schönheit, voller Zärtlichkeit und Beherztheit. Natürlich keine „Wellness-Spiritualität", wie kirchliche Berufszyniker gerne zetern; auch keine weltabgewandte Esoterik. Sondern eine bodenständige, konkrete, aus dem Herzen kommende, die Verbundenheit mit allem in die Verbindlichkeit des Handelns übersetzende und deshalb tätige Spiritualität. Eine Spiritualität, in der sich Kampf und Kontemplation, *vita activa* und *vita contemplativa*, Mystik und Widerstand die Waage halten. Ja, das wäre das Christentum, das mir vorschwebt – ein erotisches Christentum auf den Spuren eines erotischen Jesus; ein Christentum, in dem Gott und Mensch kraft der Liebe so vermittelt sind, dass das Leben zu sich selbst kommen und erblühen kann.

Mit Leib und Seele –
und beiden Füßen
auf dem Boden

*The most beautiful prayer is a man
walking tall, powerful and in beauty.*

Angaangaq

Wie ihr wisst, habe ich verschiedene spirituelle Schulen durchlaufen. Und ich halte sie alle in Ehren. Vieles von dem, was ich über erotische Spiritualität geschrieben habe, finde ich im Sufismus wieder, den ich außerordentlich liebe. Vieles entdecke ich auch in den tantrischen Traditionen des Ostens oder im Bhakti-Yoga der Hindus. Und nicht die wenigsten Impulse zur erotischen Lebenskunst verdanke ich meinem Freund, dem Eskimo-Schamanen Angaangaq. All diese Traditionen sind mir heilig und kostbar. Rumi, Hazrat Inayat Khan oder Ibn Arabi stehen in meinem persönlichen Heiligenschrein gleich neben Jesus, Franziskus oder Frère Roger. An diesen Menschen gefällt mir so, dass sie eine erotische Spiritualität gelebt haben und leben, die konkret und nah beim Menschen ist; eine diesseitige, sinnliche Spiritualität, die die Seele erfüllt, das Herz stärkt und den Körper nicht vergisst; eine Spiritualität, die nicht (wie manche östlichen Wege) zusammen mit dem Körper und dem Ich auch die Seele überwinden will, um ganz im nondualen Geist aufzugehen. Versteht mich nicht falsch: Ich habe nichts dagegen, wenn jemand im nondualen Geist aufgeht oder aufgehen möchte. Denn ganz sicher ist dies eine wunderbare Erfahrung der vierten Dimension unseres Bewusstseins. Ganz so wie guter Sex eine wunderbare Erfahrung der ersten Dimension unseres Lebens ist. Nur meine ich, dass wir nicht deshalb auf Erden sind, um dauernd guten Sex oder nonduale Erleuchtungserlebnisse zu haben, sondern um ganz und gar Mensch zu sein, so wie Jesus, so wie Franziskus, so wie Rumi – ein leidenschaftlich liebender Mensch voller Erotik und Sinnlichkeit, voller Schönheit und Geist, voller Sexualität und Spiritualität ...

Deswegen habe ich eine gewisse Skepsis gegenüber solchen spirituellen Schulen, die sich allein darauf fokussieren, Menschen zu Erleuchtungserfahrungen oder mystischen Einheitserlebnissen zu verhelfen. Sicher ist es wunderbar, solche Erfahrungen zu machen. Und wahrscheinlich machen wir alle sie irgendwann einmal, auch wenn längst nicht alle Menschen sie so benennen würden. Vielleicht reden sie von Glückserfahrungen oder einem großen inneren Frieden, der über sie gekommen ist. Wie auch immer: In solchen „Gipfelerlebnissen" tauchen wir ein in die vierte Dimension unseres Bewusstseins und bringen von dort einen Geschmack der Ewigkeit und Grenzenlosigkeit mit. Und eben das scheint mir das Entscheidende zu sein: dass wir diesen Geschmack (den wir auch den Geschmack des Gottesreiches nennen könnten) in der Vielfalt und Mannigfaltigkeit unserer Seele aufgehen lassen und ihn kraft unseres liebenden Herzens in das komplexe Gefüge unseres menschlichen Lebens integrieren; ohne zu versuchen, diesem menschlichen Leben zu entkommen, indem wir Erleuchtungs- oder Gipfelerlebnisse verstetigen und zum alleinigen Ziel unseres Lebens machen. Denn noch einmal: Mir will nicht einleuchten, dass der Sinn unseres Lebens sich darin erfüllt, zu Lebzeiten zu Gott zu werden. Plausibler erscheint es mir, mit Leib und Seele, in voller Blüte Mensch zu sein.

Daher rührt meine Skepsis. Ich sehe immer wieder, dass Menschen Erleuchtungs- oder Gotteserfahrungen machen, die zu wiederholen und zu vertiefen sie anschließend zur Mitte ihres Lebens machen. Sie fühlen sich spirituell sehr reif und fortgeschritten, übersehen dabei aber, dass sie in Wahrheit in ihrem Entwicklungsprozess stagnieren. Denn Erleuchtungserlebnisse führen oft dazu, dass Menschen sich der Dynamik des Eros verschließen, dass sie sich nicht vom Eros in die Tiefe ihrer Seele und der Welt locken lassen, sondern stattdessen auf der Ich-Ebene verharren. Das ist immer dann der Fall, wenn sie stolz auf ihre Erfahrungen blicken und sich dadurch aufgewertet fühlen. Doch bei näherer Betrachtung verbirgt sich hinter diesem spirituellen Stolz zumeist ein unsicheres, ängstliches Ich, das sich vertrösten und beruhigen lassen möchte. Es braucht die Gewissheit, dass nicht alles aus ist, wenn es stirbt. Es hat Angst vor dem Tod und starrt wie gebannt auf die Erleuchtungserfahrung, die ihm diesen Geschmack von Unendlichkeit und Ewigkeit gewährt hat – diesen Duft der All-Einheit und umfassenden Liebe, der aus der vierten Dimension unseres Bewusstseins zu uns herüber weht.

Wenn spirituelle Schulen darauf abheben, den Menschen einen geraden und direkten Weg aus dem Ich in die Erleuchtung zu weisen, dann betreiben sie das, was man *Spiritual Bypassing* nennt: Unter Umgehung der seelischen Dimension schlagen sie die Brücke direkt aus dem Ich in den Geist. Was dann dahin führt, dass ihre Anhänger zwar von tiefen und schönen Erlebnissen berichten können, dabei jedoch kein Auge für ihre eigenen Schattenanteile haben und kein Auge für ihr Verbundensein mit allen anderen Wesen. Ihr Ich sieht sich vielmehr der Aufgabe entledigt, anderen Menschen oder sich selber in Liebe zu begegnen. Und so verharren sie im Erleuchtungsstolz und sind froh, sich nicht ihrer Seele (und dem Leben) ausliefern zu müssen – weil das eben auch wehtun kann. Stattdessen lechzen sie nach der nächsten Einheitserfahrung und weisen alles von sich, was sich ihnen dabei in den Weg stellt. Sie werden zu dogmatischen Asketen und lehnen das irdische Dasein in seiner aus Chaos und Ordnung gemischten Mannigfaltigkeit ab. Sie wissen sich nicht verbunden, weil sie nicht ins Leben verliebt sind. Sie sind nicht in der Liebe, und weil sie nicht in der Liebe sind, fühlt sich ihre Spiritualität oft so fahl und hohl an. Sie sind erleuchtete Egos, aber keine Seelen – strahlende Oberflächen ohne Tiefe und ohne Herz. Schade.

Das *Spiritual Bypassing* erscheint mir aber nicht nur deshalb problematisch. Fragwürdig ist es in meinen Augen vor allem deshalb, weil es die erotische Entwicklung blockiert. Es festigt letztlich die Strukturen des sich ewig ängstigenden Ich und ist darin um keinen Deut besser als die schlechte alte kirchliche Theologie, die dem zitternden Ich ewigen Fortbestand im Jenseits als Belohnung für moralisches Wohlverhalten in Aussicht stellte. So oder so wird der Weg in die Tiefe verstellt – so oder so wird der Aufbruch des Herzens verhindert, und das Leben kommt nicht zur Blüte seiner selbst. So skurril es klingt: Ekstatische Gipfelerlebnisse können nach meinem Eindruck dazu führen, dass Menschen sich gerade nicht ins Leben verlieben.

Das geschieht zumeist dann, wenn mystische Erfahrungen nicht durch eine weise, reife, gewachsene Spiritualität und Philosophie ins Leben integriert, sondern um ihrer selbst willen gesucht werden. Was gar nicht so schwer ist, denn natürlich kann man Erfahrungen der vierten Dimension (anders als das Sich-Verlieben) aus eigenen Stücken herbeiführen; etwa durch den Konsum bewusstseinserweiternder Drogen wie LSD, Ecstasy, psychoaktiver Pilze oder anderer Substanzen oder durch gezieltes Bewusstseinstraining. Zweifellos lassen sich auf diese Weise tiefe Erfahrungen generieren. Aber solange diese Erfahrungen nicht behutsam in die Lebenswirklichkeit vermittelt werden, tragen sie nichts dazu bei, innerlich zu reifen und in die Liebe zu finden. Im Gegenteil: Voreilig erleuchtete Menschen ziehen sich aus dem Leben zurück, beenden ihre Beziehungen, kappen Verbindungen und entledigen sich aller Verbindlichkeiten. Ein reifes und blühendes Leben sieht anders aus.

Überraschenderweise habe ich das blühende Leben wohl aber bei solchen Menschen entdeckt, die keineswegs von grandiosen Erleuchtungserlebnissen erzählen können, dafür aber von einer glühenden Sehnsucht und Liebe zum Leben getrieben sind. Sie scheinen mir Gott oft näher zu sein als all die Erleuchteten und Frommen; denn die Liebe (die Gott ist) strahlt aus all ihrem Tun und Lassen, und das selbst dann noch, wenn sie sich dessen gar nicht bewusst sind. Diese Menschen scheinen mir lebendig, sie haben eine intensive Ausstrahlung, auch wenn fast immer eine gewisse Trauer sie umwölkt. Wie sollte es anders sein, denn der in ihnen mächtige Eros ist eine tragische Figur, die ewig darunter leidet, nicht ganz und gar mit allem verbunden und vereint zu sein.

Wenn diese Menschen sich ihrer liebenden Seele bewusst werden (und genau darum müsste es einer erotischen Spiritualität gehen), dann werden sie erkennen, dass ihre Sehnsucht bereits ihre Erfüllung in sich trägt – dass gerade in ihrem Leiden, gerade in ihrer Leidenschaft, gerade in ihrem Brennen Gott zugegen ist; dass ihre erotische Glut genau die Art und Weise ist, in der Gott im Menschen zu sich selbst kommen will – in der das Leben im Menschen zu sich selbst kommen will. So wie es in Jesus von Nazareth sinnenfällig geworden ist.

Wo uns dies gelingt – wo uns zu Bewusstsein kommt, dass immer schon die Sehnsucht Gottes nach sich selbst als erotische Leidenschaft in uns mächtig war –, da werden wir an den Punkt gelangen, das Leben als ein Fest, einen ewigen Gottesdienst zu feiern. Und zwar in allen seinen Facetten. Dann gibt es kein Heilig und kein Profan mehr. Es gibt nichts mehr, was überwunden werden muss, sondern nur noch ein mannigfaltiges Feuerwerk des göttlichen Lebens, das wir liebend empfangen und umarmen dürfen; das wir mit der Kraft unseres liebenden Herzens in die große Symphonie unserer Seele integrieren können; zu dem wir zuletzt doch ohne Wenn und Aber Ja sagen können.

Erotische Spiritualität ist nicht asketisch. Sie lehnt nichts ab, sie muss nichts überwinden: nicht das Ich und nicht den Körper; nicht ekstatische Erleuchtung und nicht die Vergnügungen des Körpers. Denn alles gerät ihr zum Gottesdienst, so sie denn alles mit einem wachenden und liebenden Herzen feiert und zelebriert. Ganz so wie einem Frischverliebten all sein Tun zum Dienst an seiner Liebsten gerät, so wird dem Ins-Leben-Verliebten all sein Tun zu einer großen Liturgie der Liebe, egal ob bei der Arbeit oder in der Küche, im Wald oder im Stau. Na gut, Letzteres bleibt dann wohl doch allein den größten Meistern der erotischen Spiritualität vorbehalten... ☺

Was ich damit sagen will: Eine erotische Spiritualität des Herzens hebt nicht ab. Sie steht mit beiden Füßen fest auf dem Boden. Sie wendet sich dem Leben in all seinen Facetten zu und umarmt es mit einem beherzten Ja. Nur: Eine solche Spiritualität ist schwer zu finden. Aber das heißt ja nicht, dass man daran nicht arbeiten könnte ...

Zum Abschluss möchte ich das gerne noch an einem besonders prekären Aspekt des Lebens deutlich machen; einem, von dem ich weiß, dass ihr euch besonders schwer damit tun werdet: der Sexualität. Denn gerade diese fundamentale Erscheinungsform des Eros ist ja durch unsere kirchliche Theologie jahrhundertelang verfemt und bekämpft worden. Gerade sie scheint mir deshalb besonders zuwendungsbedürftig, wenn ich es mir zum Anliegen mache, das im Christentum verschüttete Potenzial zur erotischen Spiritualität freizulegen. Denn ein erotisches Christentum – eines, das sein zentrales Konzept *Liebe* wieder umfassend und stimmig deutet – wird nicht umhinkommen, die Sexualität neu zu sehen: als etwas durch und durch Bejahenswertes; als etwas, dessen immanenter Eros entfaltet und dadurch zu einer spirituellen Praxis veredelt werden kann. Denn warum sollte nicht auch Sexualität eine Feier Gottes sein: eine Feier des Gottes, der das Leben ist, und der in uns in Fülle und Schönheit lebendig sein will?

Bitte schaltet nicht gleich auf Widerstand, sondern lasst euch für einen Augenblick auf den Gedanken ein, dass es durchaus so etwas wie eine heilige – d.h. die Anwesenheit und Wirklichkeit Gottes im Bewusstsein haltende – Sexualität geben kann. Denn, unter uns gesagt, ich bin davon überzeugt, dass wir nur dann der fatalen Pornographisierung, Kommerzialisierung und Trivialisierung der Sexualität in unserer Welt Einhalt gebieten können, wenn wir ihr Mysterium wiederentdecken und sie als ein heiliges, spirituelles Geschehen feiern, in dem Gott, der die Liebe ist, sich im vollsten Sinne des Wortes inkarnieren möchte. Und ich bin davon überzeugt, dass es für die Zukunft der christlichen Religion äußerst fruchtbar wäre, wenn sie die sinnlich-erotische Seite der Liebe bis in ihre sexuelle Dimension hinein wieder als Teil des göttlichen Inkarnationsgeschehens würdigen könnte. Denn mir scheint, dass viele Menschen den Kirchen fernbleiben, weil die Sehnsucht ihres Herzens nach körperlichem Ausdruck dort kaum Resonanz findet. Das ist die andere Seite der Medaille unserer pornographisierten Kultur: Die von allen guten Geistern verlassene Sexualität korrespondiert mit einer von allen guten

Sinnen verlassenen, erosfeindlichen Religiosität. Eros fehlt hüben wie drüben. Volle Bordelle und leere Kirchen sind Symptome der gleichen Katastrophe: der Erosion des Eros.

Deshalb meine ich, dass wir die durch die erotische Liebe gestiftete Zusammengehörigkeit von Sexualität und Spiritualität wiederentdecken müssen. Sonst wird das Leben arm und fad. Und dafür braucht es eben als integralen Teil der erotischen Lebenskunst eine erotische Spiritualität, die sich weder der geistig-nondualen Dimension des Lebens verschließt, noch der körperlich-sexuellen Facette unseres Daseins.

Was nun Letzteres betrifft, so bedarf es dafür sicher einer hohen erotischen Reife. Sexualität als heilige Handlung ist nichts für Anfänger, denn das setzt voraus, dass zwei sehr bewusste, sehr erfahrene, sehr integrierte Seelen miteinander verkehren, die sich selbst durchsichtig geworden sind, weil sie ihre Schatten aufgearbeitet haben und einander frei, ohne Begehren, ohne das Haben-Müssen des Ich begegnen können; Seelen, die sich ihrer innigsten Verbundenheit bewusst sind und ihr achtsam und bewusst körperlichen Ausdruck verleihen wollen. Diese Begegnung atmet dann eine hohe, liebende Präsenz, sie ist absichtslos und frei. In ihr feiern zwei Seelen ihre körperliche Nähe als ein Geschenk des Lebens.

Nicht zufällig hat seit wenigen Jahrzehnten im Westen der Tantrismus immer mehr Anhänger und Anhängerinnen – auch wenn Tantra hier mit wenigen Ausnahmen fast ausschließlich körperlich-sexuell und wenig spirituell betrachtet wird. Vielen Menschen fällt es offenbar leichter, sich einer exotischen, östlichen Lehre und Praxis zu verschreiben als ihren eigenen, westlichen Wurzeln, die sie oft gar nicht kennen. Denn wer ahnt schon, dass das Christentum bei Lichte besehen eine zutiefst erotische Religion ist? Wer weiß noch etwas von der erotischen Kultur der Griechen? Dieses alte Wissen ist in der westlichen Kultur – allen zaghaften Versuchen in der Renaissance, im Rokoko und in der Romantik zum Trotz – verloren gegangen.

Sowohl in der erotischen Lebenskunst als auch im Tantrismus geht es in der Essenz darum, eine entspannte, bewusste, achtsame Lebensform zu entwickeln, in der das Feuer des Eros lodert. Bei beiden geht es darum, einen spirituellen Weg zu beschreiten, der zu der bewussten Erfahrung des Göttlichen auf dem Weg über und durch die Sinne einlädt. Es geht um die entspannte Haltung aus dem Herzen heraus und in der Akzeptanz von dem, was jetzt gerade ist und wie es sich zeigt. Das kann in der Sexualität sein, aber auch in allen anderen Lebensbereichen. Und mir scheint, dass uns allen mehr davon durchaus guttäte. Damit wir den „Sinn und Geschmack des Unendlichen" wieder erlernen: damit wir das Aroma der göttlichen Liebe schmecken und fühlen und lernen, uns in der dauernden Präsenz Gottes aufzuhalten – überall: in der Meditation genauso wie beim Liebesspiel; so dass das Leben ein Gottesdienst wird – ein immerwährendes Weilen vor dem Antlitz des Allmächtigen.

Wahrer Mensch
und wahrer Gott

Und der Mensch heißt Mensch
weil er irrt und weil er kämpft
und weil er hofft und liebt,
weil er mitfühlt und vergibt
und weil er lacht
und weil er lebt,
du fehlst.

Herbert Grönemeyer

Mein Freund Willigis Jäger wirft in seinen Vorträgen immer wieder diese eine, grundstürzende Frage auf: Warum sind wir da? Was ist der Sinn von uns Eintagsfliegen auf einem Staubkorn am Rande des Universums? Niemand hat uns vermisst, bevor wir kamen, und niemand wird uns vermissen, wenn wir gegangen sind. Was soll das Ganze?

Wollt ihr meine Antwort hören? Weil der liebe Gott in genau dieser individuellen Seele, die ich bin, das Leben erfahren wollte – und zwar ganz und gar, mit allem Drum und Dran. Deshalb hat er sich auch in mir inkarniert; deshalb inkarniert er sich milliardenfach immer aufs Neue: Weil er Mensch sein will. Weil er, der Eine, die Mannigfaltigkeit will. Weil er, das Leben, sich vereinzeln will, um Gemeinschaft zu erleben. Weil er, die aus sich fließende Agape, die unermessliche Kraft des Eros erleben will. Weil er, der die Liebe ist, das Leiden der Trennung erlernen will. Kurz: Weil er, Gott, Mensch sein will.

Deshalb sehe ich mich dazu aufgerufen, das in mir angelegte Potenzial meiner Seele zur Blüte zu bringen. Deswegen möchte ich Mensch sein – einer, „dem es genügt, ein Mensch zu heißen" (Lessing). Ich begehre nicht, Gott zu sein. Ich muss nicht ein Erleuchteter sein, ein Avatar oder was weiß ich. Aber ein Mensch möchte ich sein, einer der menschlich liebt und menschlich leidet, menschlich lacht und menschlich weint; einer der ganz Körper, ganz Ich, ganz Seele ist. Ich möchte wahrer Mensch sein, so wie Jesus wahrer Mensch war. Aber ich möchte auch wahrer Gott sein: grenzenlos lieben, eins sein mit allem, frei von den Schatten der Angst und des Leids. Ja, ich möchte auch in der vierten Dimension sein – zuweilen –, weil auch das zum ganzen, voll erblühten Mensch-Sein gehört; weil der Mensch auch Gott sein kann. Weil das, was von Jesus gesagt ist, zuletzt von uns allen gilt und uns als Ziel vor Augen steht: wahrer Mensch und wahrer Gott, reifes Individuum und unendliches Bewusstsein, Eros und Agape.

Und eben das gefällt mir an unserem christlichen Erbe: Es ist eine Einladung zum wahren Mensch-Sein. Wir dürfen darin Wasser in Wein verwandeln, ebenso wie wir im Vertrauen auf die unendliche Lebenskraft der Liebe sterben können. Wenn Christentum irgendeinen Sinn macht, dann für mich den, das menschliche, inkarnierte Leben als den Ort zu feiern, an dem Gott zu sich kommen und sich manifestieren will. Deshalb: Verliebe dich ins Leben! Mehr bedarf es nicht! Verliebe dich ins Leben und ziehe ein ins Reich Gottes. Dann wirst du dreifaltig lieben: Gott, deinen Nächsten, dich selbst; dann wirst du Gottes innigsten Wunsch erfüllen: wahrer Mensch zu sein.

Ich will damit nicht sagen, dass andere Religionen uns nicht dorthin bringen können. Nein, ganz und gar nicht. Denn nach allem, was ich im Gespräch mit den Weisen anderer Traditionen in Erfahrung gebracht habe, lehren sie alle die Liebe als den Weg zur Wahrheit. Und das finde ich wundervoll. Nur haben es leider auch die weniger Weisen aller Traditionen fertiggebracht, diese Weisheit durch ihre Gebilde aus Angst und Schrecken zu vertuschen. Gerade deshalb ist es so wichtig, dass wir unermüdlich das Gespräch und den liebevollen Austausch mit Menschen anderer religiöser Herkunft suchen. Nur im erotischen Spiel von Frage und Antwort wird die verborgene Dimension Gottes wirklich aufleuchten und die Herzen öffnen. Himmel, wie schön es doch wäre, wenn unser interreligiöser Dialog zu einem Tanz der Liebenden Gottes würde! Wären wir Verliebte ins Leben, wir sähen uns mit den Augen des Herzens und sprächen mit der Poesie der Seele. Ich weiß, dass das utopisch klingt. Aber ich weiß auch, dass tief in eurer Seele die Erinnerung aufbewahrt ist, die sagt: Als ich mich verliebt hatte, war alles möglich!

Ich glaube, am Ende stehen wir vor der Wahl. Was wollen wir? Wollen wir Ich sein? Oder wollen wir Seele sein? Oder wollen wir Gott sein? Ich für meinen Teil habe diese Frage entschieden. Ich möchte wahrer Mensch sein, weil ich nur so auch wahrer Gott sein kann. Ich möchte ein Leben führen, in dem ich ganz der bin, der ich sein kann, und indem ich das lebe, was durch mich hindurch leben möchte. Ich wünsche mir ein Leben, in dem ich die Liebe (von der es heißt, dass Gott sie sei) manifestiere. So wie es der Überlieferung nach in der Gestalt Jesu geschehen ist.

Deswegen heißt Christ-Sein für mich: sich ins Leben verlieben. Sich ins Leben verlieben ist für mich das Christlichste, was es gibt. Und das heißt, das Leben annehmen, es feiern – mit Haut und Haar, mit Leib und Seele, mit Sex und Spiritualität; es heißt auch, mich offenherzig selbst den dunklen Abgründen des Lebens (und meiner Seele) auszuliefern und das ganze Leben mit dem großen Ja des Eros anzunehmen; aber auch beherzt und entschlossen Nein zu sagen, wo dieses große Leben sich gegen sich selbst wendet. „Liebe, nur Liebe, wir haben sonst kein Werk", sagt Rumi. Umfassend. Alles. Auch das Dunkle meiner Selbst sowie das, was im Leben da draußen geschieht. Wo mir das gelingt, da bin ich ein erwachsener, kraftvoller, authentischer Mensch. Da bin ich ein Kind Gottes. Da bin ich ein Teil des All-Einen. Ich glaube, die wichtigste Erfahrung ist nicht die Erfahrung der Einheit, sondern die des Einklangs – die Erfahrung, dass es stimmt. Denn dann ist mein Leben sinnvoll, dann ist es gut. Dann bin ich in meiner Seele zuhause, dann lodert in ihr das Feuer der Liebe, dann bin ich wahrer Mensch und wahrer Gott. Dann weiß ich mich aufgehoben und eingestimmt in diese unfasslich große, alles einschließende Harmonie des kosmischen Lebens, dann glühen alle Drähte, und ich weiß mich mit allem verbunden und alles ist mir verbindlich. Dann schwinge ich als individueller Ton in alle Ewigkeit in der großen Symphonie des Lebens, die in unendlichen Wogen immer nur dieses eine, berauschende Motiv spielt: Liebe, Liebe, Liebe.

Wie geht es euch? Erinnert ihr euch? Ich fange langsam an, mich zu erinnern. Ohne euch wäre ich nie dazu gekommen. Dafür danke ich euch.

Epilog
mit den Worten
eines anderen

Wenn die Liebe dir winkt, folge ihr,
Sind ihre Wege auch schwer und steil.
Und wenn ihre Flügel dich umhüllen, gib dich ihr hin,
Auch wenn das unterm Gefieder versteckte Schwert dich
verwunden kann.
Und wenn sie zu dir spricht, glaube an sie,
auch wenn ihre Stimme deine Träume zerschmettern kann,
wie der Nordwind den Garten verwüstet.

Denn so, wie die Liebe dich krönt, kreuzigt sie dich.
So wie sie dich wachsen lässt, beschneidet sie dich.
So wie sie emporsteigt zu deinen Höhen und die zartesten Zweige
liebkost, die in der Sonne zittern,
Steigt sie hinab zu deinen Wurzeln und erschüttert sie in ihrer
Erdgebundenheit.
Wie Korngarben sammelt sie dich um sich.
Sie drischt dich, um dich nackt zu machen.
Sie siebt dich, um dich von deiner Spreu zu befreien.
Sie mahlt dich, bis du weiß bist.
Sie knetet dich, bis du geschmeidig bist;
Und dann weiht sie dich ihrem heiligem Feuer,
damit du heiliges Brot wirst für Gottes Heiliges Mahl.
All dies wird die Liebe mit dir machen, damit du die Geheimnisse deines
Herzens kennenlernst und in diesem Wissen ein Teil vom Herzen des
Lebens wirst.

Aber wenn du in deiner Angst nur die Ruhe und die Lust der Liebe
suchst,

Dann ist es besser für dich, deine Nacktheit zu bedecken und vom
Dreschboden der Liebe zu gehen

In die Welt ohne Jahreszeiten, wo du lachen wirst, aber nicht dein
ganzes Lachen, und weinen, aber nicht all deine Tränen.

Liebe gibt nichts als sich selbst und nimmt nichts als von sich selbst.

Liebe besitzt nicht, noch läßt sie sich besitzen;

Denn die Liebe genügt der Liebe.

Wenn du liebst, sollst du nicht sagen: „Gott ist in meinem Herzen",
sondern: „Ich bin in Gottes Herzen."

Und glaube nicht, du kannst den Lauf der Liebe lenken, denn die Liebe,
wenn sie dich für würdig hält, lenkt deinen Lauf.

Liebe hat keinen anderen Wunsch, als sich zu erfüllen.

Aber wenn du liebst und Wünsche haben musst, sollst du dir dies
wünschen:

Zu schmelzen und wie ein plätschernder Bach zu sein, der seine Melodie
der Nacht singt.

Den Schmerz allzu vieler Zärtlichkeit zu kennen.

Vom eigenen Verstehen der Liebe verwundet zu sein;

Und willig und freudig zu bluten.

Bei der Morgenröte mit beflügeltem Herzen zu erwachen und für einen
weiteren Tag des Liebens dankzusagen;

Zur Mittagszeit zu ruhen und über die Verzückung der Liebe
nachzusinnen;

Am Abend mit Dankbarkeit heimzukehren;

Und dann einzuschlafen mit einem Gebet für den Geliebten im Herzen
und einem Lobgesang auf den Lippen.

Khalil Gibran

Alle meine Lieben.
Anmerkungen zu den Zitaten

Seite 9   Natürlich muss Platon an erster Stelle stehen. Ihm verdankt sich dieses Buch. Er entfesselte in mir den philosophischen Eros, als ich noch zur Schule ging. Und sein *Symposium* ist für mich bis heute der wichtigste Text zur philosophischen Lebenskunst. Dort steht auch das Zitat (212b), mit dem Sokrates seine denkwürdige Rede über den Eros schließt.

Der Überlieferung nach hat Platon als junger Mann Gedichte geschrieben – eines davon war nach Auskunft des antiken Philosophie-Geschichtsschreibers Diogenes Laertius einem jungen Mann namens Astér (= Stern) gewidmet. Darauf spielt Hölderlin im *Hyperion* an, wo es heißt: „Weißt du, wie Platon und sein Stella sich liebten?"

Seite 12   Große Teile des 5. Kapitels entstanden im August 2010 während eines Retreats mit Richard Rohr im Lassalle-Institut in der Schweiz. Ich weiß noch genau, wie Richard diesen Satz während eines seiner Teachings formulierte. Ich notierte ihn sofort. Richard ist für mich von großer Bedeutung, sehe ich in ihm doch einen der wenigen christlichen Theologen, die mich als Weggefährten bei meinem Bemühen nach einer Wiederentdeckung des Eros im Christentum inspirieren und unterstützen. Danke, Richard!

Seite 13   Hölderlin kommt für mich direkt nach Platon. Seine Gedichte und sein *Hyperion* sind mir eine unendliche Quelle der Inspiration. Mir scheint, dass Heidegger Recht hatte, als er in den dreißiger Jahren sagte, dass Hölderlins Geist noch immer „ungehört" sei. Das Zitat stammt aus dem wundervollen Gedicht „Menschenbeifall":

Ist nicht heilig mein Herz, schöneren Lebens voll,

Seit ich liebe? warum achtetet ihr mich mehr,

Da ich stolzer und wilder,

Wortereicher und leerer war?

Ach! der Menge gefällt, was auf den Marktplatz taugt,

Und es ehret der Knecht nur den Gewaltsamen;

An das Göttliche glauben
Die allein, die es selber sind.

Seite 17   Rumi war für mich eine späte Entdeckung, aber seit ich auf ihn gesto-
ßen bin, hat er mich nicht mehr losgelassen. Vollends verliebt habe
ich mich in ihn bei der Arbeit an meinem Buch *Die Erotik des Betens*
(München 2007, Kösel-Verlag). Das Zitat stammt aus seinem *Diwan*.
Für mich ist Rumi der bedeutendste Zeuge dessen, was ich eine
erotische Spiritualität nenne.

Seite 22   Tatsächlich spielten die Liebesgedichte von Pablo Neruda in der Liebe
zu meiner früheren Freundin eine bedeutende Rolle. Ich liebe seine
kraftvollen, erdigen Worte, die bei aller männlichen Klarheit eine
große Zärtlichkeit und Anmut atmen. Das Zitat stammt aus dem
Gedicht „Schöne" (Pablo Neruda: *Liebesgedichte*, München 1989,
dtv).

Seite 27   Josef Piepers Buch *Über die Liebe* (München 1972, Kösel-Verlag)
gehört für mich zu den großen Klassikern der Literatur über die
Liebe. Mehr gelernt habe ich eigentlich nur von Helmut Kuhns
Meisterwerk *Liebe. Geschichte eines Begriffs* (München 1975,
Kösel-Verlag).

Seite 30   Mit seinem *Handbuch des Kriegers des Lichts* (Zürich 2001, Diogenes)
hat mir Paulo Coelho die Erkenntnis verschafft, dass Kampf und
Liebe keineswegs einander ausschließen, sondern die Liebe zuweilen
den – guten – Kampf erforderlich macht. Gerade in Zeiten, in denen
ich selbst Kämpfe durchstehen musste, war mir sein Buch eine große
Hilfe.

Seite 33   Brian Andreas ist eine Entdeckung, die ich meiner Kollegin Lynne
Boucher aus den USA verdanke. Seine manchmal wie hingeworfen
anmutenden Gedichte atmen eine große Leichtigkeit und dabei doch
auch Tiefe. Das Englisch klingt so schön, deshalb habe ich es so stehen
lassen. Die Übersetzung lautet: „Verbindung – mitten im Lied spürte
er auf einmal jeden Herzschlag im Raum & konnte von dem Moment
an nicht mehr vergessen, dass er ein Teil von etwas weit Größerem
war." (www.storypeople.com)

Seite 37   Noch mal Brian Andreas. Wieder sehr poetisch. Auf Deutsch: „Sie sagte, für gewöhnlich weine sie mindestens einmal am Tag – nicht, weil sie traurig, sondern weil die Welt so schön & das Leben so kurz sei." Das ist mir aus der Seele gesprochen.

Seite 39   Ibn Arabi – was für ein Wort. Es stammt aus seinem Werk *Tarjumán al-ashwáq* (Dolmetscher der Seele) und kann am schönsten nachgelesen werden in dem zauberhaften Buch: *Die vollkommene Harmonie*, mit Kalligraphien von Hassan Massoudy (2002, O.W. Barth Verlag).

Seite 40   Diese Zeilen klingen nur auf Italienisch – für mich die Sprache der Liebe. Und niemand intoniert sie so bezaubernd wie Riccardo Cocciante. Auf das Risiko hin, verlacht zu werden: Ich könnte jeden Tag seine Musik hören. Wie wenig anderes tropft sie mir sofort ins Herz. Das Zitat stammt aus dem Lied „Il ricordo di un istante" und lautet auf Deutsch: „Eine Liebe wie die unsere / kann niemals enden. / Eine Liebe wie die unsere / kann niemals sterben."

Seite 43   Eigentlich bin ich gar nicht so sehr ein Eckart-Tolle-Fan, aber zum Thema Gegenwärtigkeit ist er schon eine Kapazität, die Respekt verdient. Und irgendwie mag ich ihn dann doch wegen seiner Kauzigkeit. Das Zitat stammt aus: *Jetzt!*, Bielefeld 2000, J. Kamphausen Verlag.

Seite 47   Dieses Zitat stammt aus einem der faszinierendsten Bücher, das mir je in die Hände gefallen ist. Es heißt *Die Schule der Liebe* (Leipzig 1930, Diederichs) und stammt von einer Autorin, die es unter dem Pseudonym „Diotima" veröffentlicht hat – eine erstaunliche Fundgrube weiblicher Weisheit in Liebesdingen ...

Seite 54   Ortega y Gasset ist nicht unbedingt mein Lieblingsphilosoph, und sein Buch *Über die Liebe* hat mich ehrlich gesagt enttäuscht, aber dieses Zitat gefiel mir dann doch so gut, dass ich es zum Motto des 2. Hauptteils gemacht habe (aus: *Über die Liebe*, Stuttgart/München 2002, DVA).

Seite 55   Ich konnte es mir einfach nicht verkneifen, diesen wunderbaren Film mit Hugh Grant als gealtertem Ex-Popstar an dieser Stelle zu würdigen. Die deutsche Version heißt „Mitten ins Herz" und der Refrain des Songs, um den sich der ganze Film dreht, lautet auf Deutsch:

„Alles, was ich will / ist den Weg zurück in die Liebe zu finden / Ich komme einfach nicht mehr zurecht / ohne einen Weg zurück in die Liebe."

Seite 61 Ich hatte noch nie von Eva Pierrakos gehört, bevor mir Rébecca Kunz dieses Zitat schenkte. Ich finde, es passt perfekt.

Seite 73 Zu diesem Zitat des großen amerikanischen Mystikers Thomas Merton kann ich keinen Quellennachweis vorlegen. Ich habe es einmal aufgeschnappt, und dann ist es mir nicht mehr aus dem Kopf gegangen. Merton ist einer meiner großen Helden in Sachen christliche Spiritualität der jüngeren Vergangenheit. (Conjectúres, S.157f.)

Seite 81 Dieses Zitat hat erst kurz vor der Drucklegung ins Buch gefunden. Es ist eine Lesefrucht, die ich bei der Lektüre des Buches *Love is stronger than death* von Cynthia Bourgeault entdeckte (Praxis Publishing, 2007, S. 44). Übersetzung: „Die Liebe sucht immer die tiefste und letzte Wirklichkeit."

Seite 87 Noch mal Hölderlin; aus dem zweiten Brief des *Hyperion* – für mich einer der großartigsten Texte, die je in deutscher Sprache geschrieben wurden. Die Reclam-Ausgabe habe ich auf meinen Reisen fast immer im Gepäck (oder die seiner Gedichte ...)

Seite 94 David Deida verdanke ich viel. Die Lektüre seines Buches *Der Weg des wahren Mannes* (Bielefeld 2006, J. Kamphausen Verlag) war für mich die Initiation in eine neue Dimension von Männlichkeit. Seither ist David Deida neben Richard Rohr für mich der Star auf dem Gebiet der Männerspiritualität. Das Zitat stammt allerdings aus seinem Buch für Frauen *Du bist Liebe* (Bielefeld 2008, J. Kamphausen Verlag).

Seite 102 Einer der ultimativen Klassiker zum Thema Liebe: Khalil Gibrans Passus „Von der Liebe" aus seinem unvergleichlichen Meisterwerk *Der Prophet*.

Seite 108 Dieses Zitat aus ihrem zweiten Buch *Liebe dich selbst und freu dich auf die nächste Krise* (München 2007, Goldmann) gibt in Kurzform das Credo von Eva-Maria Zurhorst und ihrem Mann Wolfram wieder. Ich schätze die beiden sehr und finde, dass sie Wesentliches für eine neue Kultur der Liebe geleistet haben. Außerdem verdanke ich den beiden persönlich sehr viel. Herzlichen Dank, euch zweien!

Seite 115   ... und der dritte Hölderlin. Dieses Mal aus dem Gedicht „Wie wenn am Feiertage". Ich liebe an Hölderlin seinen Sinn für die Unschuld des Herzens und die Wehrlosigkeit der Seele. Sein Vers: „Drum, so wandle nur wehrlos fort ins Leben und sorge nicht" ist mein persönliches Mantra.

Seite 121   Wieder ein geschenktes Zitat. Dieses verdanke ich Diana Hellweg. Es passt wunderbar zu dem Kapitel über Liebeskummer. Und es gibt mir Gelegenheit, den guten Goethe zu würdigen, der nun wahrlich ein Großmeister der erotischen Lebenskunst war, und der, wie seit seinem *Werther* hinlänglich bekannt, ein Experte auf dem Feld des Liebeskummers war. Ich finde ihn wunderbar.

Seite 128   Platon hat es in seinem Vorwort erwähnt. Marsilio Ficino, Gründer der neuen Akademie zu Florenz, Autor einer neuen Version von Platons *Symposium* und Kopf der florentinischen Renaissance des 15. Jahrhunderts, darf in diesem Buch nicht fehlen. Und da er, wie wenige andere, sein Leben in den Dienst einer Kultur des Eros gestellt hat, wollte ich ihm die Referenz erweisen und sein Wort dem 3. Hauptteil voranstellen. (Marsilio Ficino, *Über die Liebe oder Platons Gastmahl*, Hg. von Paul Richard Blum, Hamburg 1994, Felix Meiner)

Seite 129   Gioconda Belli ist für mich die größte unter den erotischen Dichterinnen. Das Zitat stammt aus dem Gedicht „Dies ist Liebe" (Esto es amor) aus der Sammlung *Zauber gegen die Kälte* (Wuppertal 1995, Peter Hammer Verlag).

Seite 134   Für dieses Kapitel habe ich lange nach einem passenden Zitat gesucht. Gefunden habe ich es schließlich bei einem anderen Renaissance-Philosophen: in der Schrift *Gespräche über die Schönheit der Frauen* des Agnolo Firenzuola (Leipzig 1907, Verlag Friedrich von Rothbarth) – eine überaus unterhaltsame Abhandlung.

Seite 138   Aanaa Anaqqii ist die Mutter meines Freundes Angaangaq, des Ältesten und Schamanen der Eskimos. Immer wieder führt er die Worte seiner Mutter im Munde, und es ist nur konsequent, dass er sie zum Titel seines Buches *Schmelzt das Eis in euren Herzen* gemacht hat, das ich herauszugeben die Ehre hatte (München 2010, Kösel-Verlag).

Seite 143 Hier musste einfach Wolf von Niebelschütz zu Wort kommen. Für mich der ultimative Geheimtipp unter den deutschen Romanciers des 20. Jahrhunderts. Sein vierbändiger Geniestreich *Der blaue Kammerherr* gehört für mich zum Köstlichsten, was die deutsche Literatur zu bieten hat. Und da ich dank dieses Buches meine, den Geist des Rokoko verstanden zu haben, muss ich ihm einfach auf diese Weise die Referenz erweisen. (Der blaue Kammerherr, Zürich 1990, Haffmanns, Bd. 1 „Der Botschafter der Republik")

Seite 150 Hermann Hesse darf auch nicht fehlen. Auch er ist einer meiner großen literarischen Lehrer. Wie so vielen anderen hat er auch mir als Jugendlichem die Tür zur geistigen Welt aufgestoßen. Das Zitat beweist, dass Hesse durchaus dionysischen Sinn besaß. Wunderbar!

Seite 155 Der Zufall wollte es so, dass meine Frau Christine gerade diesen Song von Annett Luisan hörte, als ich sie fragen wollte, ob sie eine Idee für ein Leit-Zitat zu diesem Kapitel habe. Naja, und so war es dann gefunden ...

Seite 158 Eigentlich war Teresa von Ávila ja eher asketisch gesinnt, aber doch wird dieses Zitat immer wieder von ihr kolportiert. Und da es ein schönes Zitat ist, soll es hier Erwähnung finden. Den genauen Textbeleg habe ich allerdings nicht gefunden. Wer ihn hat, möge ihn mir schicken!

Seite 162 Und schließlich kommt Angaangaq nun selbst zu Wort: „Das Leben ist eine Zeremonie in sich selbst – wert, mit einer Zeremonie gefeiert zu werden." Tatsächlich habe ich von Uncle, wie seine Freunde ihn nennen, viel darüber gelernt, was es bedeutet, das Leben als ein Fest zu feiern. So ist er für mich zu einem der wichtigsten Lehrer geworden. Danke, Uncle!

Seite 163 Noch ein Deida, dieses Mal aus *Der Weg des wahren Mannes*. Das Zitat enthält in komprimierter Fassung einen seiner wichtigsten Gedanken und verrät ihn als Meister erotischer Lebenskunst.

Seite 167 Obwohl Meister Eckhart nach meinem Dafürhalten wenig Sinn für Erotik besaß und auch ansonsten eher für eine spirituelle Lebenskunst wirbt, die sich nicht wirklich mit der erotischen Lebenskunst vereinbaren lässt, hat er doch Maßgebliches zu der für den Eros so fundamentalen Qualität der Empfänglichkeit gesagt. Der Passus aus den *Reden der Unterweisung* adelt ihn so gesehen tatsächlich als den „Lebemeister", der er für seine Novizen war. Und wer weiß: Vielleicht hatte er am Ende doch mehr erotischen Sinn, als es vordergründig scheint.

Seite 171 Von Octavio Paz stammt ein anderes der für mich wegweisenden Bücher über die Liebe. Es heißt: *Die doppelte Flamme* und enthält verschiedene Essays über Liebe, Erotik und Poesie. Wunderbar geschrieben und sehr inspirierend. (Frankfurt 1997, Suhrkamp)

Seite 175 Ich weiß wenig über Albert Schweitzer, aber was ich über ihn weiß, das zeigt ihn als einen großen Liebenden – und einen, der etwas vom Schenken verstanden hat. Das Zitat habe ich einmal im Internet entdeckt, als ich einen Artikel über den Niedergang unserer Geschenkkultur schrieb.

Seite 178 Friedrich Schlegels *Lucinde* ist in meinen Augen eine der schönsten Phantasien über die vollkommene Ehe und ein leuchtendes Beispiel für den so gar nicht schwülstigen Geist der Frühromantik. Da konnte ich nun der Versuchung nicht widerstehen, ihn zum Leitwort-Geber für dieses Kapitel zu machen.

Seite 181 Auch dieses Zitat verdanke ich den einschlägigen Internet-Suchmaschinen. Und auch wenn ich einen genauen Beleg schuldig bleibe: Ich liebe es. Der alte Paracelsus, will mir scheinen, verstand sehr viel vom Gesetz des Gleichgewichts in der Natur ...

Seite 186 Und hier kommt nun Hazrat Inayat Khan. Seine Werke sind für mich eine der größten Entdeckungen der letzten Jahre. So sehr fasziniert er mich, dass es mir zum dringenden Anliegen wurde, seine Weisheit und Poesie in unseren Breiten bekannter zu machen. Und so habe ich eine Zusammenstellung mir besonders wichtiger Passagen von ihm als Buch herausgegeben: *Gestimmt auf Gottes Melodie* heißt es, erschienen im Kösel-Verlag, München 2010. Das Zitat ist daraus entnommen.

Seite 192 Von meiner Entdeckung der Cynthia Bourgeault hatte ich ja bereits oben erzählt. Hier nun ein Originalzitat aus ihrem Werk *Love is stronger than death. The mystical union of two souls.* Ich hoffe sehr, dass es bald auch auf Deutsch vorliegt. Hier der Versuch einer Übersetzung: „Wenn die Bereitschaft dazu da ist, kann die Liebe weiter wachsen – und dann wird nicht nur die Liebe eines Paares füreinander zunehmen, sondern auch jeder für sich wird in der Liebe wachsen, sofern sie nicht aufhören, als Gleiche an dem Abenteuer ihres fortschreitenden gemeinsamen Lebens teilzuhaben."

Seite 196 Wenigstens hier möchte ich Karoline Mayer zu Wort kommen lassen. Sie ist für mich in der Tat so etwas wie eine Inkarnation der Liebe – jedenfalls kenne ich wenige Menschen, die eine solche Aura der Liebe haben wie sie. Das Zitat stammt aus ihrem Buch *Das Geheimnis ist immer die Liebe* (Freiburg 2006, Verlag Herder), das meine Kollegin Angela Krumpen herausgegeben hat.

Seite 203 Dieses Wort von Harvey Cox ist ein weiteres Geschenk von Rébecca Kunz. Viel mehr kann ich dazu nicht sagen.

Seite 206 Das Zitat von Cynthia Bourgeault lautet auf Deutsch: „Wahre Liebe bezeugt das heilige Versprechen, dass die Liebe stärker ist als der Tod." – Wie wahr!

Seite 210 *Religion und Eros* von Walter Schubart (München 1996, C.H.Beck) – das beste Buch zum Thema, das ich kenne. Unbedingt lesen sollte es, wer sich für das Verhältnis von Erotik und Religion interessiert. Für mich war und ist es eine Offenbarung! Ganz klar: Dieses Wort von Schubart musste dem letzten Hauptteil die Richtung geben.

Seite 211 Wer sonst könnte über einem Kapitel mit dem Titel „Confessiones" zitiert werden, wenn nicht Augustinus mit diesem berühmten Wort vom Anfang seines gleichnamigen Hauptwerks, auch bekannt als *Bekenntnisse*. Sonst halte ich es ja nicht unbedingt mit dem gestrengen Kirchenvater, aber so viel seines ursprünglichen Platonismus hat er dann doch bewahrt, dass er die erotische Grundierung aller Spiritualität anerkannte. Das Wort bezeugt es.

Seite 215 Ich liebe diese Sätze meines Freundes Willigis Jäger. Für mich das Beste, was er zum Thema „Liebe" zu Papier gebracht hat. Das Zitat stammt aus seinem Buch *Die Liebe* (München 2009, Kösel-Verlag).

Seite 222 Auch Kabir darf nicht fehlen, wo es um erotische Spiritualität geht. Mich begeistern die Gedichte dieses Grenzgängers zwischen den

Religionen, die ihn zum würdigen Nachbarn Rumis machen. Die Worte sind entnommen dem Buch *Im Garten der Gottesliebe* (Heidelberg 2005, Werner Kristkeitz Verlag).

Seite 226 Basilius der Große, einer der sogenannten Kappadokischen Väter des vierten Jahrhunderts. An ihn, seinen Bruder Gregor von Nyssa und Gregor von Nazianz muss sich wenden, wer dem Eros im frühen griechischen Christentum auf die Spur kommen möchte.

Seite 232 Mechthild von Magdeburg ist für mich die kühnste aller christlichen Mystikerinnen. Niemand sonst hat eine so unverblümt erotische Sprache für die Beschreibung seiner ekstatischen Erlebnisse gewagt wie sie. Die schönsten Zitate von ihr – genau wie dieses – findet man in meinem Buch *Die Erotik des Betens* (München 2007, Kösel-Verlag).

Seite 238 Noch einmal Angaangaq mit einem anderen wunderbaren Wort, das ich sehr liebe: „Das schönste Gebet ist ein Mensch, der aufrecht, kraftvoll und in Schönheit auf Erden wandelt". Das ist erotische Spiritualität.

Seite 246 Ganz im Ernst: Herbert Grönemeyers Lied „Mensch" gehört für mich zum Besten und Erbaulichsten, was in den letzten Jahren über unsere Spezies gesagt oder gesungen wurde. Und es atmet einen Geist tiefer, weiser, durch Leiden gereifter Liebe zum Leben.

Seite 260 ganz am Ende: Und dann ist da noch das reizende Gedicht von Eduard Mörike, mit dem das ganze Buch begonnen hat. Mein Freund Paul Holmes hat es mir einmal zu einem Seminar mitgebracht. Dafür danke ich ihm sehr.

... hier geht's weiter!

Verehrte Leserin, verehrter Leser,

wir laden Sie herzlich ein, mit uns neue, inspirierende und multimediale Wege zu gehen.

ONLINE
informieren – austauschen – mitwirken – begegnen

Nutzen Sie die vielen Möglichkeiten unserer Website.

- Info-Pakete & Online-Kurse
- Mitschnitte & Tageslosungen
- Aktionen, Foren & Newsletter
- Communities in „mein.weltinnenraum.de"
- Blogs und Vlogs u. Ä.

Wir freuen uns auf Sie

Ihr

Joachim Kamphausen, Verleger

weltinnenraum.de

J. Kamphausen | Mediengruppe